JN438244

발굴 비화 현대사

발굴 비화 현대사

찍은날 2023년 7월 20일
펴낸날 2023년 7월 25일
지은이 김영모
펴낸이 박몽구
펴낸곳 도서출판 시와문화
주 소 13955 경기 안양시 동안구 경수대로883번길 33,
103동 204호(비산동, 꿈에그린아파트)
전 화 (031)452-4992
E-mail poetpak@naver.com
등록번호 제2007-000005호(2007년 2월 13일)
ISBN 978-89-94833-93-4(03910)

정 가 15,000원

발굴 비화 현대사

김영모 역사 에세이

시와문화

■저자의 말

50년 모은 만 권 장서를 정리하던 중 그럴싸한 제목으로 독서욕을 부추기는 도서나 팜플렛·사진·도판·문서자료 등이 튀어나와 몇 권 골라 읽어보니 지난 날의 국가지대사나 필자의 개인사와 관련된 여러 비화들이 추억의 실마리처럼 풀려 나와 감회가 깊다.

그 중에서도 문사철 주제의 인문학에 쏠리는 필자 개인 취향의 도서와 문서들을 골라 읽으며 솟구쳐 오르는 감회를 간략한 독서일지 형식으로 정리해 모아 본 것이 이 책이다.

물론 필자가 골라 읽은 주제서나 끄적거려 본 평문들이 난삽하고 고답적인 학술적·문예적 주제와 소재의 책이나 글들과는 거리가 먼 것일지도 모른다.

그러나 독서와 작문에 심취해 일생을 살아온 한 책방 서생이 되돌아본 우리 역사의 한 단면쯤은 만져지리라 여겨져, 감히 몇자씩 적어 본 글들을 '현대사 관련서 독후 소감집'이라는 부제명을 달아 책으로 묶어 보고자 한다.

독자들과의 많은 공감(共感)을 공유(共有)하고 싶다.

2023. 5. 25.

김 영 모

|차례|

1부 숨은 역사를 찾아

2부 옛것에서 찾는 새 멋

3부 지성 채집의 즐거움

제1부

숨은 역사를 찾아

자신의 고문사(拷問死)를 작품으로 예시한 고바야시 다끼지(小林多喜二)

(1)

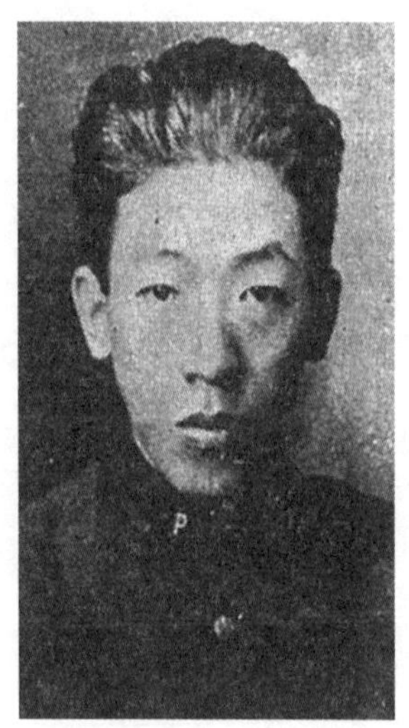
1924년(大正 13년; 22세) 경의 고바야시 다끼지

다이쇼(大正) 말엽부터 일기 시작한 사회주의 사상의 유행·만연·확대 풍조-이에서 시발한 사회주의 운동과 프롤레타리아 문학 운동은 《씨 뿌리는 사람》《文藝戰線》 등의 여러 프로문학 기관지를 통하여 맹렬한 기세로 순수 문학 시장의 틈새를 비집고 들어가 거점 확보에 성공, 일본 프로문학의 견고한 성채를 구축해 간다.

이때 등장한 기라성 같은 일본 프로문학의 거성들-나까노 시게하루(中野重治)·하야마 요시끼(葉山嘉樹)·구로시마 덴지(黑島伝治)·호소다 다미끼(細田民樹)·도꾸나가 수나오(徳永直)·사다 이네꼬(佐多稲子)·히라바야시 다이꼬(平林たぃ子)·구라하라 고레히또(臧原惟人)·시마끼 겐사쿠(島木健作)… 등등. 이들 중 나까노 시게하루와 함께 정치적 급진주의의 기치를 대변하는 뛰어난 작품들을 잇따라 써낸 초기 일본 프로문학 작가군의 선두주자 고바야시 다끼지. 32년의 짧은 생애에 그가 남긴 수많은 프로문학 작품(장·단편 소설)들과 프로문학 이론서들은 그 양에 있어서 가히 초인적인 창작활동의 결과물임은 물론이요, 그 작품들의 문학사-순수·프로 양 진영 아울러-적 비중이나 선구자적 견인력은 후세인들의 감탄과 경모심을 자아내기에 충분하다 할 것이다.

전기사(戰旗社)에서 발행한 『蟹工船』(1929년)

그러한 고바야시 다끼지는 '다끼지 수작 3편' '다끼지 국금(國禁) 소설 3편'이란 강조어로 오랫동안 대중들에게 애독되고 있는 세 편의 장편을 남겨 일본 근현대문학의 텃밭을 풍요롭게 장식하고 있으니, 『一九二八年 三月 十五日』『蟹工船』『党生活者』가 그것이다.[1)]

---

1) "고바야시 다끼지의 생애와 업적에 관한 언급은 그가 죽은 뒤에도 오랫동안 지배 권력에 의한 말살의 표적이 되었다. 생전의 활동에 대한 흔적 지우기와 작품에 대한 접근 금지 조치-특히 『蟹工船』과 『一九二八年 三月 十五日』『党生活者』에 대해서는 잇따른 '國禁' 조치가 내려졌고, 1937년부터 종전까지의 8년간은 수필집까지 출판의 자유

(2)

비밀리에 보존된 『党生活者』 교정쇄. 복자(伏字), 삭제된 부분 없이, 비밀리에 보존된 것이다.

『一九二八年　三月　十五日』은 1928년 3월 15일에 단행된 전국적 규모의 공산당원 대검거 작전 시의 홋가이도의 오타루(小樽)지역 사건을 취급한 작품으로, 일제 검거 실상과 특고 형사들의 고문 행위를 그린 작품이다. 1928년 8월, 아직 오타루에 있던 고바야시가 집필을 끝낸 이 작품의 원고를 구라하라 고레히토(臧原惟人)에게 보냈던 바, 구라하라는 원고의 마지막 대목-오타루에서의 메이데이 행사를 묘사한 부분을 일부 삭제하여 나프(전일본무산자예술연맹; NAPF)의 기관지 《戰旗》 편집부에 보내고, 또 편집부에서도 검열에의 사전 배려로 10 수개소를 삭제하고 복자(伏字)를 얹어 11월+12월호에 나누어 발표하기에 이른다.

가 박탈되었을 뿐만 아니라, 저작집을 지니는 자체가 체포의 이유가 될 만큼의 전방위적이고 혹심한 탄압을 받아야 했다."(手塚英, 『小林多喜二』, 筑摩書房)

이 『一九二八年 三月 十五日』은 훗날 고바야시가 몸소 받게 되는 참혹한 고문을 예각(豫覺)이라도 하고 있었던 듯 싶게, 고문장면이 정밀 자세하게 묘사되고 있는데, 이 작품의 발표가 결과적으로 특고(特高) 고문관들의 증오심을 일신에 모으는 결과가 되고 만다. 예를 들면 "…이번에는 반응이 왔다. 그것은 다다미 수리공들이 사용하는 굵은 '대못 침(바늘)'을 벌거벗은 살에 찔러대는 것이다. 한 바늘 찌를 때마다 그는 강렬한 전기 충격을 받은 것처럼 자신의 몸이 순간 축 오그라드는 것같은 느낌이 들었다. 그는 천장에 달아 맨 몸을(고통에 못 이겨) 이리저리 꾸불거려대며 입을 꽉 벌리고 큰 소리로 외쳤다. '죽여라-죽여! 죽여, 죽이란 말야!'…"라는 장면이 몇 페이지나 계속되는 것이다. 《戰旗》는 두 호 모두 발매금지 처분을 받으나, 전기사의 기존 판매망을 통해 반비밀리에 많은 사람들의 손에 건네져 대반향을 불러 일으키는데, 이때의 판매부수가 8,000부를 넘어섰다고 한다.

고바야시는 이 작품의 발표 후 3년이 지난 1931년에 공산당에 입당하고 지하활동에 들어가는데, 1933년 2월 20일, 다메이께(溜池)의 전차 길에서 가두연락 중 격투 끝에 특고 경찰에 체포되어 쓰끼지(築地)서로 연행된 후 곧 바로 격심한 고문을 받아 실신하고 그날 저녁 사망하고 만다.

또 다른 작품의 하나 『蟹工船』-이 작품이 바로 고바야시 다끼지 문학을 총체적으로 대표하는 저자의 간판격 작품이다. 1929년 '전일본무

「蟹工船」의 인부 합숙소를 그린 삽화. 양화가 수야마 게이이찌(須山計一)의 삽화. 술과 도박으로 피로를 잊으려 하는 인부들의 모습이 생생하게 그려져 있다.

산자예술연맹(나프)'의 기관지인 《戰旗》에 발표된 「蟹工船」은 면밀한 사전 실태조사를 거친, 무당게(鱈場蟹) 잡이 게공모선(蟹工母船) 안에서 벌어지는 미조직 노동자들의 계급 투쟁 활동을 그린 일본 프롤레타리아 문학의 대표작으로 손꼽히는 작품이다. 1929년 전기사가 간행한 이 『蟹工船』 역시 발금 조치를 받는데, 당시 에로물(음란물)이 독서계와 출판시장을 주름잡고 있던 시절에 35,000부나 찍어 순식간에 다 팔려나간 베스트셀러가 된다.

작품의 주무대가 되는 바다 위의 이 게공모선에는, 홋가이도 오지의 개척민이나 철도부설 노동자들 그리고 아오모리(靑森) 인근 지방의 농민들이 계약 어부로서(6개월 승선 등의 조건으로) 모집되어 와 게잡이와 선내에서의 게 통졸임 제조 작업에 종사하는데, 그들은 가혹하고 잔인한 노동을 강제받는다. 그러는 도중 한 사람의 동료 어부가 사망, 시체가 차디 찬 캄챠크해(海)의 바닷물 속에 수장되는데, 이를 목격한 어부들은 그것이 바로 '내일의 자신들의 운명'임을 깨닫고 결속하여 선주(회사) 측에 반기를 드는 단체 행동으로 나오고 일단은 승리하게 되지만, 연락을 받고 달려 온 호위 구축함이 게공선에 접근하고 착검한 해군 군인들에 의해 시위 주동자 9인이 체포 연행되어 간다는 줄거리인데, 중간중간에 장기간에 걸친 어부들의 열악하기 짝이 없는 선내 합숙생활 과정에서 벌어지는 여러 가지 비인간적 단체생활 모습과 노동자들의 수차례에 걸친 노동쟁의성 질서 문란 행위와 갑판 밑 노무자 침실에서의 남자 노동자 상호간의 동성간 외설 음란 행위 등이 사실적인 필치로 잘 묘사되어 있다.

이 『蟹工船』이 판매금지 조치를 받게 되는 두가지 큰 쟁점은, (천황 등에의) 헌상용 특제 통조림 제조 과정 묘사 대목 중의 천황의 존엄성 모독 우려 문구와 갑판 밑 노무자 침실에서의 남자 노동자 상호간의 외설적 동성간 음란 행위의 묘사 대목이 각각 '불경죄' '풍속괴란죄' 혐의가 짙다는 점에 있다는 것으로, 후일 실제로 이 작품은 치안유지법과 풍기문란죄로 기소되기에 이른다.

그러나 이 작품을 쓰게 된 작가의 본심(창작 의도)은 그가 문학적 스승으로 추앙하고 있는 프로문학 평론의 거장 구라하라 고레히또에게 보낸 서간문의 일절에서 보듯이 "…자본주의는 미개지·식민지에 어떠한 무자비한 형태를 갖추고 침입, 원시적인 착취를 계속하고, 관헌과 군대를 자신들의 이익 수호·확장에의 파수꾼·문지기·경계봉으로 삼으면서 그칠 줄 모르는 학대와 착취를 거듭하는지를…" 쓰고 싶어 했던 것이다.

이 작품을 썼을 당시 작자는 아직 오타루의 일본척식은행 지점에 근무중인 25세의 젊은이였는데, 그는 그 바쁜 은행 업무 중에도 게공선에 관련된 상세한 자료조사를 위해 수많은 답사·조사 여행을 하였다고 한다.

이 작품을 보고 평론가 가쓰모토 세이이치로(勝本清一郎)는 "근래의 일본 프롤레타리아 문학 중에서의, 아니 부르조아 문학까지 포함한 재래의 일본문학 중에서 가장 출중한 작품"이라고 격찬하는 한편, 작자가 이 장편을 쓰는 데 큰 영향을 받았다고 하는 하야마 요시끼의 『바다에서 살아가는 사람들』과 함께 일본 프롤레타리아문학의 가장 뛰어난 대표적 작품이라고 규정짓고 있다.

고바야시 3대 대표작의 마지막 목록인 『党生活者』-군부가 권력을 장악하여 천황을 모시고 직접 국정을 주도하는 초국가주의의 길로 일본을 끌고 나가려는 군부 세력과 사회주의 혁명을 통해 일거에 나라를 변혁시키고자 하는 비합법의 공산당 세력이 격심한 대립을 벌이는 시대상황을 배경으로 단순 전선 제조회사인 구라다(倉田)공업의 군수공업화와 대량감원(600인 중의 400인 해고) 문제를 둘러싸고 벌어지는 공산당 세포들의 활동과 그 중의 일원인 주인공이 달성해야 하는 당원으로서의 자기완성에의 노력이 모티브(주제)인 이 작품은 공산당원의 자

기희생 정신과 자기만족감이 교차하는 구도자적 심정을 그리고 있다.[2)]

고바야시 다끼지의 대표작일 뿐만 아니라 일본의 프롤레타리아 문학 운동이 낳은 기념비적 작품으로도 평가받는 『党生活者』는 1931년 10월에 비합법의 공산당에 입당하고 1932년에 지하활동에 들어간 고바야시 다끼지가 1932년 4월의 지하 잠입생활 중에 쓴 작품으로, 1932년 8월 25일에 탈고하여 곧바로 《中央公論》에 보내졌으나 동지에 「轉換時代」(가제)라는 제명으로 게재된 것은 그가 1933년 2월 20일에 가두연락 중 체포되어 쓰끼지서에서 고문으로 학살된 후인 4월호와 5월호였다. 전전은 1935년 6월에 나우까사(社)판 『小林多喜二全集』(제3권)에 'X생활자'라는 제목으로 수록되었으나, 완전한 판형의 간행본은 종전 후 비로소 갖가지 판형의 완전본으로 간행되어 나온다.

『党生活者』는 주인공들의 다음과 같은 각오와 다짐의 결의들을 보여주고 있다. -"…나는 조직의 일원으로서 조직을 지켜 내고 우리들의 과업-그것은 전 프롤레타리아트의 해방의 과업일 테지만-을 끝까지 이행해 가야 할 의무를 짊어지고 있다. 그러한 의미에서 나는 나 자신을 가장 소중히 여기지 않으면 안된다." "나의 생활은 '24시간의 정치생활'이

---

2) "『党生活者』는 사계의 순환이나 개인적 욕망까지도 모두 당 생활 유지에 일조가 되어야 하고, 경찰의 추적이나 쫓기는 '개인적 생활이 동시에 계급적 생활'이 되어야 하는 생활을 희원(稀願)하는 인간상-프롤레타리아트의 해방을 위해 온 몸을 바치는 희유의 인간상-을 그려내고 있다. 『党生活者』에는 천황제 국가관과 치안유지법의 법망 하에서 비국민시되고 비합법으로 몰리며, 생존의 방도(糧道의 길)마저 끊긴 공산주의자들의 일상을 초탈한 세계에서의 초인적인 저항과 투쟁의 모습-일본 문학에 전례가 없는 '변혁하는 인간상'-이 출현하고 있다."(『小林多喜二』, 新潮文學 앨범, pp.89~90.)

다. 그 위에 하루를 28시간 일해도 지치지 않을 타입의 인간으로 나 스스로를 단련해 가고자 하는 것이 나의 염원이다." "…나는 이로써 지금까지 허용되고 있던 최후의 개인적 생활의 퇴로-육친과의 관계-를 끊어버리고 말았다. 앞으로 새로운 세상이 되지 않는 한(우리들은 그러한 세상을 만들기 위해 싸우고 있는 것이지만) 나는 어머니와 함께 살 수가 없을 것이다" "…지금은 일체의 개인적 교섭이 차단되고, 당생활에 종속되지 않는 개인적 욕망의 일체가 규제되는 생활 속에 놓여 있다…".

(3)

몸소 앞장서 노동자들의 투쟁을 이끌기도 한 공산당 당원 신분의 프롤레타리아 운동가이며 문학성 짙은 문예창작가이고 프로문학 운동의 빼어난 이론가이기도 했던 고바야시는 32년의 짧은 생애 기간에 뛰어난 문학성과 세련되고 절제된 이념성 짙은 문제작들을 잇따라 써내어 프로문학의 으뜸가는 선도자로 칭송받고 있다.

그러나 그러한 천재 작가-운동가도 시대의 이단아답게 비참한 최후를 맞이하고 만다. 그가 『一九二八年 三月 十五日』에서 그려낸 그대로의 특고 형사들의 잔인무도한 수법의 고문에 의해 '학살'되고 마는 것이다. 1923년 2월 20일 운동 동지 이마무라 쓰네오(今村恒夫)와 연락을 취하고 공산청년동맹의 미부네 다메끼치(三船留吉)와 만나기로 한 음식점으로 갔다가 기다리고 있던 쓰끼지(築地)경찰서의 특고 형사들에게 체포되고 마는 것이다. 미부네는 스파이였던 것이다. 다끼지는 이들에 의한 3시간 이상의 살의에 가득찬 잔악한 고문 끝에 오후 7시 45분에 절명하고 만다. 시신은 '심장마비사'로 발표된 다음날(21일) 밤 어머니와 남동생이 있는 우마바시(馬橋)의 집으로 운구되어 동지와 친지들의 마중을 받는다. 그러나 경찰의 눈을 꺼려하여 어느 병원도 해부를 거절하는 가운데 밤샘과 고별식 참석자도 모두 검속당하고 만다. 고별식은 누나가 다니던 오타루 시온교회에서 치루어진다.[3)]

그러나 '심장마비사'라는 경찰 측의 공식 발표만으로는 풀어지지 않는 심한 고문의 흔적은 소문과 증언으로 여기저기서 드러나고 있다. 처음 유치장에서 끌려나와 '네놈이 그 소설에서 쓴 그대로의 방식으로 다루어 주겠다'라는 비아냥거림 속의 잔인한 고문을 받은 그는 그대로 '뻗고' (실신하고) 만다. 잠시 후 유치장 속의 한기(寒氣)로 의식을 회복한 그는 변소에 가려고 하였으나 보행불능 상태. 동료 수감자에 업히어 변소에 간 그가 쏟아낸 배설물은 대소변 모두 새빨간 핏덩어리였다. 고문에 의한 장(腸)과 비뇨기로부터의 출혈이었던 것이다. 유치장 수감 동

3) 쓰끼지서에 체포된 고바야시 다끼지는 경시청 특고(特高)의 민완 형사인 나까가와(中川), 야마구찌(山口), 수다(須田) 등의 살의에 가득찬 고문을 받고 오후 7시 45분에 '학살사'하고 만다. 검찰 당국은 사인을 심장마비로 발표, 유체를 어머니 세끼에게 인도, 관계자에 의한 사인 규명을 위한 해부를 방해하였다. 22일의 통야(通夜;밤샘), 23일의 고별식에서도 조문객을 검속, 화장장에서 까지도 경계를 늦추지 않았다. 장례식은 3월 15일. 쓰끼지소극장에서 경찰의 감시와 탄압 하에 노농장(勞農葬)으로 거행하는데, 《赤旗》《無産青年》《프로레타리아문화》《大衆의 벗》 등 여러 단체의 기관지들은 일제히 추도와 항의의 특집호를 발행한다.

료들로부터의 목격담으로 보아도 좋을 증언일 것이다.

또 하나의 증언. 다음은 시인이며 소설가 평론가이기도 한 하시즈메 껭(橋瓜健; 1900~1964)이 자신의 저서 『多喜二虐殺』에서 기록해 남긴 유체 '관찰기'의 하이라이트 장면들이다.

"흙빛으로 빳빳이 굳어 핼쑥해진 얼굴은 극도의 고통으로 근육이 뒤비틀려 있어 마치 딴사람 같은 형상이었다. 좌측 눈두덩에 둥그렇게 직경 1촌(寸)쯤의 살가죽이 벗겨져 나간 상처 자국이 있고 그 상처 구멍에 새까만 피딱지가 눌어붙어 있다. 뺨에는 날카로운 송곳으로 찔러댄 듯 싶은 상흔이 몇 개나 있고, 턱 밑에는 못빼기 펜치 같은 것으로 도려낸 듯싶게 끝이 가늘게 쪼개져 거스름이 일은 살집에 검은 피가 바짝 말라 붙어 있다."

"옷(기모노)을 벗기니, 낙타색의 셔츠와 팬티가 드러났다. 금방 산 듯 싶은 새 메리야스 제품이었다. 그것은 고문 흔적을 감추기 위해 피범벅이 된 내의 대신 경찰측에서 바꿔 입힌 것이 틀림없었다. 목과 양 팔목 그리고 양 발목에는 잇자국처럼 살 속에 깊이 물려들어간 포승줄 자국이 암자색(暗紫色)으로 선명히 찍혀 있었다. 언뜻 보아도 그것은 천정에 매달려 고문을 받은 자국임을 금방 알 수 있었다."

"셔츠와 팬티를 벗겨 내린 순간 노모는 '우왓' 하고 비명을 질렀다.

주위 사람들도 '앗' 하는 신음 소리를 토해 냈다. 팬티로 가려진 하복부에서 대퇴부에 이르는 부위가 온통 물감을 처발라 놓은 듯 싶게 음침한 다갈색으로 변색이 되어 있었다. 흡사 다갈색의 팬티를 입고 있는 듯한 모습이었다. 음경도 고환도 똑같은 색깔로 크게 부어 올라 있었고, 살가죽이 벗겨져 나가 새까만 피가 말라 붙어 있었다. 또 그 다갈색의 피부의 여기저기에 얼굴과 똑같은 예리한 송곳 자국이 20여 곳 정도 나 있고, 그 주위에도 솟아 나온 피가 새까맣게 말라 붙어 있었다. 그것은 차마 눈뜨고는 볼 수 없는 잔인무도한 살해 방법으로, 이를 지켜본 사람들은 분노로 온 몸을 떨어 대었으며 부인네들은 얼굴을 감싸 쥐고 흐느껴 울 뿐이었다."

"…오른손의 인지(人指)를 뒤로 젖혀 구부려 보았다. 그것은 (꺾여진 채) 저항없이 달랑달랑 흔들거리며 손등으로 축 드러눕는 것이었다. 완전골절이었다. 사람들은 모두 아연한 채 확하고 숨을 들이 삼켰다… 「三一五」를 쓰고 「蟹工船」을 쓴 그 손가락은 관헌(官憲)의 손으로 무참히 비틀려 꺾여지고 만 것이었다…"

"동료와 지인들은 후일의 증거로 남기기 위해 여러 각도로 사진을 몇 컷 찍은 다음 그것을 모델 삼아 배우 찌다 고레야(千田是也) 등의 주선으로 데드마스크를 떴다. 그 상처 투성이의 얼굴에는, 그러나 죽음으로써 신념을 관철한 자들이 갖는 숭고한 아름다움이 깃들어 있었다.”

고바야시 다끼지(小林多喜二)는 이렇게 죽어갔다. 그러나 그의 학살사에 대한 국내외의 애도의 물결과 행렬은 그칠 줄 모르게 이어졌다.

▶평소 사숙해 온 문학의 스승 시가 나오야(志賀直哉)에게 보낸 고바야시의 편지.(1931년 11월 9일자) 이 무렵부터 고바야시는 지하 활동에 들어간다.

고바야시의 학살사에 대해 로망 롤랑과 노신(魯迅) 등 세계적 문호들이 항의 성명을 보내 오는가 하면, 평소 고바야시가 사숙하며 창작 지도와 작품 비평을 받곤 했던 일본 문단의 거장 시가 나오야(志賀直哉; 1883~1971)는 고바야시의 노모 세끼 부인에게 다음과 같은 추모 서신을 보내 그의 죽음을 애도하고 있다.

“삼가 말씀 아뢰옵니다. 아드님의 사망 소식을 신문에서 보고 몹시 비통스럽게 생각합니다. 전도유망한 작가로서도 실로 애석하고, 또 만난 적은 한 번 밖에 없지만 인간적인 친밀감을 갖고 있습니다. ‘부자연스런’ 죽음의 광경을 연상하며 암담한 기분에 젖어들었습니다. 전번에 만났을 때도 다끼지군은 ‘아들이 집에 돌아오지 못하는 날 밤

자식 걱정으로 어머님이 얼마나 근심하실 것인가'라는 말을 하기도 하였는데, 그 일을 생각하면 어머니의 그러했을 심정이 충분히 헤아려집니다. 삼가 헌화대(獻花代)로 금일봉을 동봉합니다.

2월 24일 고바야시 세끼 부인께"

또 고바야시도 그 결성에 앞장섰던, 합법적 문화단체인 〈일본프롤레타리아문화연맹〉에서는 3월 15일에 쓰끼지(築地)소극장에서 당국의 탄압하에 거행된 노농장(勞農葬)에서 다음과 같은 공식적인 추도사를 낭독하여 그의 비명의 죽음을 애도하고 있다.

"1933년 2월 20일 오후 7시 35분, 동지 고바야시 다끼지는 절대주의 폭력주의의 흉칼(毒刀)에 쓰러지고 말았다. 동지 고바야시가 걸어온 길은 일찍이 혁명적 인텔리겐챠들이 걸어온 올바른 레닌주의자의 길이었다. 동지 고바야시는 우리 프롤레타리아 문학운동의 빛나는 별이요, 이정표였다. 고바야시 동지만큼 문학운동의 (이념적·실천적; 필자 주) 성과물을 정확하게 자기의 작품 속에 반영한 작가는 없었다. 바로 그런 이유로, 고바야시 동지의 작품은 수많은 노동자·농민·혁명적 인텔리겐챠들의 사랑을 받았던 것이다. 동지 고바야시는 뛰어난 이론가였다. 획기적인 다수의 작품과 동시에 쓰여진 이론은 우리 문학운동 발전의 박차(拍車)이기도 하였다. 고바야시 동지는 단순한 이론가는 아니었다. 그는 이론의 가장 충실한 실천가였다. 그러한 연고로 그는 작년 봄 이래 절대주의 정부로부터 공공연한 활동의 자유를 박탈당하고 끊임없는 적의 추격을 받으면서도 감연히 부서(部署)를 지켜 왔던 것이다. 그리고 동지 와타나베 마사노스케(渡辺政之輔), 동지 우에다 시게끼(上田茂樹), 동지 이와다 요시미찌(岩田義道)를 쓰러뜨린 저주스런 그 손은 또다시 동지 고바야시를 우리들의 전열로부터 빼앗아 가고 말았다. 동지 고바야시의 유해(遺骸)를 본 사람이라면 모두가 뻔뻔스럽고 잔인한 야수적 폭력이 그를 학살하였음을 생생하게 느끼지 않을 수 없을 것이다. 그는 온 몸으로 절대주의 테러(폭력)와 싸웠던 것이다. 그리고 영웅적인 최후를 마쳤던 것이다. 우리들은 그대가 단순히 '심장마비'로 사망한 것은 아니고, 야만스런 경찰 폭력에 의해 학살된 것임을 대중들에게 밝히고 절대주의적 억압의 본질을 대중들 앞에서 폭로하지 않으면 안될 계급적 의무를 지닌다. 동지 고바야시의 죽음은 우리에게, 우리의 문화활동이 절대주의와의 투쟁을 포기할 수 없는 일임을 분명하게 보여주고 있다. 우리는 동지 고바야시가 흘린 희생의 피에 대해 복수하는 길은 우리들의 표방하는 '전쟁과 절대주의에 대한 투쟁'의 강화 이외에 있을 수 없음을 알지 않으면 안될 것이다. 우리 〈일본프롤레타리아문화연맹〉은 동지 고바야시의 문화활동과 계급투쟁에 기여한 업적과 그 영웅적 최후에 전 대중 단체의 협력으로 치루어지는 노농장(勞農葬)으로서 보답할 생각이다. 우리들의 대중적 압력에 의해 동지 고바야시의 유지를 관철시키는 일이야말로 그의 죽음을 위로하는 최선의 길일 것이다. 동지 고바야시의 육체를 (죽여)없애도 그의 정신을 죽여 없앨 수는 없는 일이어서, 한 사람의 고바야시의 죽음이 백 사람의 고바야시를 탄생시키는 일이 됨을 온 몸으로 실천해 보이는 일이 무엇보다도 고바야시 동지를 위로해 주는 일이 될 것이다. 오는 3월 15일-고바야시 동지의 출세작이 된『一九二八年 三月 十五日』과 기묘하게도 일치되는 날짜인데-일본 프롤레타리아트(무산계급자; 노동자 계급자)들에게 허여된 절대주의 테러의 기념일에, 우리는 대중적으로 노농장을 거행할 것을 전 문화단체에 지령하였다. 당면한 노농장의 승리적 수행과 전쟁과 절대주의에 대한 투쟁의 강화야말로 고바야시 동지의 죽음에 대한 진정한 볼쇠비키적 보답이지 않으면 안될 것이다.

1933년 2월 23일
일본프롤레타리아문화연맹”

「韓國으로부터의 通信」과 T·K生 지명관(池明觀) 교수

(1) 일본에서 역전(逆傳)되어 온 고국의 소식들

–T·K生이 써 보낸 「韓國으로부터의 通信」들

1970~80년대의 꽁꽁 얼어 붙은 유신·군부 독재 시절, 엄혹한 긴급조치와 악랄한 수법의 언론통제로 조금이라도 반체제성 시국사건 냄새가 나면 바로 이웃한 옆방에서 일어난 사건일지라도 그 정확한 실상을 알 수 없었던 '정보 깜깜이 세상'을 살아야 했던 한국의 지식인·대학생들에게 일본에서 발행되는 월간지 《世界》 연재의 「韓國으로부터의 通信」은 '가뭄에 단비'와 같은 유일한 정보 획득원이었다.

1972년 11월호의 10월 유신 시절부터 1988년 3월호의 전두환 군부독재 종료시까지의 장장 16년간에 걸쳐 '고국의 동포'들에게 보내 온, 민주화운동, 인권운동, 노동운동, 종교인탄압, 언론인탄압 관련 소식들. 이 소식들은 긴급조치와 보도관제로 정보 불통의 깜깜이 암흑세상을

'岩波新書'판으로 발간된 『韓國からの通信』 첫번째권 (1972. 11~1974. 6). 1974. 8. 20에 초쇄본이 발간되었다.

살아야 했던 자유시민들의 눈과 귀를 열어 주고 막힌 숨통을 틔워 주며 앞날을 예언해 준 구원의 목소리, 구세주의 예언서가 되기에 충분했다.

따라서 이 「韓國으로부터의 通信」의 시·공에 걸친, 해내외에의 전파력과 파괴력도 대단한 것이어서, '최종길 교수 고문치사 사건' '목회자 신부 연행 사건(池學淳 주교+朴炯圭 목사 등)' '김대중 납치사건', '학원탄압 사건' '3·1 명동 구국선언 사건' 'YH무역사건' '10·26정변' '5·18 광주민중항쟁' 등의 전모도 어렴풋하게나마 짐작할 수 있었으니, 한국의 민주시민들에게 그것은 독립군 1개 사단, 해외 비밀방송국 하나쯤 가지고 있는 것 같은 든든한 심정이기도 하였다. 그 혹독하고 삼엄무비한 유신독재 체제하에서도 민주화 세상에의 실낱같은 희망 한 줄기라도 붙들고 살아갈 수 있겠다는 자신감을 안겨 주고 용기를 북돋우어 주는 것이기도 하였다.

당연히 국책·정보 기관용으로만 제한 반입되고 일반인들에게는 반입 금지·소지 금지·접근 금지· 열독 금지 등의 취급 금지와 금서 취급을 받아야만 했던 이 '통신문'을 통해 한국의 자유시민들은 그런대로 국내외 사태의 정세분석과 미래예측·대비 태세를 갖추며 더욱 더 가열찬 민주화운동에의 각오와 실천의지를 다짐하였으니, 이 통신이 비록 한국내 유언비어 생산·유통의 원산지·사령탑이라느니, 한국의 종북 좌파사상 교습소이거니 하는 등등의 비난을 받으면서도 '민주화 세상 복원'을 위한 반정부·반체제 운동의 행동강령 설정의 근거문서 역할을 했음 또한 물론이다.

아이러니칼하게도 망명자(필자 지명관교수)가 망명지에서 보내 오는 '고국의 소식'에 감읍하며 한 문장 한 글자에 일희일비 해야 했던 1970~80년대 한국의 3맹(벙어리·장님·귀머거리) 지식인·학생들은 무슨 '우남·백범'의 옥중서신이나 미국의 소리 방송·임정 독립신문 몰래 전해 듣고 받는 심정으로 매월호의 「韓國으로부터의 通信」 구독을 갈구할 수밖에 없었던 것이 아닌가.

이승만이 〈미국의 소리 방송〉을 통해 고국 동포들에게 보내 오는 독립운동 소식을 단파방송으로 몰래 숨어 듣던 심정으로 《世界》의 '열독 금지 독자'들이 조마조마한 심정으로 숨어서 읽고, 또 그것을 자랑스레 주변의 믿을만한 친지들에게 '비밀 엄수(출처 은폐)' 조건으로 '유비통신' 비슷하게 퍼뜨렸던 「韓國으로부터의 通信」 집필자도 그러나 20년 가까이 그 정체를 드러내지 않던 신화(神話)를 깨고 마침내 '숨은 영웅'의 모습을 대중 앞에 드러 내고야 말았으니, 그는 혁명가도 정치가도 언론인도 아닌 종교철학자 지명관(池明觀) 전 덕성여대(德成女大) 교수(1924~2022)였다.

지식인들에게 많은 애독자를 가졌던 명수필가이며 독실한 기독교 신앙인이며 대학교수로서, 1960년대 초 《思想界》의 주간이 되어 함석헌(咸錫憲)·김재준(金在俊)·장준하(張俊河) 등과 함께 한일굴욕외교 반대투쟁에 앞장섰던, 1960년대 한국 민주화 운동의 핵심 기수단의 한 사람이었던, 한국의 대표 지성 지명관 교수[4]가 바로 그 발신자였다.

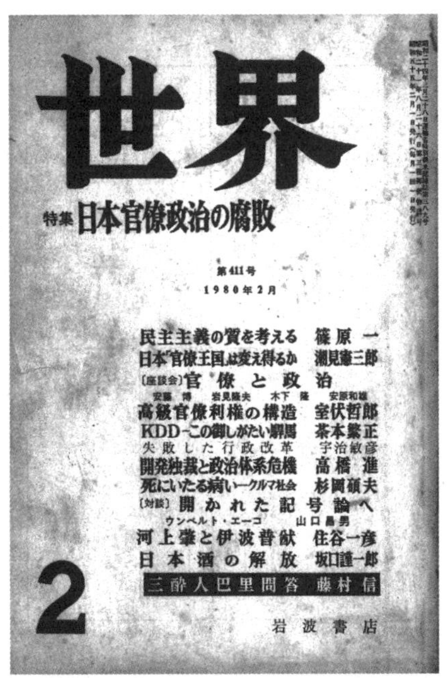

「韓國으로부터의 通信」이 실린 월간 종합지 《世界》(1980년 2월호)

1993년 20년 만에 민주화된 조국에 돌아온 그는 한림대학교 일본학연구소장·한국방송공사 이사장 등을 역임하며 한일 문화사 관련 집필·

4) 지명관 교수는 1960~70년대 시절, 그 난해한 관념론적 사변철학의 견고한 성채를 평이하고 유려한 수필체 문장으로 허물어 철학의 대중화 작업의 기반을 구축했던, 철학자 수필가 3총사 김형석(金亨錫)·김태길(金泰吉)·안병욱(安秉煜)과 함께 60년대 지식인들의 메마른 정서의 골을 적셔 주었던 명수필가였고 유창한 웅변조의 대중 연설가이기도 하였다. 그는 《思想界》 주간으로 있으면서 대학 강연이나 정부 비판·한일굴욕외교 반대 집회 등의 대규모 군중집회에도 참석하여 연설을 하였는데, 1965년 4월의 효창운동장에서의 원로 종교인 함석헌·김재준과 함께 했던 규탄 연설 중 그의 해박·유창한 대중연설은 청중들의 환호와 그칠 줄 모르는 박수갈채를 받았던 기억이 새롭다.

저술 활동에 힘을 쏟는데, 2003년 2월 노무현(盧武鉉)대통령 취임 당시 '대통령취임사준비위원장'을 맡아 노무현정부 탄생에 기여하기도 하는 등 현실참여 지식인의 모습을 보여 주기도 했다.

(2)《世界》지 편집장의 권유와 배려로 집필 시작하다

지명관 교수가 《世界》지에 「韓國으로부터의 通信」을 쓰게 된 계기는 10월유신 후 그가 일본으로의 '亡命' 비슷한 '시국 도피성 유학'을 떠난 후 고향의 선배이며 소설가인 선우휘(鮮于煇; 1922~1986) 조선일보 편집국장과 친분이 있는 《世界》의 편집장 야스에 료스케를 만난 데서 비롯된다. 그가 귀국후에 쓴 자서전 『경계를 넘는 여행자』에서 밝힌대로, 그는 10월유신 후의 박정희의 장기 독재체제에 견딜 수 없는 분노를 느낀 나머지 일본 유학을 결심하고 도피성 유학을 떠나게 된다. 이때 도쿄에서 만난 〈아시아기독교협의회〉 오재식(吳在植) 간사의 권유로 한국 민주화운동에의 기독교계의 지원활동에 참여하기로 결심을 하게 되는데, "한국의 민주화를 위하여 싸우는 것이 나의 도쿄 체재의 가장 중요한 목적이 된다. 그러기 위해서는 일본인 선배들이나 친지들의 지원이 필요하다"(『경계를 넘는 여행자』, p.162)고 느낀 그는 이 과정에서 한국 민주화운동 지원자의 한 사람인 야스에 료스케와 만나게 되고, 그로부터 「韓國으로부터의 通信」 집필을 위한 지면 할애를 받게 되는 것이다.

그는 후일 회고록에서 이때 사용하게 된 필명 'T·K生'에 관한 회고담 비슷한 증언을 몇 토막 남기고 있어 흥미롭다. 그는 료스케의 청탁으로 《世界》 등에 글을 쓸 때는 민법학 전공자로 소개되는 김순일(金淳一)이라는 가명과 이대선(李大善) 그리고 'T·K生'이라는 3가지 이름을 구별하여 썼는데, 이는 쓰는 문장의 성격이나 논조에 따라 그렇게 각기 다른 이름을 번갈아 썼다는 것이다.

이후 지명관은 《世界》 1973년 3월호부터 1988년 3월호까지 만 15년간에 걸쳐 「韓國으로부터의 通信」을 'T·K生'이라는 고정 필명으로 쓰게 되는데, 'T·K生'이라는, 탐정소설이나 세계 비밀혁명사에나 나올 법한 그럴싸한 이 영문 약자명의 유래에 대한 독자들의 호기심에 대한 답변이기라도 하듯 다음과 같은 석명(釋明)을 거듭하고 있다. 그는 자서전에서

> "유신체제하의 한국의 상황을 바깥 세계에 호소하는 교두보를 도쿄에 세워야 한다. 특히 민주화 세력의 눈으로 본 한국을 세계에 알리고 호소해야 한다고 료스케는 강조하는 것이었다. 이렇게 해서 「韓國으로부터의 通信」은 시작되었다. 그 글의 필자에 대한 수많은 억측을 낳으면서 1988년 3월호까지 만 15년간 계속되었지만, 사실 'T·K生'이란 야스에가 붙인 필명이었고 무슨 특별한 의미가 있었던 것은 아니다. 나는 T·K生이란 말을 들을 때 내 이름의 영문(英文) 약자의 일부라고 할 수도 있겠는데 하면서 웃었다."(『경계를 넘는 여행자』,

pp.172~173.)

"1970년대의 어느 날 선우휘가 도쿄로 와서, 한국 중앙정보부가 「韓國으로부터의 通信」의 필자는 누구라고 생각하느냐고 묻더라고 했다. '그때 내가 複數일[5] 것이라고 말했더니 TV에도 그렇게 나왔지'라고 말하는 것이었다. 그래도 나는 입을 다물고 아무 말도 하지 않았다."(『경계를 넘는 여행자』, p.224.)

고 밝혀 독자들의 15년 동안 지녀 온 'T·K生' 작명 관련 궁금증을 풀어주고 있다.

지난 이야기이지만, 사실 그때 새달호 「通信」이 나오기를 손꼽아 기다리거나 혹은 이달호 「通信」을 읽으며 일희일비 하면서도 독자들의 관심의 반쯤은 항상 '도대체 T·K生은 누구일까' 하는 데로 쏠려 있을 정도였으니까.

(3) 야스에 료스케와의 '공동작업' 형식으로 이루어진 「韓國으로부터의 通信」의 집필과 편집

이렇게 해서 15년간 '무탈하게(별다른 필화사건 한번 일으키지 않

---

5) 「韓國으로부터의 通信」의 필자의 단수설(지명관 단독설)·복수설과 관련, 필자의 추측으로는, T.K생의 정체가 어느 정도 정보기관이나 언론기관이나 기독교계 인사들에게 암암리에 밝혀져 알만한 사람들 사이에는 누구누구일 것이라는 공공연한 비밀로 되어 있었을 것이나 편의상 서로간에 입만 다물고 있었지 않았겠느냐 하는 짐작이다.

'박정희·전두환 군부독재 실상' 세계 알린 지명관 교수 별세

주간 지낸 '사상계' 폐간 뒤 일본행
73년부터 15년 동안 필명 'TK생'으로
독재정부 인권탄압과 광주학살 등
한국소식 일 잡지 '세카이'에 기고
김대중 정부 때 '한국방송' 이사장

지명관(오른쪽) 전 한림대 석좌교수가 2003년에 <세카이>를 들고 자신이 '한국으로부터의 통신' 필자라고 밝히고 있다. 연합뉴스

박정희·전두환 군사독재 시절인 1970~80년대 일본에서 '티케이(TK) 생'이란 필명으로 한국의 인권탄압과 민주화 투쟁 상황을 세계에 알린 지명관(사진) 전 한림대 석좌교수가 1일 오전 7시55분 지병으로 별세했다. 향년 98.

1924년 평북 정주에서 난 고인은 김일성대학 제1회 입학생 출신으로 1947년에 월남해 서울대 종교학과를 나와 모교 대학원에서 박사 과정(종교철학 전공)을 수료했다. 한국전쟁 때 4년간 통역장교로 복무하고 육군 중위로 제대했으며 60년대 초 덕성여고 교장을 지내기도 했다.

1960년 4·19 혁명을 계기로 사회 문제에 관심을 갖게 된 고인은 1964년부터 3년 동안 장준하 선생이 창간한 잡지 <사상계> 주간을 맡았다. 박정희 정권에 비판적이던 <사상계>가 70년 5월 정권에 의해 강제 폐간당하고 사장과 편집인까지 구속되자 덕성여대 교수로 재직하던 고인은 1972년에 도쿄대 교환 교수 초빙을 받아 도일했다.

애초 1년을 예상한 고인의 일본살이는 1993년까지 20년 이상 이어졌다. 일본을 거점으로 한국 민주화운동을 돕자는 오재식 당시 아시아기독교협의회 도시산업선교부장의 적극적인 권유에 응한 것이다.

고인은 도쿄여대 객원교수로 있던 73년부터 88년까지 일본의 진보 성향 월간지 <세카이>에 '티케이(TK) 생' 필명으로 칼럼 '한국으로부터의 통신'을 15년 연재하며 독재에 신음하는 고국 상황을 세계에 알렸다. 한국기독교교회협의회 인사들이 '한국 자료'를 몰래 보내오면 고인이 글을 쓰고 야스에 료스케 당시 <세카이> 편집장이나 비서가 필사한 뒤 원고를 불태우는 방식이었다.

고인이 광주 민주화운동 3개월 뒤인 80년 8월 <세카이>에 발표한 '어둠의 기록'이라는 제목의 글은 당시 광주의 참혹한 시민 학살 실상을 낱낱이 전해 주목을 받았다. 박정희 정권이 유신 독재에 저항해 75년 4월 할복자살한 김상진 서울대 농대생의 추도식마저 막고 강제 화장한 사실도 <세카이> 독자들은 고인의 글을 통해 알 수 있었다.

고인의 서울대 종교학과 후배인 오재식 박사는 2013년 <한겨레> '길을 찾아서' 연재에서 '한국으로부터의 통신'은 73년 야스에 편집장 권유로 시작했으며 앞서 고인과 야스에의 만남을 주선한 이는 선우휘 당시 <조선일보> 주간이었다고 밝히기도 했다. 고인이 이 칼럼을 썼다는 사실은 철저히 비밀로 지켜지다 2003년 <세카이> 지면에서 공식 확인됐다.

1993년 귀국한 고인은 김대중 정부 시절인 1999년 한·일 문화교류 목적으로 출범한 한일문화교류회의 위원장과 <한국방송> 이사장(2000~2003)을 지냈고 노무현 대통령 취임식 준비위원장도 맡았다.

<한국 현대사와 교회사>(1975), <한국과 한국인>(2004), <한일 관계사>(2004), <경계를 넘는 여행자>(2006) 등의 저서가 있다. 2006년에는 일본에서 집필한 칼럼을 중심으로 1970~1980년대 한국 민주화 운동의 의의를 짚은 책 <한국으로부터의 통신>을 냈다.

유족으로 부인 강정숙씨와 자녀 형인(제이오디 교수) 호인(어플라이드 머티리얼즈 임원) 영인(미네소타대 교수)씨가 있다. 빈소는 서울대병원이며 발인은 4일 오전 7시다. (02)2072-2022.

강성만 선임기자 sungman@hani.co.kr

《世界》지에 15년 동안 「韓國으로부터의 通信」을 집필했던 지명관(池明觀) 교수 별세 관련 보도.(한겨레신문, 2022. 1. 3.)

고)' '영속적으로(호수 한번 거름 없이)' 계속된 「通信」의 제작·배포 작업은 지명관과 료스케 간의 '돈독한 우정'과 '동지적(?)' 신뢰감[6]을 바탕으로 한 상호협력 체제하에, 취재원의 발굴·선택에서부터 논조의 수위 조정에 이르기까지의 전 편집 과정에서 순조로운 공동작업의 성과를 이루어 낸다.

이렇게 해서 사건 발생처인 한국에서는 깜깜이 소식인 '은명기 목사 구속사건(1972. 12. 27.)' '박형규 목사의 남산 야외음악당 부활절 예

6) 《世界》 고정 지면 할애도, 지명관·선우휘와 료스케 간의 단순한 친분 관계에 바탕한 선심성 배려 차원의 결과물이라기보다는, '친북 좌파' 성향의 잡지 《世界》로 대표되는 이와나미(岩波) 그룹의 친 대북 노선(사업)에 동조자로 끌어 들이려는 고도로(치밀하게) 계산된 포섭 공작의 일환으로 맺어진 유대 결연의 결과물로 보려는 견해들도 있다.

배사건(1973. 4. 22.)' '긴급조치 위반 사건들' '대학생(서울대+성균관대+이화여대 등) 대규모 시위사건(1974. 4. 3.)' '육영수 여사 피격사건(1974. 8. 15)' '전국민주청년학생총연맹사건(1974. 3)' '서울농대생 김상진군 양심선언사건(1975. 4. 11.)' '3·1 민주구국선언사건(1976. 3. 1.)'도 지각 보도이나마 햇빛을 보게 되었던 것이다.

그러한 과정에서 '피난처' 제공을 마다않게 해준 료스케도 「通信」 집필 과정과 내용에 대해서는 결코 시시콜콜한 간섭을 하지 않았음을 지명관은 "…「通信」에 그가 첨삭을 한 적은 없었지만, 정신적인 의미에서는 그와 나의 공동집필이라 해도 과언이 아닐 것이다. 처음에 그와 나를 맺어준 사람은 조선일보 편집국장과 주필을 역임한 소설가 선우휘였다(p.166)… 20여 년간 언제든 만나고 연락하고 끊임없이 (한국 민주화운동을 위해) 싸워 온 야스에 료스케는, 내가 「通信」을 《世界》에 쓰는 것 때문에 한국에 돌아가지 못하고 가족과 만나지도 못하고 있는 데 대해서 그는 언제나 함께 마음 아파해 주었다. 한국의 민주화운동이든 나 자신의 사적인 문제이든 가리지 않고 언제나 무엇이든 협력해 주었다(p.168)"고 『경계를 넘는 여행자』에서 밝히고 있다.

또 「通信」의 소재 선택과 현장정보 전달자·전달통로의 비밀과 보안성 유지에도 세심한 배려와 주의를 게을리 하지 않았을 터인데, 이에 관해 지명관은 "통신은 일본에서 발표되었지만 한국의 현장에서 온 소식이어야 했다. 그래서 일본·미국·독일·캐나다 등에서 수없이 많은 사람들이 한국에 파견되어서 현장의 정보를 전해 주어야 했다. 한 달에 두 사람씩 한국에 파견했다고 해도 15년간이면 360명에 달한다. 도쿄에서 한국 소식을 전 세계에 전하고 세계의 움직임을 국내에 전해야만 했다. 비록 바깥 소식이 소수의 교회 관계자나 싸우는 사람들에게 전달된다고 해도 '流蜚通信'이라는 이름으로 많은 사람들에게 퍼져 나갈 것임에 틀림없었다. 일제하에서도 해외의 독립운동 소식이 이런 식으로 전달되지 않았던가. 사람들의 마음을 움직여야 하는 것이다. 그것은 일종의 파롤(parole)혁명이어야만 했다"(p.174)라는 증언을 남기고 있다.

또 소재 선택과 집필의 우선순위 결정에도 '전파성'과 '최신성'을 첫째 기준으로 삼았음을 그는 "처음에는 중요한 뉴스와 긴급한 연락이 있을 때만 「通信」을 쓰기로 결정했었다. 제1신은 1973년 《世界》 5월호에 게재되었다. '悲觀과 拒絶'이라는 제목으로 먼저 미국인 선교사가 본국에 보낸 편지에서 인용한 것이었다. 그것은 '지난 10월 17일 저녁부터 갑자기 시작된 계엄령하의 한국의 상황에 대해서는 누구도 말할 수 있는 자유를 가지고 있지 못하다'로 시작되는 6페이지밖에 안되는 최초의 통신이었다. …이렇게 시작된 「通信」은 처음에는 한국에서 무슨 특별한 소식이 오거나 국제적으로 꼭 호소해야 할 일이 생기면 필요에 따라 수시로 게재하기로 했다. 그래서 한 달 건너 뛰어 1973년 7월호에 91.5%가 찬성했다는 이른바 유신헌법 국민투표의 실태를 보도했다. ○○대대의 경우에는 80%가 직접투표 아닌 대리투표를 했다고 한다. 어떤 병사는 이렇게 말했다. '소대장님 제게는 투표용지가 오지 않았어요"걱정 마. 인사계가 처리해 버렸으니까'. 대개 이런 방식이었다"

고 회고하고 있다.

취재·집필·편집·배포의 전 과정에서 드러나 보이는 이러한 노련·치밀한 제작기술의 뒷받침이 있었기에 장장 15년간에 걸친 '「通信」 제작 대장정'도 성공리에 끝마칠 수 있었던 것이 아니었겠는가 하는 생각이 든다. 집필자도 한국에서의 민주화의 진전과 함께 성공리에 끝난 15년간에 걸친 이 대장정 마감의 후일담을 뿌듯한 자족감에 넘치는 필치로 이렇게 기록하고 있다.

"해외 저널리스트들의 한국 민주화운동 대열에의 적극 참여하에, 《世界》도 크게 협력했고, 거기에 게재된 「韓國으로부터의 通信」 역시 일정한 역할을 했다. 「通信」은 한국어와 영어로 번역되었고 북한에서도 책자로 만들어졌다. 1976년에는 T·K라는 이름으로 『Letters from South Korea』가 국제판으로 미국에서 출판되었다."

또 「通信」 제작의 일선 실무자들이었던 《世界》지 편집 관계자들도 "「通信」은 독일군 점령하의 파리에서 저항운동의 일환으로 비밀리에 출판되었던 지하 간행서 「深夜通信」에나 비견할 만한 한국 지식인의 저항의 서(書)"라고 상찬하고 있으며, 일찍이 《世界》(1974년 5월호)에 「민주주의를 위한 연대」를 기고한 일이 있는 구라쓰카 다이라(倉塚平) 전 메이지대학 교수도 이 「通信」에 대한 독후감으로 "유신체제하의 동토에서 맥박치고 있는 민족의 양심-저항의 목소리와 몸부림-을 극명하게 증언하고 있는 것이 이 「通信」이다. 그것은 또 불퇴전의 비장한 결의로 싸우고 있는 한국 민중의 집합적 노력의 결정(結晶)이며 우리나라(일본)의 민주주의자들을 향해 외쳐대는 진정한 연대의 호소이기도 하다"고 적고 있다.

(4) 반세기 만에 다시 보는 「韓國으로부터의 通信」 하이라이트 20컷

이제 독자들과 함께 유신·군부 독재시절의 '닫힌 역사' '막힌 언로'에로의 실제 탐방 기행을 이와나미서점(岩波書店) 발행의 『韓國으로부터의 通信』 중의 중요 대목 발췌 번역 형식으로 진행해 볼까 한다. 당시대인들이 실제로 겪었던 사건들을 추억의 창에 올려 놓고 이 「通信」이 얼마만큼의 진실 보도에 기여했던가 하는 채점을 매겨 볼 수 있을 것이라는 생각에서이다.

(A) 悲觀과 拒絶(1972년 11월)

"지난 10월 17일 저녁 때부터 시작된 계엄령하의 한국의 상황에 대해서는 누구도 자유로이 말할 수 있는 분위기가 못된다. 어느 친구가 「한국의 상황에 대한 보고」라는 영문 서류를 보여 주었다. 1주일 전쯤 어느 외국인 선교사가 비밀리에 본국에 보낸 보고서의 사본인 듯 싶다는 것이었다. 그는 이 외국인의 보고서야 말로 가장 객관적이고 신뢰할 수 있을 것인지도 모른다는 말을 덧붙였다. 그렇다면 그중 몇 구절을 인용함으로써 이 「韓國으로부터의 通信」의 제1신으로 발신할 수 있겠다는 생각이 들었다… ‘이번 사태를 현 정부의 지배를 영구화 하려는 단순한 권력 찬탈로만 모두가 믿고 있음은 물론이다…검열은 엄격하다. 신문과 잡지는 검열의 흔적이 드러나지 않도록 (삭제된) 공란을 남겨서는 안된다. 서울의 주요 대학에는(여자대학 제외) 군 부대가 주둔하고 교문에는 보초가 서 있다… 보초가 학생들의 출입을 금지시키고 교수와 직원들만 엄격한 검문하에 출입이 허용되고 있다… 10월 17일의 특별성명으로 대통령은 모든 정치활동과 새 헌법에 대한 지지·반대의 모든 활동을 금지시켰다… 중앙정보부와 경찰은 ‘개혁’을 공공연하게 지지하도록 모든 단체와 지도급 인사들에게 압력을 가하고 있다. 신헌법을 반대하는 유언비어를 유포한 혐의로 형을 받은 인사들에 관한 보고가 매일 들어오고 있다….’”

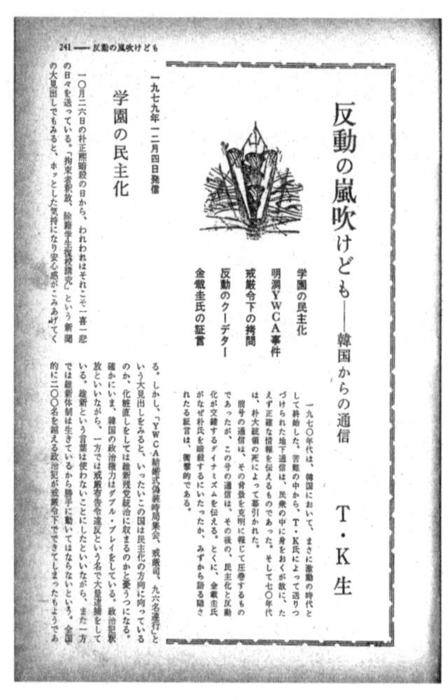

241 —— 反動の嵐吹けども

反動の嵐吹けども——韓国からの通信

T・K生

学園の民主化
明洞YWCA事件
戒厳令下の拷問
反動のクーデター
金戴圭氏の証言

一九七〇年代は、韓国において、まさに激動の時代として終始した。苦難の中から、T・K氏によって送りつづけられた地下通信は、民衆の中に身をおくが故に、たえず正確な情報を伝えるものであった。そして七〇年代は、朴大統領の死によって幕引かれた。

前号の通信は、その背景を克明に報じて圧巻するものであったが、この号の通信は、その後の、民主化と反動化が交錯するダイナミズムを伝える。とくに、金戴圭氏がなぜ朴氏を暗殺するにいたったか、みずから語る隠されたる証言は、衝撃的である。

一九七九年一二月四日発信

学園の民主化

一〇月二六日の朴正熙暗殺の日から、われわれはそれこそ一喜一悲の日々を送っている。「拘束者釈放、除籍学生復校講究」という新聞の大見出しでもみると、ホッとした気持になり安心感がこみあげてくる。しかし、「YWCA結婚式偽装時局集会、戒厳司、九六名連行」という大見出しをみると、いったいこの国は民主化の方向に向っているのか、化粧直しをしては維新残党統治に収まるのかと憂うつになる。確かにいま、韓国の政治権力はダブル・プレイをしている。政治犯釈放といいながら、一方では戒厳布告令違反という名で大量逮捕をしている。維新という言葉は使わないことにしたといいながら、また一方では維新体制は生きているから勝手に動いてはならないという。全国的に二〇〇名を越える政治犯が戒厳令下でできてしまったもようであ

TK생의 「韓國으로부터의 通信 ; 1979. 12. 4.~1979. 12. 15.」이 실린 《世界》지의 본문 시작 페이지

*최초의 통신으로서의 역사성을 갖는다.

(B) 金大中 씨 사건을 지켜보다(1973년 8월)

"13일 밤 전신 상처 투성이의 김대중씨가 서울의 자택으로 돌아왔다. 이에 앞서, 서울의 신문들은 8월 9일 처음으로 '김대중 씨 실종, 한국어 쓰는 5인의 젊은이들에게'라고 1면에 짧게 보도하고 있었다. 10일에는, 한국정부가 주일대사를 통해 '김씨 신원보호 만전'을 요청하는 한편 진상규명의 요청과 '한국정부는 아무 것도 모른다'는 언명이 있었다고 보도하였다. 11일의 보도 중에서 특히 눈길을 끄는 것은 '김씨가 끌려간 (납치된) 호텔 방에서 북한 담배 2알 발견'이라는 대목이다. 13일에는 양일동(梁一東) 씨의 기자회견 기사가 실려 있다. 김씨의 경호원이 '큰일 났다'는 양씨의 전화를 받고 15분 뒤에야 나타났다는 사실을 양씨는 강조하였다. 이 발언은 김대중 씨의 경호원에게도 의심의 눈초리를 보내는 듯한 여운을 강하게 남기는 것이었다. 14일자 신문은 '김대중씨, 서울 자택에 데려다 놓다'라는 제목하에 1면을 온통 김대중씨 기사로 휘칠해 버렸다. 그것은 김대중씨가 직접 털어 놓는 사건의 경위를 비교적 상세하게 전해 주고는 있으나, 그에 대한 어떠한 논평도, 사설이나 칼럼을 통한 논설도 싣고 있지 않았다… 김대중씨는 이 기적적인 생환에 의해 민족적 '심볼'이 되었다. 이 거대한 상(像)을 박정희씨가 그대로 놓아 둘 리가 없다. 어떤 식으로 제거하려는 심산일까… 김씨는 과연 (국내에서) 무사히 버티어 낼 수 있을 것인가. 그는 일단 밖(海外)으로 나가야 할 것이다. 그러나 외국에서의 어떤 '작업'을 마친 뒤에는 국내의 고통받고 있는 민중들 속으로 되돌아 와야 할 것이다. 세계적 여론을 등에 업고 민중들을 격려하고 분기시키지 않으면 안될 것이다. 그러나 무엇보다도 국내에 있는 우리들에게는 그의 신변이 안전할 수 있을 것인가 하는 것이 가장 큰 걱정거리이다. 그의 안전을 박정권에 기대할 수는 없다. 그들에게는 그러한 선의란 전혀 없다. 그들은 다만 적을 '섬멸'하는 일에만 촉각을 곤두세우고 있다. 그들은 이제 이 길만이 자신들의 생존의 길임을 확신하고 있는 것이다."

*8월 8일 도쿄의 그랜드팰리스 호텔에서 괴한(?)들에게 납치된 전 신민당 대통령 후보 김대중 씨가 5일 만에 기관원들에 의해 자택으로 '강제 송환'된 사건의 보도이다.

(C) 최종길(崔鍾吉) 교수의 죽음(1973년 11월)

"서울법대의 최종길교수가 중앙정보부에서 시체로 발견되었다. '화장실에서 (건물 밖으로) 투신했다'는 것이 정보부 당국자들의 발표이다. 누구도 이를 믿지 않는다. 고문에 의한 죽음이라고들 믿고 있다. 진실은 이렇다고들 한다. 10월 17일, 법대생들의 데모나 동맹휴학 사태 등에 대해 6인의 법대 간부급 교수들이 협의를 했는데, 이때 최종길교수는 '이제는 교수들도 학생들 편에 서야지, 학생들을 처벌할 것은 아니다'라고 주장했다고 한다. 그러나 누군가가 밀고를 했던 것인가, 그날 중으로 최교수는 연행되고 마침내 고문사(?)를 당한 것이다. 그러나 유체(遺体)는 가족들에게 보이지 않고 정보부 측에서 처리하고 말았다. 최교수의 부인이 의사이기 때문에 시체를 보기만 해도 그 끔찍스런 고문사의 흔적을 확인할 수 있었을 것이기 때문이라는 뒷소문들이다."

*독일 유학을 마친 소장 민법학자 최종길교수(1932~1973)는 당시 서울대 법대 학생과장 보직을 맡고 있어 시위 학생 처리 문제 등으로 당국과 충돌할 수밖에 없는 난처한 입장에 놓여 있기도 했다.

(D) 문인 간첩단 사건(1974년 2월 4일)

"제19회 현대문학 신인상 소설 부문 수상자 이제하(李祭夏) 씨가 수상을 거부하였다. '한국의 문학상이 때로는 부당하게 配當된다고 하는 평소의 소신과, 근래 문인들이 받고 있는 갖가지 고통이 마음에 걸려서' 수상을 거부했다는 것이다. 실인즉 근래 문인들이 겪고 있는 수많은 고통에 대한 공감과 분노가 수상 거부의 참 이유일 것이라고들 한다. 그것은 구속되어 있는 5인의 선배·동료 작가와 평론가들 때문임은 물론이다. 1월 26일에 적발되었다는 5인의 문인들은 재일 북측 공작원들에게 포섭되어 스파이 활동을 했다고 한다. 그러나 그것을 믿으려 하는 국민은 없다. 그 중의 한 사람인 소설가 이호철(李浩哲) 씨는 작년 11월 5일의 〈지식인 시국사건〉 서명자이다. 그들은 1월 7일 61명의 문인들이 개헌과 민주적 질서의 회복을 요구하는 성명서를 발표하였는데, 그것을 조직한 사람들이다. 1.8조치(긴급조치 1호+2호; 개헌 운동 금지와 보도관제 조치) 이후는 신중한 태도들을 취하고 있기 때문에 스파이로 날조·조작하여 후환을 미리 없애려 한 것이다. 김지하(金芝河) 시인도 체포 대상자였으나 그는 현재 행방을 감추고 있는 모양이다. 증거품으로 압수되었다고 발표한 물품은 다음과 같다… 불온서적 《漢陽》지 37권, 『民族의 尊嚴』 2권, 《世界》《群像》 각 1권, 일화 25,330엔(円), 카메라 1대, 녹음기 1대, 라디오 1대 등… 5인이 소지하고 있던 '증거품'이 이것이 전부이다. 카메라 1대, 라디오 1대라니, 이것은 정말 웃음거리이다. 참고삼아 검찰측이 발표한 이호철 씨의 죄상을 적어 본다. …1972년 12월, 일본에서 열린 〈펜클럽대회〉 때 도일, 김기심(金基深)과 7회에 걸쳐 접촉, 여섯차례의 향응과 공작금 50만엔(円) 그리고 모교인 원산중학 졸업시의 성적표와 당시의 사진 등을 전해 받고 스파이로 포섭되었다. '문인을 동원하여 현정권의 부조리를 소재로 한 작품활동으로 대중을 선동하라'는 등의 지령을 받고 72년 12월 2일에 귀국. 1973년 12월 《한국신학대학보》에 평화시장 재봉공 전태일의 분신 자살을 소재로 한 반정부 투쟁을 선동한 작품을 쓰며 활동. 73년 11월 20일 기독교방송국 공개토론에서 '현 정권이 썩었듯이 대학교수들도 썩어 가고 있다'고 비난. 작년 12월 23일 개헌서명 발기인으로서 활동. 지난 1월 7일 개헌지지 문인 시국성명에 간사로서 주동적 역할… 국내의 저명 인사를 이렇게 공공연하게 간첩으로 조작한 것은 최초일 것이다. 이 작가들을 돕기 위한, 솔제니친 사건 때의 지원자 사하로프 같은 사람은 없는 것일까 하고 지식인들은 수군거리고들 있다. 나는 이 체포작가들에 대한 내외의 지원을 강력히 호소하고 싶다. 정부가 '간첩사건'으로 취급한 것은, 문학에서의 표현의 자유의 문제로서 내외의 동정이나 비난이 일지 않도록 하기 위한 의도에서였을 것이다."

*함께 구속된 문인은 장백일(문학평론가)·김우종(문학평론가)·임헌영(문학평론가)·임중빈(문학평론가)이며 이들은 후일 실형을 선고받는다.

(E) 장준하(張俊河) 씨의 죽음(1975년 9월)

"'한 점 부끄러움 없는' 인생을 살다 간 사람. 어느 의미에서는 감옥 안의 김지하, 감옥 밖의 김대중과 같은 운명 속에서 마침내는 비극의 절정에서 가버린 사람이 장준하일 것이다. 그는 1960년의 4·19혁명의 발화점이 되었다고 하는 월간지 《思想界》를 창간하고 그 《思想界》와 함께 살아 왔던 사람이다. 그러한 그가 지난 8월 17일 오후, 등산사고로 생명을 잃었다는 것이다. 박정희씨를 '(밀수) 왕초'라고 불러 대통령 모독죄로 투옥된 일도 있고, 개헌청원 100만인 서명운동을 일으켜 징역 15년형을 선고받은 일도 있는 장준하이다… 문제는 한 사람의 애국인사가 죽었다는 데 그치지 않는다. 자일(등산용 밧줄) 없이는 도저히 오르내릴 수 없는 벼랑에서 떨어졌다는데도 귀(耳) 뒤에 조그만 상처 자국을 남겼을 뿐이라는 것인가. 어째서 그가 차고 있던 팔목시계가 함께 산을 올랐던 남자의 팔목에 옮겨 가 있었던 것일까. 사체 옆에 등산용 모자와 그 안에 안경이 단정히 놓여 있었다는 것은 아무래도 묘한 일이지 않는가. 의문은 그치지 않는다. 장씨를 안내한 김(金)이라고 하는 남자는 앞뒤가 맞지 않는 말을 되풀이하였다. 장씨는 혼자 산에 남아 있었다고 하는가 하면 장씨가 먼저 내려갔다고도 한다. 카키복을 입은 두 사람의 남자를 보았다고도 한다. 이 남자는 이 사고 소식을 가까운 경찰관서가 아닌 군 수사부에 신고했다고 한다. 가족이 이 사고 소식을 통보받은 것은 사고 발생 6시간 후였다고 한다. 정보부 인사가 가족을 찾아와서 사건 진상규명운동을 벌이거나 하지 않겠다는 약속을 받아 내고 나서야 장례식을 허락해 주었다. 그리고 빨리 장례식을 치루도록 재촉하였다. 사고 원인에 의문점이 있다고 쓴《東亞日報》기자는 긴급조치 제9호 위반으로 체포되었다. 장씨의 한 친척은 사체를 조사한 의사가 재빨리 '돌아가신 이상은 입을 꾹 다물고 있으시오'라고 장씨 부인에게 말했다는 것이다.

*지명관은 1960년대 초반 4년여간《思想界》주간을 지내면서 장준하와 밀착, 한일굴욕외교 반대투쟁을 비롯한 민주화운동에 공동보조를 취했던 일이 있었으므로 이 통신은 '추도사'라도 쓰는듯한 간절하고 침통한 심정으로 썼을 것이다. 장준하의 사인은 아직 공식적으로 밝혀진 바 없이 여전히 미궁에 빠져 있다.

(F) 끝없는 고문(1976년 7월)

"눈에 띄지 않는 곳에서 잔혹한 고문이 계속되고 있다. 설교로 정부비판을 했다고 서울 교외의 어느 교회 목사는 고문을 받아 고막이 터지고 두 다리를 쓸 수 없게 되었다. 손톱이 빠져버렸다고도 한다. 이 목사는 교단에 속해 있지 않은 독립교회 목사인 관계로 전 교단적 항의가 없었기 때문에 이런 지경에 까지 이르렀다는 것이다… 〈3·1민주구국선언〉으로 투옥되어 있는 윤반웅(尹攀熊) 목사는 65세의 몸으로 정보부로부터 고문을 받은 사실을 7월 10일의 재판에서 비로소 항의하였다. '졸도할 정도로 두들겨 맞았다. 이렇게 두들겨 맞았어도 아직 구타당한 적이 없다고 말하라는 강압을 받았다. 목사로서 거짓말을 해서는 안된다는 생각에서 여기서 이렇게 진술하는 것이다'. 윤목사는 한 사람의 이름없는 목회자일 뿐이다. 그러나 그는 이 민족이 짊어지고 있는 수난의 운명을 상징하고 있다고도 할 수 있다. 일본 통치 하에서는 신사참배에 반대하다가 투옥되었다. 해방후 북에서는 공산주의 치하에서 반동분자로 몰려 투옥되었다. 그리고 지금은 친일 일본군 장교 출신이며 공산주의 신봉자에서 반공 민족주의자로 변신해 있는… '권력과 제복'의 테러에 신음하고 있다. …어느 빈민촌의 전도사가 교회에서 〈3·1 민주구국선언서〉를 교인들에게 나누어 주었다. 그는 경찰에 쫓기어 몸을 숨겼는데, 그를 숨겨준 빈민가의 부인은 연행되어 가 전신에 멍 자국이 남을 만큼 고문을 받았다. 간첩을 하숙시켰다는 범인은닉죄로 심문을 받았다는 것이다. 병원에 가지 않겠다는 조건부로 석방되어 지금 병상에 누워 있다. 지금도 가끔 한밤중에 연행되어 가서는 밤샘 고통을 당하고 있다. 그 여인으로부터 그 전도사가 빨갱이라는 증언을 얻어 내기 위해서이다."

*당시 개신교 목회자들 중에는 그야말로 '목숨을 건' 민주화운동에의 참여자가 많았다. 특히 서울 청계천이나 변두리 빈민가의 쪽방촌에서 도시빈민 선교에 정력을 쏟았던, 수많은 목사나 전도사들은 '반체제성'

민주화 운동에도 적극 참여하였다. 그러한 목회자들 중 윤반웅 목사는 고령에도 불구하고 젊은이 못지 않은 투쟁 강도를 보여 주어 우리를 감동시켜 주었던 반세기 전의 기억이 생생하게 떠오른다.

(G) 가택 연금(1977년 3월)

"2월 말부터 3월초에 걸쳐서는 전국적으로 민주화운동 관련자들에게 가택연금 조치가 취해졌다. 수많은 신부·목사·투옥자와 그 가족들은 꼼짝도 할 수 없는 지경에 놓였다. 원주의 지학순 주교에게도, 원주시장과 경찰서장이 직접 찾아와 상경 금지 조치를 통보하고 연금 조치에 대한 사유설명을 하기도 하였다. 윤보선 전 대통령의 비서도 연행되어, 이 이상 윤선생이 움직이면 가족들의 생명에 위해가 가해질지도 모른다는 협박을 받고 돌아왔다 이러한 연금조치들에 대해서는 3월 7일 '3·1절 강제연금자 일동' 명의의 항의 성명서가 발표되었다. 작년말에 석방된 안병무(安炳茂)씨도 2월말에 이러한 일을 당하였다. 그의 외출 중 가택 수색을 위해 6명의 형사가 찾아왔다. 그의 부인이 현관에 막아 서서 방안에 들여보내지 않았다. 이러한 저항이 다음날 오후까지 계속되었다고 한다. 추운 날 밤 방한복도 입지 않은 부인은 이러한 대결을 해야만 했다고 한다. 가택 연금을 당한 부인들은 집밖의 벽에 '미아리 감옥' '수유 감옥'이라고 쓴 종이를 내붙였다고 한다. 미아리 집이 바로 감옥이라는 뜻이다. 감시 형사나 정보원들은 그것을 뜯어내고도 그대로 태연히 들 서 있었다고 한다."

*권위주의 시절의 가택연금자 '10걸'을 들란다면 아마 다음 인사들이 아닐까 하는 생각이다. 윤보선 김대중 김영삼 함석헌 송건호 백기완… 등등(?)

(H) 단식 투쟁(1977년 4월)

"고려대학교의 이문영(李文永) 교수는 3월 초, 옥중에서 단식을 시작했다. 면회 간 부인에게는 다음과 같이 유언 비슷한 말을 하였다고 한다. '나는 이 감옥에서 시체가 되어 나갈 것이다. 나의 장례식은 갈릴레아교회에서 치루어 주었으면 한다. 애들의 교육도 신경을 써서 독립적으로 키워 주었으면 한다. 친척들이나 우인들의 신세를 지지 않도록…' 이라고. 부인은 곧바로 기독교교회협의회 인권위원회에 이 사실을 알렸다. 부인은 그때 '자기는 정의를 위해 거룩한 죽음의 길을 택할지도 모르지만 도대체 가족들은 어떻게 하라는 말입니까' 하고 울음을 터뜨렸다고 한다. 인권위원회 대표가 구치소장을 방문하여 항의를 하니, 이 교수는 단식을 하고 있지 않다고 시치미를 떼었다는 것이다. 당국은 언제나 이렇듯 거짓말을 하는 모양이로구나 하는 항의를 하고 나온 인권위원회 인사들은 이교수에게 단식 중단을 강력히 권고하였다 한다."

*1980년 10월 10일, 5·18사건으로 광주 계엄군법회의 영창에 수감되어 있던 20대 전후의 청소년 수감자들이 단식투쟁을 벌여 그중 10여명의 주동자급 청년들이 헌병대 영창의 형무반장(헌병 중사)에게 연병장으로 끌려 나가 단단한 참나무 각목으로 무자비하게 얻어 맞는 일

이 벌어졌는데, 이에 비하면 이교수의 것쯤은 아무 것도 아니(?)었겠다는 생각이 든다.

(I) 김지하 시인의 옥중투쟁(1977년 4월)

"김지하 씨의 모친과 변호사가 김씨를 면회한 일은 외부에도 알려져 있는 것 같은데, 김시인은 부활절을 맞이하여 김수환 추기경께 축하 멧시지를 전해 주기를 부탁했다는 것이다. 이때 변호사가 김시인은 반공주의자이군요 하고 말하자, 그는 공산주의자도 아니고 반공주의자도 아니고 인권을 위해 싸우고 있을 뿐이라고 답했다는 것이다. 또 이 싸움에서는 외국 인사들에게 지나치게 기대서는 안된다. 카-터 대통령에게 기대서도 안된다. 우리들의 힘으로 싸워 이길 각오를 하지 않으면 안 된다고 강조했다고 한다. 그 자신의 대법원 상고 문제에 대해서는 '88매의 상고이유서를 썼다. 그것을 당국자들이 가지고 갔는데 그것은 지하운동의 문장으로 불법 그 자체라는 것이다. 그것을 제출해 준 것일까. 파기해 버렸을 지도 모른다. (조작한) 다른 것으로 바꿔치기 했던지 내용을 바꾸어 버렸을 지도 모른다. 변호사님이 확인해 주시기 바란다'고 말했다 한다. 그에게는 작업도 운동도 허락되지 않는다. 1월 중순경 성경이 차입되었다. 23권을 차입해 달라고 했는데 16권밖에 들어오지 않았다는 것이다."

(J) 유언비어(1977년 4월)

"지금 서울 거리에는 1974년 8월 15일 육영수 여사를 저격한 문세광(文世光)이 미국에 살아 있다는 소문이 은밀히 퍼져 있다. 그리고 재일 한국인 간첩단 사건에 관련된 어느 피고인도 옥중에 있지는 않다고 한다. 그들은 소위 말하는 권력측에 고용된 자들로 한때 사회에 큰 파문을 던졌으나 이제는 그 사명을 마치고 남의 눈에 띄지 않는 곳에서 새 삶을 시작하고 있다는 것이다. 또 군정 시절에 체포되어 사형당했다고 하는 북괴 남파 거물 간첩 황태성도 살아서 지금 국외에 있다고 하는 소문이 거의 공인된 비밀처럼 퍼져 있다. 정부의 발표도 신문의 기사도 신뢰받지 못하는 곳에서는 이러한 비화나 야사가 무성해지는 법이다. 어느 저널리스트는 '이 나라에는 정사는 없고 비사나 야사가 있을 뿐이다. 그 야사를 많이 알고 있는 사람이 진정한 역사가이다'라고 빈정댄 일이 있다. 이 정사와 야사를 빙자한 세태(시국) 풍자는 지금 서울의 지식인들 사이에서는 일대 유행세를 타고 있다는 것이다."

*비사·야사·풍자·뜬소문이 무성한 사회는 혁명 전야의 프랑스나 러시아 사회를 연상시킨다.

(K) 김대중 씨의 옥중 단식(1977년 5월)

"김대중 씨가 옥중에서 5월 7일부터 6일간 단식을 하였다. 김대중씨는 5월 7일 단식을 시작할 때에는 물과 과일은 입에 대었다. 그러나 9일부터는 일체 입에 대지 않았다. 부인도 이 소식을 듣고 진주로 달려 내려왔다.[7] 그리고 형무소장에게 단식을 중지시키기 위한 면회 요청을 하였으나 거절당했다. 그래서 온 가족이 '소장은 김대중의 죽음을 기다리고 있는 것이다'고 항의하며 형무소 문앞에서 땅에 조아리듯 엎드려 단식을 시작했다. 5인의 변호사도 동참하였다. 어느새 여기저기서 달려온 60여 명의 지지자들도 행동을 함께 했다. 이 단식항의에의 동참 인원이 늘어날 것을 염려하여 진주 일대에는 특별경계령이 내려지고 모든 통행인이 검문을 받았다. 8명의 간첩이 진주에 잠입했다는 이유에서였다. 김수환 추기경도 김대중씨에게 '형제여, 당신의 몸은 당신만의 것이 아닙니다. 우리 국민 모두에 속해 있는 것입니다. 당신의 건강을 유지하는 일은 이 국민들의 기대에 부응하는 일입니다. 부디 단식을 중단해 주시기 바랍니다'라는 내용의 친서를 보냈다. 당국자들도 이 친서를 전달하지 않을 수 없었던 모양으로 부인의 면회가 허락되었다. '당신보다도 함께 단식을 하고 있는 수많은 친지들의 고생을 생각해서라도 단식을 멈추어 주세요'라는 부인의 단식 중지 요청을 김대중 씨는 받아들였다."

*옥중 죄수, 특히 정치범들에게 허용된 최대의 무기는 단식.

(L) 민주인사들의 연행·투옥·테러(1977년 5월)

"〈민주구국선언〉 서명 운동자들과 서명자들에 대한 연행·투옥·테러 행위가 계속되고 있다. 〈민주구국선언〉에 서명했다는 이유로 정보부

7) 〈3·1민주구국선언사건〉의 상고가 기각되어 형이 확정된 김대중 씨 등은 서울에서 멀리 떨어진 전국 각처의 형무소로 이감되어 있었다.

에 연행된 함석헌선생은 의자에 앉기를 거부하고 마룻바닥에 정좌하였다고 한다. 취조관에 대해서가 아니고 국민들에 대한 죄책감에서라고 말씀하셨다고 한다… 등산 사고를 당했다고 하는 장준하 씨의 아들이 밤에 정체불명의 괴한의 습격으로 쓰러졌다. 외견상으로는 전혀 상처가 보이지 않으나 볼과 턱의 뼈가 부러지고 두개골에 금이 갔다 한다. 4개월간의 입원을 요하고 회복에는 1년 이상이 걸릴 것이라는 증상이라 한다."

*장준하 씨의 장남 호권 씨는 이러한 위해감을 느꼈음인지, 주변인들의 권유도 있고 하여 말레이시아로 가 장기간에 걸친 위난 도피성(?) 이주 생활 끝에 1990년대 들어 민주화되었다고 하는 한국에 돌아왔다는 후일담이다.

(M) 김옥선(金玉仙) 재판 전격 진행(1977년 5월)

"김대중 씨의 비서들은 수시로 중앙정보부나 경찰에 연행되고 있다. 의원직을 사퇴당한 김옥선 전 의원은 4월 27일 제2심 재판에서 인정신문(人定訊問) 없이-그야말로 한마디 진술도 못하고-공소(控訴) 기각 선고를 받았다. 이로써 선거법 위반 혐의로 제1심 판결대로 징역 1년, 집행유예 2년의 형이 확정되었다. 이러한 전격재판에는 그에 상응하는 이유가 있다. 〈3·1민주구국선언〉으로 정일형 씨가 의원직을 상실한 후, 서울 종로·중구에서의 7~8월 보선이 예정되어 있는 상황에서 박정권을 탄핵하여 국회를 추방 당한 김옥선씨가 출마하면 대단한 인기를 불러 올지 모른다는 공포감에서였다. 박정희 씨는 권력 유지를 위해서는 이러한 데까지 '세심한 주의'를 기울이지 않으면 안 된다."

*충남 서천 출신의 남장 여인 김옥선(1934~) 의원은 1975년 10월 8일의 정기국회 본회의에서의 정치 관련 대정부 질문 도중, 뉴욕타임스 보도문을 그대로 인용,'박정희 대통령은 딕테이터(독재자)…'라는 발언을 하여 국가원수 모독 혐의로 구속될 뻔 하였으나 여야간의 정치적 타협으로 의원직 자진사퇴 조건으로 의정 단상을 떠난 적이 있다. 그때 시정에는 '만일 김의원이 여성 아닌 남성 의원이었더라면 사정없이 남산에 끌려가… 어떻게 되었을 것'이라는 소문들이 나돌았었다.

(N) **크리스찬아카데미 사건(1979년 4월)**

"…탄압의 손길은 크리스찬아카데미에까지 뻗친 것 같다. 이 단체는 서독 교회의 원조하에 자유·평등·인간화의 장기적 목표를 내걸고 중간집단의 육성에 노력을 기울여 왔다. 그 때문에 노동자·농민 교육도 병행해 왔던 것이다. 이 사건은 3월 1일에 여성 사회문제 담당 간사가 체포된 일에서 발단하여 25명 이상의 인사들이 체포·구금·연행되고 있다. 연행된 인사 중에는 강원용(姜元龍) 원장도 포함되어 있다. 크리스찬아카데미에 대한 탄압이 시작된 것은 그 농민교육과 노동자교육에 박정권이 위기감을 품게 되었기 때문이다… 이 사건의 경위를 잘 알고 있는 노동 관계의 한 우인은 '맨 처음 체포된 한명숙씨의 남편은 1968년의 통일혁명단 사건으로 15년형을 선고받고 현재 복역중이다. 그래서 이

사건을 우선 통일혁명당 재건 사건으로 조작하려고 한씨를 체포하였으나 뜻대로 되지 않으므로 이번에는 내란음모로 엮으려고 하였다. 아카데미 간사들은 국가전복에 성공하면 노동정권을 수립, 강원용 목사를 수반으로 추대하려 했다고 조작하는 쪽으로 방향을 바꾸었다. 국가보안법으로 이 사건을 문제 삼으려면 내란 음모가 성공한 뒤의 권력구조의 계획을 가지고 있지 않으면 안되기 때문이었다…'고 말해 주었다."

(O) 다시 불붙은 학원 데모(1979년 9월)

"9월 4일 오전, 대구 계명대학에서는 2,000여 명의 학생들이 중앙도서관 앞에서 '이 어두운 역사의 선도자가 되지 않으면'이라는 성명서를 낭독, '김경숙양의 죽음에 대해 국민 앞에 엄숙히 사죄하라' '교수 재임용제를 철폐하고 학내의 모든 경찰 요원을 즉각 추방하라'는 구호를 외쳤다. 학생들은 이날 오후 학교 뒷문을 발로 걷어차 열어젖히고 거리로 쏟아져 나왔다. 약 2㎞를 행진하여 페퍼포그를 쏘아대는 경찰에 투석으로 맞섰다. 130명의 학생들이 경찰차로 연행되고 다수의 부상자를 내었다. 그래도 밤 늦게까지 거리에서 학생들은 저항을 계속하였다. 이 시위에는 영남대학교·국립 경북대학교도 호응하였다. 또 계명대학에서 시위가 시작되었을 때 중앙로의 대구은행 본점 11층으로부터 비슷한 내용의 성명서가 수백장 뿌려졌다. 이 성명서는 〈사회정의 구현을 위한 경북학생협의회〉 이름으로 발표된 것이었다. 그 성명서의 마지막 1절은 '보라! 박정희 독재정권과 매판자본이여! 너희들의 만신창이가 된 모습을! 민중의 피와 땀과 눈물로 타오른 분노를! 그리고 너희들의 비참한 말로를!'이라는 외침이었다."

(P) 김영삼 총재의 제명(1979년 10월)

"10월 4일 본회의를 열고 (백두진)의장이 본회의장 구석의 한 쪽 통로에 서서 '김영삼의원에 대한 징계동의안을 법사위에 회부하는 데 대해 이의 없으십니까' 하고 물었다. 여당 의원들이 '이의 없소'라고 외치자 의장은 손을 들고 법사위 회부를 선언하였다. 소요시간 겨우 1분. 본회의장 단상은 토의도 없이 일방적으로 강행된 의사진행에 항의하는 신민당 의원들에 의해 점거되었다. 법사위원회는 여당 단독으로 40초만에 김총재의 제명을 결의하였다. 그후 여당의원 159명만 의원총회 회의실에 모여 (본회의를 열고) '김총재 제명 전원 찬성, 본회의 통과'를 결의하였다. 의장은 경호권을 발동, 300명의 무술경관들로 출입구를 봉쇄, 야당 의원의 입장을 저지하였다. 본회의에서의 의결 소요 시간은 10분이었다고 한다. 야당의원들은 통곡과 욕설로 여당 의원들에게 달려들며 울부짖었다. 그것은 10월 5일의 추석, 6일의 일요일로 이어지는, 신문 없는 연휴기간 전날을 골라 민중들의 '만일의 반응'을 피해 보고자 하는 하나의 비열한 술책이었다. 김영삼씨는 한국 의정 30년사상 제명 제1호가 된 것이다."

(Q) 명동 YWCA 사건(1979년 12월)

"11월 24일, 서울 명동의 YWCA에서 희한한 사건이 일어났다. 그것은 결혼식을 가장하여 모인, '통일주체국민회의에 의한 대통령 선출'에 반대하고 그것을 저지하려고 하는 국민대회였다. 면밀히 계획된 집회였다. 수차례 투옥 경력이 있는 〈민주청년협의회〉의 운영위원 홍성엽(洪性燁)씨가 가공의 여성 윤(尹)양과 결혼식을 올린다고 하므로 1,000명 이상의 사람들이 모였다. 5시 반에 시작될 예정이었던 결혼식이 10분간 지체되었다. 드디어 5시 40분에 신랑 입장 순서가 되었다. 그때 참석자들 사이에서 낄낄거리며 웃는 소리가 들렸다. 마침내 사회자는 이런 방법으로 밖에 국민대회를 열지 않을 수 없었음을 사과한다며 함석헌 선생을 대회장으로 추대한다고 발표하였다. 그리고 전 공화당 국회의원으로 박정희씨의 3선에 반대하다가 의원직을 잃은 박종태(朴鍾泰)씨가 '통대(統代) 저지를 위한 국민선언'을 낭독하였다… 이 선언 내용의 주장의 핵심은 (1)유신 잔당 퇴진 (2)통대 선거 결사 반대 (3)거국민주내각 수립이었다. 잔당 통치를 노리는 권력 측[8]의 의도를 정확히 찌르고 있다. 이 대회는 해직교수·헌정동지회·기독청년협의회·민주청년인권협의회 대표 등 54명을 실행위원으로 위촉하였다. 민주세력의 연합전선인 셈이다. 6시경 서울시경의 제3기동대원 수십명이 YWCA에 난입, 함석헌 선생 등 수십명을 남녀불문하고 끌어내어 연행하였다. 청년 50여명이 이 수라장을 탈출, 명동 입구의 코스모스백화점 앞

8) 최규하 대통령을 비롯하여 김종필 총재를 대표로 하는 민주공화당 잔존 세력, 그리고 서서히 부상하는 전두환의 신군부 세력.

에 모여 스크램을 짜고 유신철폐·독재타도를 외치며 500m를 행진하였다. 또 7시 반경에는 종로의 화신백화점 앞에서도 학생과 구속자 가족들이 데모를 벌여 30여명이 체포되었다. 계엄사령부는 11월 26일, 96명을 연행하였다고 발표하였으나 그 후로도 연행이 계속되어 110여명이 투옥되었다."

(R) 김대중 씨의 한국신학대학 강연(1980년 4월)

"신문은 전두환 보안사령관이 중앙정보부장 서리에 취임하였다고 보도하였다. 보안사령관을 겸임하고 있으므로 '서리'이다. 이것은 충격적인 뉴스였다. 계엄령하인지라 이에 항의하는 소리는 전혀 찾아 볼 수 없다. 겨우 김대중씨만이 어제, 4월 16일 한국신학대학에서의 강연중 그의 중앙정보부장 취임 같은 일이 '국민들 사이에 상당한 우려를 자아내고 있다'고 지적하면서 이것이 민주발전에 어떤 영향을 미칠 것인가 '주의 깊게 사태를 지켜 볼 것이다'라고 말하였다. 이 한국신학대학에서의 강연은 오전 10시부터 시작되었는데, 참석자는 4만명이라고도 하고 5만명이라고도 했다. 주최자 측은 '이것은 학내집회이므로 외부인사들은 돌아가 주셔요'하고 외쳤으나 돌아가지 않으므로 할 수 없이 스피커를 틀어 들어가지 못하는 청중들에게 들려 주었다. 물론 계엄령하에서는 이러한 옥외집회 형식을 취하는 것은 금지되어 있다. 그때문에 일단 스피커를 껐으나 폭동이라도 일어날 것같은 분위기를 염려하여 결국 스피커를 틀지 않을 수 없었던 것이다. 강연이 끝난 후에도 청중들은 40~50분이나 그 자리에 앉아 있었다고 한다. 밖에 있던 청중들은 김대중씨의 차를 몇겹이나 둘러싸고 함께 도보행진을 하며 '김대중 대통령! 김대중 대통령!' 하고 연호하였다. 이날 김대중씨의 연제는 '도의정치의 구현'이었다."

(S) 광주 교구 가톨릭교회 측에서 작성한 5·18사건 일지와 진상보고서 중 한 목격자의 증언(1980년 6월)

"나는 5월 19일(월요일) 오전 9시 반, (금남로에 있는) 가톨릭센터에 들어가 데모 광경을 자세히 내려다보았다. 도청 앞에서 전일빌딩 앞까지 장갑차가 죽 늘어 서고 무장군인·기동대가 몇겹으로 진을 치고 있었다. 공수부대원들은 데모 학생은 물론 길가는 행인들도 젊은이만 보면 무조건 총대로 때려 쓰러뜨리고 총검으로 머리·어깨·목을 사정없이 푹푹 찔러대었다. 사람들은 피를 흘리며 길 위에 쓰러졌다. 공수부대원들은 피흘리는 청년들을 나일론 끈으로 묶어 아스팔트 도로 위에 꿇어 앉혔다…그들은 금남로 2가에 있는 광주관광호텔 앞에서 학생들을 꿇어 앉힌 다음 뒷손결박을 지은 후 머리를 땅에 처박게 하였다. 때로는 머리가 땅에 닿도록 총으로 꽉 눌러대기도 하였다. 몸이 허약한 한 대학생은 총 개머리판으로 머리를 얻어 맞고는 입에 거품을 뿜으며 길 위에 쓰러졌다. 이를 보고 분노에 타오른 시민들은 군인들과 기동경찰에 돌을 던져 대며 학생들과 함께 본격적으로 시위를 벌이기 시작했다. 19일 오전 10시 반경에는 금남로 1가에서 유동(柳洞)까지의 약 2Km 도로를 시위대들이 꽉 메우고 '계엄 철폐' '김대중 석방' '시민·학생의 피를 보상하라' 등의 구호를 외치기 시작했다. 80세의 할아버지도 유치원생 어린이도 있었다. 유치원생 어린이도 길가의 돌을 나르면서 '군인이 오면 죽여 버릴 테야' 하고 울먹일 정도였다. 어느 학생이 제일은행 뒤의 건물 옥상에서 군인들을 향해 돌을 던지자 군인들은 그 건물 옥상으로 뛰어올라가 10여명의 젊은이들을 붙잡아 두들겨 패면서 질질 끌고 갔다. 남녀노소를 불문하고 구타하며 총검으로 찔러댔다. 피비린내가 광주 도심을 뒤덮었다. 나는 손발에서 힘이 빠져 나가는 것 같은 현기증을 느꼈다. 마침내 가톨릭센터 건물 앞에서 토하고 말았다. 군인들은 허둥지둥 도망치는 젊은이들을 민가에서 끌어내고 그 집의 가족 중에 젊은이가 있으면 붙잡아 구타를 하며 총검으로 마구 찔렀다. 공수부대원들은 대학생 1명을 군용트럭으로 질질 끌고 가며 무참히도 죽여 버렸다…그뿐만이 아니다. 나는 상무동(尙武洞) 부근에서, 상처난 턱에서 흘러 나오는 피를 닦으며 울고 있는 시내의 중앙여고 학생과 마주쳤다. 그 여학생은 넋나간 모습을 하고 있었으나 몇 번이나 묻는 나에게 다소 진정된 어조로 '우리 학교 학생들이 수업을 거부하고 데모를 하려 하니까 군인들이 교문을 둘러쌓습니다. 수업을 마치고 정문으로 나오려고 하니까 군인들이 착검한 총으로 우리들을 찔렀습니다. 교문 앞에서 친구들 20명이 피를 흘리며 죽었습니다. 교감선생님도 군인들의 칼에 찔려 돌아가셨습니다. 아아 정말 무섭습니다.'라고 말하였습니다. 이리하여 시민들은 총궐기를 하게 되는 것이다."

*5·18 와중에서, 전남대학교 총장은 학사 관리 부실과 학생 시위 방임(?) 등의 문책성 질책과 자책감으로 자살하였다는 소문이 자자하였는데, 후일 멀쩡히 생존해 있었다. 통제 불가능 사태 속의 유언비어의 한 전형이다.

(T) 《동아일보》 특별취재반의 현지 취재 보도기사(1980년 6월)

-이 보도 기사는 계엄 당국의 검열로 기사화되지 못한 채 한동안 빛을 보지 못한다. 이 기사는 당시의 처참한 상황을 이렇게 묘사하고 있다.-

"특히 18일과 19일 오전, 시가 중심부에 투입된 계엄군은 시위 군중과 지나가는 행인들의 구별없이 잔인한 폭력을 휘둘렀다. 그 때문에 시민들은 군에 대해 적대감정을 불태우며 방화와 파괴로 대항… 이제 광주시는 공포의 도시로 바뀌고 말았다. …금남로에 투입된 특전단(공수부대) 병력은 곤봉을 휘두르고 착검한 소총으로 시위군중의 어깨나 다리를 찌르니, 금남로 일대는 순식간에 피흘리며 쓰러지는 군중과 그것을 지켜 보는 시민들의 비명으로 넘치는 아비규환의 거리로 화하고 말았다. …군인들은 특히 젊은 청년들의 손을 옷을 벗긴 팬티 차림으로 뒤로 묶고, 여학생 풍의 무서워 벌벌 떠는 여성들도 아랫배를 걷어차는가 하면 가슴을 쥐어박고 대검으로 상의를 쭉쭉 찢었다. 이 모습을 옥상에서 내려다 보는 시민들은… 비명을 지르며 울음을 터뜨렸다. 군인들은 분대·소대로 나뉘어 도보로 중심가의 건물 안이나 주택가를 샅샅

이 뒤지면서 폭력을 자행하였다… 군인들은 도망치는 20대의 노동자들도 발을 걷어차 쓰러뜨리고 군화로 짓밟고 무등고시학원 교실 안의 학생들까지도 습격을 하였다. 또 군인들은 머리에 부상을 입고 쓰러져 있는 시민들을 후송하는 경찰에게 까지도 곤봉을 휘두르고 부대를 지휘하고 있는 특전단의 한 중령은 부상 시민의 후송을 지휘하는 안수택(安洙宅) 전남도경 작전과장을 향해 부상 시민을 실어 나르거나 학생들을 도망시키면 너희들도 동조자 취급을 하겠다는 등의 폭언을 쏟아 냈다. 이 충돌로 5명의 군인도 날아 오는 돌을 맞았으며, 군의 폭력에 의해 부상한 시민들은 수백명에 이를 것으로 생각되지만 정확한 숫자는 확인할 수 없다. 이 상황을 지켜 보고 있던 한 사람의 경찰 간부는 핸드마이크로 충장로 일대에 서성거리고 있는 시민들을 향해 '제발 돌아가들 주세요. 군인들 손에 걸리면 죽습니다' 하고 외쳤는데, 그 소리는 금세 울먹이는 소리로 변했다… 군인들은 … 골목 안에까지 뛰어 돌아 다니며 마치 사냥이라도 하듯이 20대 청년들을 찾아 내어서는 마구 두들겨 팼다… 군인들 눈에 띄면 젊은 시민들은 어떻게 할 수도 없었다. 이를 지켜 보고 있던 시민들은 '아니 이럴 수가 있단 말인가' 하고 발을 동동 굴렀다… 20일에는 19일의 군의 잔인한 진압 과정에서 발생한 사상자의 피를 본 군중들의 흥분이 절정에 달했다. 시민들의 구호도 이제는 정치적 차원을 넘어 '사망자를 살려 내라' '우리도 모두 죽자'는 격렬한 것으로 바뀌고 말았다…오후 5시 50분경 충장로 입구 쪽에 나타난 시위군중은 스크램을 짜고 도청을 향해 육탄 공격을 시도, 경찰과 충돌하였다. 시민들은 대도(大都)호텔 앞에서 연좌 데모를 마친 후 '전두환은 물러가라' 등의 구호를 외치며 대표자를 경찰 저지선 앞으로 보내 광주 시민을 적으로 취급하는 군과 사생결판을 낼 것이니 경찰은 물러나 달라고 협상을 벌이기도 하였다… 버스 안내양 풍의 두 사람의 여성이 운전수 차림의 머리가 터진 30대 청년을 끌어 안고 통곡을 하고 있었다. 경찰은 쓰러진 부상자를 옮기면서 목메인 목소리로 무전으로 부상자의 생명이 위독하다고 구급차를 부르고 있었다. 잔혹한 현장이었다…."

-그것은 정말 광주 시민 살육작전이었다. 그러나 시민들은 결코 친정부 인사나 관리들을 습격하려거나 하지는 않았다. 시민들의 행동은 포학(暴虐)에 대한 단순한 자위적 저항에 지나지 않았다. 권력자의 잔학에 비하여 너무나도 평화적이었다. 지금도 많은 시민과 학생들은 괴로워 하고들 있다.-

(5) 현대사 연구의 정황 자료로!

당시대의 현장 체험인의 한 사람으로서 사후(事後+史後) 50여년만에 다시 읽어 본 「T·K生의 편지」의 독후 감상을 적으란다면 한 마디로 '감회 깊다'라는 말일 수밖에. 그것은 체험인의 나이도 이제는 사실(史實)의 정오 판단에 냉철한 자세로 임할 수 있을 정도의 지혜를 겨우 갖춘 지경에나마 이르러 있다는 점과 역사의 진위 판별은 적어도 50년의 시간적 간격을 요한다는 사가들의 계명에도 부합할만한 허다한 현대사의 축적을 경험했기 때문이라고도 할 수 있다. 이제는 민주화 시대 이후에 되돌아 본 「韓國으로부터의 通信」이 보도한 팩트들의-사실이기도 하고 아니기도 하고,[9] 약간 비슷해 보이기도 하고…모략·조작의 냄새를 약간 풍기기도 하는, 그러면서도 정사(正史)와 야사(野史)간의 실체적 진실과 유언비어의 아슬아슬한 울을 넘나들며 그런대로 시대 소식 전파(전달)의 톡톡한 구실을 해냈던 「韓國으로부터의 通信」의 시대사적 공과를 냉정·정확히 따져 볼 일이다. 사가들이나 논객들의 토구의 대상이 되기에 충분한 '화젯거리'를 수많이 저장하고 있는 이 2~3차 자료는 여기저기 숨어 있을, 그리고 수시로 드러나는 개개 사건의 1차 자료 연구·분석의 정황 자료 내지는 방증자료(증빙자료)가 되기에 충분하리라는 생각이다.

9) 필자 지명관 교수도 이와 관련하여 회고록 『경계를 넘는 여행자』에서 "…이 시대에는 한국에서 일어나고 있는 일을 한국에 있는 사람도 알 수 없어서 일본의 《世界》를 구해서 「通信」을 읽어 보려고 애썼을 정도였다. 야스에에게 많은 사람들이 「通信」이 전하는 정보가 어느 정도 정확한가를 물었다고 한다. 나는 그에게 '80%는 틀림없는 사실'이라고 했기 때문에 그도 그렇게 대답했을 것이다.…"라고 회고하고 있다.

김대중(金大中) 대표의 구명 탄원서 2통

〈5·18 내란음모사건〉으로 대법원 상고심 재판을 받고 있을 때와 형 확정 후 청주교도소에서 무기징역형을 살고 있을 때의 두 차례에 걸쳐 김대중 전 대표는 전두환 대통령 앞으로 구명 탄원서와 석방 탄원서를 각각 제출한다.

"대통령 각하, 본인은 국가보안법·반공법·내란예비음모·계엄포고 등 사건으로 1~2심에서 사형 선고를 받고 현재 상고중에 있습니다. 본인은 그간 본인의 행동으로 국내외에 물의를 일으켰고 이로 인하여 국가안보에 누를 끼친 데 대하여 책임을 통감하며 진심으로 국민 앞에 미안하게 생각해 마지 않습니다. 본인은 앞으로 자중자숙하면서 정치에는 일체 관여하지 아니할 것이며 오직 새 시대의 조국의 민주 발전과 국가안보를 위하여 적극 협력할 것을 다짐하는 바입니다. 본인은 본인과 특히 본인의 사건에 연루되어 현재 수감중에 있는 사 람들에 대하여 전두환 대통령각하의 특별한 아량과 너그러운 선처 있으시기를 바라마지 않습니다.

1981. 1. 18. 위 김대중"

김대중 씨가 국가보안법과 계엄법을 위반하여 1981년 초 1,2심에서 사형선고를 받고 대법원에 상고중에 있을 때인 1981년 1월 18일자로 전두환 대통령 앞으로 보낸 제1차 자필 탄원서이다.

그 뜻이 받아들여져 1월 23일의 대법원 확정 판결(상고 기각 : 사형) 후 정부측은 즉각 국무회의를 열어 "사형이 확정된 김대중에 대해 감형 조치가 이루어지는 것이 국민화합의 견지에서 타당하다"고 의결, 이를 대통령에게 보고했고 대통령은 이를 받아들이는 형식으로 형을 무기징역으로 감형한다. 그리고 바로 다음날 전두환 대통령의 미국 방문 일정이 서울과 워싱턴에서 동시에 발표된다. 레이건 정부 출범 후 외국 원수로서는 최초의 초청 방미라는 '자랑스런' 발표였다. 정부 대변인은 성명에서[10] "국내외 인사들로부터 인도적 견지에서 관용을 베풀어 달라는

10) 이광표(李光杓) 문공부장관은 김대중 등 피고인들에 대해 감형 조치를 하는 이유에 대해 "지금은 70년대의 대립정치 상황과 10·26사태 이후 야기됐던 국정혼란기의 방황을 청산하고 새 역사의 장을 여는 시점"이라고 강조한 뒤 "김대중 등 피고인들이 관련된 사건은 구시대 정치의 슬픈 유산으로서 이제 과거의 악몽을 가지고 제5공화국의 서장을 얼룩지게 할 필요가 없다고 판단했기 때문"이라고 말했다. 그는 이어 "이 문제에 대해 우방 및 국내의 인사들로부터 인도적 견지에 입각해 관용을 베풀 것을 호소하는 의견이 있었고… 김대중 본인이 국가안보에 누를 끼친 점을 뉘우치고 국민 앞에 사죄하면서 자신과 연루자에게 대해 아량과 선처 있기를 바라는 탄원서를 제출한

의견이 있었고 김대중 본인이 국가안보에 누를 끼친 점을 뉘우치고 탄원서를 제출했기 때문에 국민화합의 뜻으로 형량을 감한 것"이라는 수사의 말을 빠트리지 않았다. 정치재판 종결극의 마지막 단계에서의 마침표 찍기 수순의 한 전형이라 할 것이다. 이에 대해 재야 측과 지지자들 사이에서는 '미국 측의 정권 승인 조치에 대한 대가성 은전'이니, '병 주고 약 주는 조치'이니 하는 등의 비아냥[11]이 한동안 끊이지 않았다. 이와 관련, 『김대중내란음모사건』의 저자인 전대열(全大烈) 씨가 밝힌 대로 그가 감형조치로 살아 남을 수 있었던 것은 세계의 여론과 전 국민의 여론이 담보가 되어 압력을 가했고, 이러한 국내외의 압력을 부담으로 느껴온 신군부 측이 원래의 계획을 수정하여 탄원이라는 형식을 빌어 극형을 피했다는 것이 정답일 것이다.

2년여 후인 1982년 12월 13일 김대중 대표는 형집행 정지를 요청하는 제2차 탄원서를 또다시 제출한다. 이때는 대법원 확정판결과 무기형

바 있다"고 말하고 "전과를 뉘우치는 사람에 대하여는 그 죄과의 경중이나 과거 사상의 여하를 막론하고 관용한다는 것이 정부의 기본 방침"이라고 덧붙였다. 이장관은 "국무회의는 김대중과 관련 피고인들에 대해 감형 조치가 이루어지는 것이 국민 화합의 견지에서 타당하다고 결론을 내리고 피고인들의 형량을 경감하기로 의결했다"고 강조했다.(동아일보, 1981. 1. 23.)

11) 그를 지지했던 호남인이나 민주화 운동가들 사이에는, 광주 영령들과 학생들의 희생과 자긍심을 무시한, 혼자만 살겠다는 파렴치한 언행이며 불미스러운 항복·변절 행위라고 매도하는 강경론자들도 있었지만, 다른 한편에서는 수차례의 죽음의 고비를 넘긴 철인(鐵人) 김대중이 평소의 장기인 '역전극 노림수'의 마지막 승부수를 던진 고단수의 정치 행위로 보기도 하였다.

으로의 감형 후 청주교도소에서 운동과 독서와 〈옥중편지〉 쓰기로 징역생활을 하고 있던 중으로, 이 또한 자필 탄원서 형식를 갖추고 있다.

"전두환 대통령 각하

국사에 진념(軫念)하신 가운데 각하의 용체(勇体) 더욱 건승하심을 앙축하나이다. 각하게서도 아시다싶이 본인은 교도소생활이 2년 반에 이르렀아온데 본래의 지병인 고관절변형증(股關節變型症)과 이명(耳鳴) 등으로 고초(苦楚)를 겪고 있으며 전문의에 의한 충분한 치료를 받고자 갈망하고 있읍니다. 본인은 각하께서 출국허가만 해주신다면 미국에서 2,3년간 체류하면서 완전한 치료를 받고자 희망하온데 허가하여 주시면 감사천만이겠읍니다. 아울러 말씀드릴 것은 본인은 앞으로 국내외를 막론하고 일체 정치활동을 하지 않겠으며 일방(一方) 국가의 안보와 정치의 안정을 해하는 행위를 하지 않겠음을 약속 드리면서 각하의 선처를 앙망하옵니다.

1982년 12월 13일 金 大 中(무인 찍혀 있음)"

1982년 12월 13일자로 전두환대통령에게 낸 제2차 탄원서 또한 그 탄원 취지가 받아들여져 김대중 수인(?)은 12월 16일 형집행 일시정지와 신병치료 목적의 도미 아닌 '허가 망명'의 장도에 오르게 된다.

이 석방과 도미 허가 조치의 배경에 대해서도 정부와 관변측 언론에서는 "…지난날의 정치적 유산을 청산하고 국민화합을 도모해 가려는 정부의 의지와 배려이며… 순전히 인도주의적 견지에서 그의 간청을 받아들여 다시 한 번 그에게 정치적 관용을 베풀기로 결심한 전두환대통령의 개인적 배려의 결과…"였다는 수사를 빠트리지 않았다. 이 또한 미국을 비롯한 우방국과의 김대중씨 미국 망명 관련 물밑 교섭의 결과물이었음은 말할 필요도 없다.[12)]

청주교도소 복역 중 비밀리에 서울대병원으로 이송되었다가, 1982년 12월 23일 밤 김포공항을 통해 출국하는 김대중 총재가 병원 앰뷸런스에 타는 모습. 곁의 가방을 든 청년은 3남 홍걸씨

〈5.18〉과 〈김대중내란음모사건〉을 어느 정도 객관화시켜 볼 수 있는 시점에 와 있다고 할 수 있는 오늘의 시점에서 보는, 이 탄원서 제출이 지니는 숨겨진 역사적 함의(含意)는 여러 각도에서 정의내릴 수 있을 것이다. 그 중의 한 가지 명제, 이는 훨씬 이후 새천년 시대 진입 이후의 시점에서의 잣대로 재단해 보는, 김대중씨와 전두환씨 간의 승자-패자

12) 탄원서 작성·제출과 정부 측의 수용은 미국 막후 개입하의 정치적 흥정의 산물이었을 터이고, 탄원서 문안의 수위 조절이나 현실 권력자 전두환 대통령에의 예의 갖추기 차원의 의전성 공대어(供待語) 문구의 삽입·치장도 상호 양해나 탄원자 자신의 암묵적 양해 하에 이루어졌을 것임 또한 짐작하기 어렵지 않다.

전 심판(양인이 이룩한 국내외 정치 경제 안보 인권신장 국민·지역 화합 정치의 성과와 관련한), 또 그 승패 다툼의 와중에서 벌어졌던 처절한 권력 장악 승부수-'우리에 가두기'와 '우리 탈출 시도'의 처절한 대립극의 성과(승패) 판정에 있다고도 할 수 있지 않을까. 물론 그 판정은 국민들의 몫이고 역사(가)의 몫이어야 하겠지만.

군인 시인 김종면(金宗勉) 장군의 진중음(陣中吟) 25수
-시집 『넋마저 바치오리』, 서울신문사 출판국, 1974(초판), 81페이지

(1)

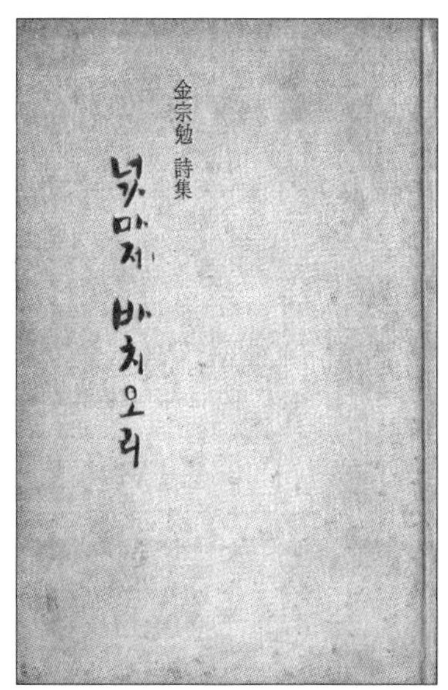

김종면(金宗勉) 시집, 『넋마저 바치오리』, 서울신문사 출판국, 1974, 81p.

우리 군에는 전투와 함께 시·소설 창작과 음악·미술에도 일가를 이룬 특출한 예술가 기질의 문예장병(文藝將兵)들이 많이 있었다. 그중 문학으로 일가를 이룬 일군의 문예장병들. 이용상(李容相)·박경석(朴慶錫)·김장수(金長壽) 등의 소설가와 김종문(金宗文)·장호강(張虎崗)·문중섭(文重燮)·이영순(李永純) 등의 시인들이 우선 손에 꼽힌다. 이들은 '소설'이라는 문자 무기를 휘둘러 탄우 빗발치는 전투

현장의 살육과 피범벅의 전쟁 참화를 실경 묘사로 그려냈고, 울부짖는 싯귀로 전쟁의 참화를 읊어 냈다.

이들은 무기 들지 않은 비무장의 민간인 종군 문예인들과 함께 시산과 혈해를 건너 적군을 쫒다 죽어간 순국 장병들의 장엄한 최후를 글로 적어 후세에 증언하고 있는데, 우리는 이들이 전투현장에서 창작해 낸 이들 전쟁문학의 시문들을 결코 소홀히 다룰 수는 없을 것이다.

소설 『백마고지』(김장수)와 「다부동 전투」(조지훈)·「행군의 아침」(김영삼)·「6·25의 노래」(박두진)·「국군은 죽어서 말한다」(모윤숙)… 등등의 시구들. 이 시구들은 혹은 군가로도 작곡되어 피아 불분명의 전후방 전쟁터의 군관민에게 널리 애창되었던 것이니, 6·25의 전투 참가 군민들이 꽃피워낸 이들 한국전쟁문학의 귀중한 소산들을 한국문학사가 소홀히 다루어서는 안될 것이다.

(2)

여기 한국전쟁문학사의 한쪽 귀퉁이에 숨어 잊혀져 가고 있었던 한 시인 장군의 시집이 있다. 6·25전쟁의 전투 현장에서 육군본부 정보국장 등의 요직에 있으면서 주요 정보·작전 계획의 수립과 실행, 그리고 몸소 전투 지휘에 앞장 섰던 김종면 준장의 시집 『넋마저 바치오리』가 바로 그것이다. 김종면 장군은 일본 중앙대학 법과를 졸업한 후 일본 학병에 징집되었다가 해방 후 군문에 입대, 6·25동란 중인 1951년에 28세의 나이로 육군 준장 계급장을 단 한국 육군의 촉망받는 희망주였다. 또 전시 중의 이종찬 참모총장을 비롯한 육군 수뇌부의 핵심 참모진의 일원으로서 정보·작전 계획 수립과 전투 지휘에 솔선 수범하였던 문무 겸전의 신예 장성이었다. 특히 부산정치 파동시 이종찬 총장을 비롯한 육군 수뇌부 인사들과 함께 목숨을 걸고 이승만 대통령의 군 병력 동원 요청을 거절하는 등 군의 정치적 중립 지키기에 앞장선 강골의 무장이었다. 그러나 호사다마라고 이 일이 빌미가 되어 좌천에 좌천을 거듭하던 중 1953년 김창룡 특무부대장의 모함으로 소위 '동해안반란사건'이라는 실체 없는 모략극의 희생자가 되어, 사형 구형에 3년 징역형을 선고 받아 육군형무소에서 복역을 한 불운의 군인이 되고 만다. 그러한 그가 1960년의 재심 청구에 의한 원심무효 판결로 명예를 회복한 지 15여 년 만에 늦깎이로 내놓은 처녀시집이 바로 이 『넋마저 바치오리』이다.

1951. 7. 12. 汶山 베이스 캠프에서. 오른쪽부터 백선엽 장군, 이종찬 육군참모총장, 저자(육군본부 정보국장)

(3)

필자는 여러 가지 호기심을 품고 있을 일반 독자들과 함께 낯설고 낯설은 김종면 시인의 이 진중 시집을 통독해 보아야 하겠다는 의무감 비슷한 충동감을 느낀다. 그러나 작품 감상에 들어가기 전에 우선 아쉽게 느껴지는 것은 저자의 문학 수업이나 문단 등장 과정과 관련한 초보적인 정보가 깜깜하다는 점이다. 그래서 일반 대중들에게는 물론이요 문학 애호가나 전문 문예비평가들의 눈에도 생소했을 김시인의 문학 수업 과정, 문단 등장 전말과 시작의 성취도 그리고 소재·주제의 취향 등에 관한 논의는 아쉬운대로 시집의 서문을 써준 시인 장군 김종문(金宗文 ;1919~1981)의 작가론에서 몇 구절 발췌 인용함으로써 대신할 수밖에 없겠다는 생각이다.

"김종면은 그의 인간미의 표상인 기지(機智)로써 그에게 있어서는 나락(奈落)이나 다름없었던 불우(不遇)의 계절을 극복했으며… 김종면의 일련의 시는 어디까지나 자기류의 시로서, '그 느낌을 제 나름대로 제가 배운 모국어로 종이 위에 기록한' 자기표현이 아닐 수 없다. … 김종면은 어떤 시작법이나 어떤 시작상의 도식(圖式)을 도외시하며 자기의 소리와 호흡에 알맞은 말만으로써 시를 썼다는 것은 그만큼 그의 독자성, 자기언어, 그리고 창의성을 지녔음을 의미한다고 보지 않을 수 없다. … 김종면의 시집에는 그가 걸어온 발자취가 응결

된 채로 담겨져 있다. 그의 청춘은 허망한 계절이 아니라 '조상들이 다듬은 하늘과 땅을 아끼고 보듬는' 청년상이었다. 그리고 그는 전쟁·모국애·자부심·전우애·연민·망향·허탈의 역정을 더듬어 오며 오로지 한국인임을 자각하는 자세를 지녔고, 동시에 내일의 한국을 위해 기도하는 생애를 이어 왔다고 보지 않을 수 없다. 김종면의 이런 동향은 이 시집 속의 어느 시, 어느 싯귀(詩句)에서나 표출되어 있으며, 이를 읽는 이로 하여금 공명을 불러일으키고 있다. … 자서전이나 문집 따위에는 지나친 과장이나 허구가 없지 않다. 그런데 김종면의 시집 『넋마저 바치오리』에는 그의 말대로 '心像, 마음의 모습', 즉 구김 없는 마음이 그대로 부각되어 있다고 생각지 않을 수 없는 것이다. 따라서 나는 감히 그의 시집을 그의 모든 동료와 전우, 그리고 모든 젊은이들과 학생들에게 일독을 권하고 싶은 마음 간절할 뿐이다."(1974년 식목일에; 김종문).

다음에는 또 당연히 저자의 말을 이 시집의 후기에서 인용해 읽어 보아야 할 차례이다.

"…저는 비교적 많은 시간을 생과 사의 사이에서 보냈다고 생각합니다. 생과 사, 그것의 차이는 불과 백지 한 장 차이지만, 저는 그 차이가 얼마나 심오한가를 가슴으로 깊이 느끼며 살았습니다. 그 느낌을 저는 제 나름대로 제가 배운 모국어로써 종이 위에 기록해 왔습니다. …그 모국어 속에는 짙은 전쟁의 냄새, 뜨거운 모국애, 명예와 자부심, 허무감, 죽어 가는 것들에 대한 깊은 연민, 20대 젊음을 탄우(彈雨) 속에 보내야 했던 좌절감, 그런 잡다한 정념(情念)과 심상(心像)이 조각되어 있는 것같습니다. …어쨌든, 그런 모든 과거의 심상을 이제 '청춘의 기념비'로서 제막해 보고 저를 기억하며 죽어간 모든 전우들과 무명 용사의 영전에 바치려고 합니다…이제 다시는 전쟁이 있어선 안되겠습니다. 이 땅에, 이 땅의 우리 후손들에게 다시는 우리가 겪었던 비극이 되풀이 되어서는 안되겠습니다. 그 비극적인 체험은 우리들 자신만으로도 너무 벅차고 너무 무거운 십자가였습니다. 내일의 영광이 오기를 바라며 그 내일의 주인공들을 일깨우는 마음으로 지나간 전쟁을 증언해 두는 뜻에서도 아마 이 작은 책자의 의미는 찾을 수 있을는지요?…"(1974. 현충일을 앞두고)

(4)

필자는 이 시집에 실려 있는 25편의 시들 가운데 감명깊게 읽은 8편을 골라 독자들과 함께 읽으며 이 낯선 시인의 처녀시집에 잔뜩 호기심을 가지고 있을 독자 여러분들과 감흥을 함께 나누고자 한다.

(A) 나의 사랑을

"반만년 성사(聖史)에/ 순화된 민족/ 찬란한 문화/ 조상들이 다듬은/

하늘과 땅을/ 아끼고 보듬는/ 참된 사랑을/ 나의 조국 大韓에 바치오리"(1946년 조선경비대의 육군소위로 임관될 때 군인으로서의 각오를 다짐한 싯귀이다).

(B) 가마니

"나는 가마니로다/ 옛날엔/ 담았던 쌀을 쏟아 놓으면/ 두메 오두막집 문짝/ 외양간의 바람막이/ 소등을 감싸주던 거적이 되어/ 한동안 지나다가/ 썩으면 거름이 되어/ 흙으로 돌아갔겄만/ 오늘은 웬 일로/ 勇士의 고달픈 몸을 감싸주고/ 헐벗은 백성의 잠자리가 되었다/ 고달픈 꿈길 감싸 주기 어려워/ 나는 목마르다/ 깨끗한 솜이불/ 따뜻한 모포에/ 나의 일을 맡기고/ 아, 나는 빨리/ 두메 오두막집/ 거적문으로 돌아가고 싶다."(6·25 동란 당시, 꽁꽁 얼어 붙은 전선이나 훈련소의 휑 터진 노천의 취침 공간에서 수많은 장병들의 방한용 침구로 사용되었던, 지금은 용도폐기 처분되어 자취도 없이 사라진, 가마니를 보고 읊은 시이다)

(C) 勇士 앞에

"민족의 어린 용사여/ 내 새삼스러이/ 그대들에게 줄/ 무슨 말이 있으리/ 무슨 글로 위로하리/ 다시 기대는 크고/ 드릴 것 없는/ 微力한 나이기에/ 삶의 진리를 찾아/ 철석같은 信念/ 정의의 깃발 아래/ 의연히 일어선 그대들에게/ 俗世의 모든 筆舌이 무색할 뿐이고나(1951년 보병 제9사단 부사단장 재직시, 동부전선 강원도 정선의 한 전방 초소를 순시하던 중, 자기 키보다 긴 엠원 장총을 메고 경계 근무에 열중인 한 어린 병사를 보고 읊은 시이다.)

(D) 渴望

"하늘은 호수같이 잔잔하고/ 塹壕 속에는 먼 성좌의/ 光芒이 깃들인다/ 푸른 沙漠을 지나가듯/ 초생달이 홀로 銀河를 건너는데/ 생과 사의 溪谷, 前線의 밤은/ 깊어만 간다/ 動亂의 颱風이 꿈을 깨우고/ 조국의 부름은/ 평화와 자유의 이름으로/ 나를 이곳으로 인도했다/ 피흘리는 苦難의 江 건너/ 영원한 평화와 자유가 숨쉬는/ 푸른 들로 前進하자/ 나는/ 젊은이들과 함께 祈願했다"(1951년 6·25전란이 극심할 때 보병 제9사단 부사단장으로 있던 저자가 동부 산악 전선의 격전지 珍富里에서 평화를 갈구하며 읊은 시이다.)

(E) 望鄕

"사철을 두고/ 푸르른 숲/ 아담한 마을의 초가 삼간/ 봄마다 개나리가/ 언덕을 이루고/ 등꽃이 활짝 핀/ 첫 여름 밤에/ 뻐꾹새 울음 소리/ 들려 오던 곳/ 오늘은/ 포탄이 부서지고/ 피에 젖어 무너졌는가/ 황폐한 고향은 통곡하는가/ 그러나 땅은 영원하여/ 고향은 영원하여/ 황폐한 땅에도 싹은 트리라/ 푸른 싹은 움터/ 하늘로 하늘로 뻗으리라/ 새소리가/ 봄빛처럼 들려오는/ 戰地에서/ 하늘을 우러러 젖어 보는 望鄕"(1950년 어느 전선에서 '아픔같은 망향에 젖어 보며' 읊은 시)

(F) 無言의 애국자

“가난한 살림/ 그러나 용사의 産母/ 말 없이 묵묵히/ 교육하는 기간 장병/ 그대 정녕/ 시대의 선구자요/ 무언의 애국자/ 고달프고 목마른 생활/ 그러나 滅共의 鬪士/ 말없이 묵묵히/ 교육받는 訓練兵들/ 그대 정녕/ 역사의 創造者요/ 無言의 愛國者”(1952년 제주 제1훈련소 부소장 재임중 신병을 교육시키는 基幹 장병과 훈련병들을 보고 읊은 시이다. 이때 저자는 부산 정치파동시 계엄군 병력 파견 거부 운동의 주동자의 한 사람으로 찍혀 한직인 제주 훈련소 부소장으로 밀려나 좌천 아닌 유배생활을 하고 있을 때이다.)

(G) 面會

“내 정든 집을 나설 때/ 굳고 굳은 마음으로/ 離別을 마련했건만/ 언제나 나를/ 어린애로 아시는 어머니/ 푼푼이 모은 돈/ 허리 깊이 간직하고/ 가냘픈 몸/ 지팡이에 의지하며/ 바다 천리, 뭍으로 천리/ 나를 찾아 오시다/ 내 이미/ 나라에 바친 몸/ 미련도 바이 없이/ 포성이 울리는 곳/ 마음은 北으로 달리고 있건만/ 하룻밤을 뜬눈으로/ 지새우고 돌아서는/ 그 얼굴에 눈물 여울지고/ 목메어 우는 뱃고동/ 마음을 찢는/ 천갈래의 분노를 안고/ 나는 强兵臺에 남는다”(1952년 8월부터 1953년 7월까지 제주도 소재 육군 제1훈련소 부소장으로 있던 저자가 많은 훈련병 가족들이 사랑하는 아들과 남편들이 전선으로 떠나기 전에 한 번만이라도 더 만나 보려고 훈련소를 찾아와 서성거리는 장면을 보고 우러 나오는 측은한 심사를 읊은 시이다. 여담이지만 이때 훈련소 측에서는 훈련병들 중 장남이나 독자들에게는 ‘특별 외박' 형식으로 '아내와의 아베크' 시간을 마련해 주기도 했다는 후일담이다.)

(H) 祖國에 바치오리다

"성스럽고 의로운/ 日出 東方의/ 아름다운 나의 조국아/ 나의 살과 피와 뼛가루가/ 그대의 거름이, 주춧돌이 될 수 있다면야/ 내사 모든 것을 아낌없이/ 바치오리다/ 의리와 정성 다해/ 서슴없이 바치오리다/ 나를 키운 나의 잔디밭/ 푸른 산, 푸른 들/ 시내여 골짜기여 생명들이여/ 내 가슴에 피 흐르는/ 줄줄줄 피흐르는 나의 몸뚱이/ 그대 나의 조국에/ 그냥 모두 바치오리다/ 서슴치 않으리/ 조국의 품에"(저자의 시작 노트에 의하면, 1953년 10월 '정부전복음모사건', 소위 동해안반란사건으로 피소되어 재판을 받던 중 대구의 육군고등군법회의에서 최후진술을 할 때 이 시로 최후진술을 대신했다는 것이다. 피소 원인은 1952년 부산 5.26정치파동 당시 군을 개입시킨 이승만 대통령의 처사에 정면으로 반대한 데 있었다고 저자는 회고하고 있다. 구형은 사형, 선고는 3년. 육군형무소에서 복역한 후 만기 출옥. 4·19로 정권이 바뀐 후 1960년 재심을 청구, 원심 무효 판결을 받고 비로소 필자는 자유로운 몸이 된 것이다.)

6·25 참전 시인 조지훈(趙芝薰)의 진중음(陣中吟) 17수

–시집 『歷史 앞에서』, 신구문화사, 4292, 141페이지

조지훈 시집, 『歷史 앞에서』, 新丘文化社, 1959, 141p.

청록파 시인 조지훈이 6·25 동란기 3년 동안의 피난 생활과 종군 체험을 소재로 한 다수의 전쟁시를 남겼다는 사실은 시인이나 평론가가 아닌 일반 대중들에게는 그다지 잘 알려져 있지 않은 듯하다. 48년이라는 짧은 생애에 몇 권의 시론서와 4권의 수필집 그리고 고전 번역서와 다수의 국학 관련 저술을 남긴 다필작가(多筆作家)라 할 조 시인이 남긴 단행본 시집은 의외로 과작에 속한다고 할 정도로, 박두진·박목월과의 공동시집 『청록집』 외에 『풀잎 단장』(1952), 『조지훈 시선』(1956), 『歷史 앞에서』(1959), 『餘韻』(1964)밖에 없어 좀 아쉬움을 느껴 왔는데, 그러한 과작의 시인이 평소의 시적 취향과는 좀 다른 전쟁 주제의 시편을 17수나 남겼다는 사실에 필자는 감격해 마지않을 수 없다. 시인도 전문 비평가도 아닌 필자의 눈에 비친, 우리 평단이나 지식인 사회에서의 전쟁시에 대한 종래의 까닭 없는(?) 기피 현상에 대한 반발심에서였다 할까.

3년간의 6·25전쟁 기간 내내 대구·광주·목포에서 평양에 이르는 탄우(彈雨) 빗발치는 전쟁터를 종군문인단의 일원으로 참전, 전쟁시 17편을 남긴, 시인·학자·논객에 '행동파 지식인'이라는 고유명 타이틀이 하나 더 붙은 조지훈은 고려대학교 부교수 신분의 잔뜩 겁에 질린 피난민의 한 사람으로 동료 시인 서정주·이한직과 함께 인민군이 서울을 점령한 6월 28일 마포 강변의 나룻배로 한강 도하에 성공 대전까지의 열차 탑승 피난에 성공한다. 이들은 국방부 정훈국장 이선근(李瑄根) 대령을 찾아가 종군할 것을 지망, 승낙을 받고 곧 '종군문인단'을 만들어 활약하는데, 이들은 7월 초부터 대전에서 신문 제작과 방송활동 그리고 반공 벽보·뉴스판 제작, 군가(軍歌) 작사, 전단 살포 등 갖가지 대국민 선무 활동에 종사한다. 이때 이들이 돌아다닌 지역은 전주와 이리 광주 목포에까지 이른다. 7월 하순 대구로 무대를 옮긴 이들 종군 문인 단원들과 행동을 같이한 조지훈은 9·28수복 후 국군을 따라 서울에 복귀 가족들과 잠시 만난 후 평양까지 종군하여 2개월 가까이 머문다.

그것도 잠시 중공군 참전으로 전황이 급변, 1·4후퇴로 대구로 남하 집결한 문인들은 그곳에서 지난 경험을 살려 다시 종군문인단을 결성하게 되는데 '蒼空俱樂部'라고 불렸던 이 단체는 1951년 3월 7일 마해송 조지훈 김동리 황순원 등 16명의 단원으로 결성된다. 조지훈은 마해송 단장 밑의 부단장으로 활약하는데, 그들은 주로 군가 작사, 강연회, 대내외적인 반공사상 보급, 일선 시찰, 문화인 시국 강연회, 포스터·전단지·표어 작성 등의 종군 업무를 수행하게 된다. 이때 전투 병원들과 함께 누비고 다닌 동서남북 수천 리 길의 전쟁터에서의 감회를 시인 조지훈은 제4시집 『歷史 앞에서』의 「戰塵抄」 대목에 고스란히 담아내고 있다.

"아버지의 시집 『歷史 앞에서』에는 6·25의 참상을 읊은 시가 다수 실려 있는데, 어느 평론가는 이 계열의 작품을 두보(杜甫)의 전쟁시에 견준 것을 본 기억이 난다"는 고인의 큰아들 조광렬(趙光烈)의 회고나 "지훈의 시가 사회 윤리적이며 현실 참여적이라는 사실을 보여준다. 이 시들은 6·25의 체험이 반영된 전쟁시들로 「浿江無情」 같은 명작도 있다"는 김인환(金仁煥) 교수의 평문이 지적하듯이, 이 시집에 실린 시들은 모두 전쟁의 현장을 증언하고 참혹한 전투 상황과 처참한 살육 장면들을 실감있게 묘사하고 있다.

"오후 2시/ 고려대학교 3층에서 詩論을 애기한다/ 의정부 방면의 총성이 들려온다/ 교정의 스피커에서 전황 보도가 떤다 (중략) 산머리를 濛濛한 砲煙이 덮는다/ 황혼에 木南이 찾아왔다/ 서울 후퇴는 불가피라고/ 우리는 어쩔 것이냐(후략)"(「절망의 일기」)

「절망의 일기(6월 26일)」는 조지훈 시인이 6월 26일의 고려대학교 캠퍼스의 6·25동란 발발 당일의 표정을 읊은 시이다. 이 날 조지훈은 본관 3층 강의실에서 '시론'을 강의하고 있었던 것이다. 절망의 도시 서울은 이미 자유민들의 수도가 아니었다. 패퇴·도주의 동아줄만이 소용될 그런 긴박한 분위기에 휩싸인 순간을 읊은 대목이다.

이제 도망과 피난의 길에 나설 밖에. 다음날 서정주 이한직(木南)과 함께 마포 강변의 나룻배로 기적의 도강 피난 길에 나선다. 그나마 구사일생의 행운이었다 할 밖에. 시인은 이 대목을 이렇게 읊고 있다(「절망의 일기(6월 28일)」)

"어디로 가야 하나 背水의 거리에서/ 문득 이마에 땀이 흐른다/ 아침밥이 모래 같다/ 국물을 마셔도 冷水를 마셔도/ 밥알은 영 넘어가질 않는다/ (중략) 마침내 숨어 앉은 절벽에서/ 한 척의 배를 향해 뛰어내린다/ 헤엄도 칠 줄 모르는/ 이 절대의 투신!/(중략) 아 죽음의 한순간 연기"

이렇게 대전을 거쳐 7월 중순경 대구에 도착한 조지훈은 종군문인단의 일원이 되어 군의 사기앙양과 대민 선무 공작에 매진한다. 이때 지훈은 저녁마다 벌어지는 종군 문인 합숙소에서의 '대용식 막걸리 식음(食飮)' 주석(酒席)의 광경을 「風流兵營」이라는 시에서 다음과 같이 묘사하고 있다.

"보초도 서지 않은 우리들의 병영은/ 낡은 판자울타리에 석류나무가 한그루 서 있는 오막살이다 생명이 절박할수록/ 우리는 더욱 멋스러워지는 병정(중략…) 여기가 우리들의 싸움터 적의 가슴을 명중하는 지탄(紙彈)을 만발(滿發)하는 곳이다(중략…) 총칼 없는 병정인 우리들 가슴에는/ 하이얀 청산가리(青酸加里)가 마련되었는데 올 적에 새파랗던 석류 열매는/ 어느새 다 익어서 아귀가 벌었나 종군 문인 합숙소 뒷뜰 푸른 하늘에/ 자폭한 심장 석류가 하나"(1950. 8. 30. 대구)

이 무렵 밀리기만 하는 전투에서 신명을 바쳐 국가 방위에 헌신하는 병사들을 찬양·고무하는 일선 병사들에게 보내는 격려의 시편 「이기고 돌아오라」 읊기를 조지훈은 또한 잊지 않고 있다.

"…내 사랑하는 아우들아/ 진실로 조국을 구원하고 자유를 수호하는 힘과 영예는 늬들에게만/ 있다고 믿어라/ 무엇 때문에 늬들은 굶으며 쓰러지면서도/ 앞으로 앞으로 나가며 싸와야 하는 것이냐… 우리는 안다 늬들의 훈공을 올바로 갚을 자는/ 조국의 통일과 정의의 승리만이 능히 할 수 있다는 것을… 내 사랑하는 아우들아 이나라 호국의 함성들아/ 우리는 이긴다 일찌기 불의와 사악이 망하지 않는 역사를/ 본 적이 있느냐/ 늬들 뒤에는 혈육을 같이 나눈 우리들이 있고/ 이상을 함께하는 만방의 기빨이 뭉치어 있다… 이기고 돌아오라 이기고 돌아오라/ 우리들 가슴을 벌리고 기다린다/ 하늘이 보내시는 너 구국의 천사들을”(1950. 7. 10.)

그러나 조지훈의 다른 모든 전쟁시편을 능가한다 할 수도 있을 대표적 전쟁시로서 우리는 「多富院에서」를 꼽지 않을 수 없을 것이다. 6·25 동란 중 가장 치열했던, 1950년 8월 18일부터 8월 25일까지의 8일간에 걸친 처절한 '절체절명의 대한민국 방어 전투'에 연합군을 따라 종군한 조지훈은 다부원 전적지를 지나면서 치열했던 전쟁의 상흔을 다음과 같이 묘사하고 있다.

“피아(彼我) 공방의 포화가/ 한 달을 내리 울부짖던 곳// 아아 다부원은 이렇게도/ 대구에서 가까운 자리에 있었고나// 조그만 마을 하나를/ 자유의 국토 안에 살리기 위해서는// 한해살이 푸른 나무도 온전히/ 제 목숨을 다 마치지 못했거니// …(중략)… 스스로의 뉘우침에 흐느껴 우는 듯/ 길 옆에 쓰러진 괴뢰군 전사// 일찌기 한 하늘 아래 목숨 받아/ 움직이던 생령(生靈)들이 이제// 싸늘한 가을 바람에 오히려/ 간 고등어 냄새로 썩고 있는 다부원 …(중략)… 살아서 다시 보는 다부원은/ 죽은 자도 산 자도 다 함께/ 안주의 집이 없고 바람만 분다"(1950. 9. 26.)

301

6·25전란으로 파괴된 안동교 앞을 걸어가는 종군시절의 아버지(왼쪽 등진 사람)

로 나가셨다. 원효로 종점 아는 집에 누워 마지막 방송을 들으며 눈을 감으셨다. "조국이여! 겨레여! 아아 산하(山河)여!" 목메어 급이치는 시낭독 소리가 들려왔다. 사람은 가고 목소리만 남아서 도는 것이었다. 목소리만 있어도 안심이요 외롭지 않다고 하셨다. 서울 최후의 보루(堡壘) 그 지점 한강 언덕에서 귀를 틀어막고 소리없이 느껴우는 소리를 들으며 잠이 드셨다.

28일 아침, 어디로 가야할지 모르는 배수(背水)의 거리에서 아버지의 이마에 문득 땀이 흘렀다. 아침을 드셔도 밥이 모래와 같았다. 국물은 마셔도 밥알은 영 넘어가지 않았다. 그때 아버지는 "마음이 이렇게도 육체를 규정(規定)하는 힘이 있는가" 하셨다. 수십만의 인파가 마포에서 인도교 다시 서빙고 광나루로 몰려나왔다. 붉은 깃발과 붉은 노래와 탱크, 그대로 사면초가, 그 속에 앉아 넋없이 피우던 담배도 떨어졌다. 나룻배는 다섯 척, 바랄 수도 없었다. "아 나의 가족과 벗들도 이 속에 있으련만, 어디로 가야 하나 배수의 거리에서" 한숨지으시며 마침내 숨어 앉은 절벽에서 한 척의 배를

6·25전란으로 파괴된 안동교 앞을 걸어가는 종군문인단 시절의 조지훈 시인

그의 종군 시편은 계속되어 간다. 9·15 인천상륙작전 성공에 힘입어 아군이 파죽지세로 북괴군을 뒤쫓아 북진하던 중 단양을 지나던 무렵 전열에서 뒤처져 길가에 쓰러져 있는 '목숨만 붙어 있는' 북괴군 병사의 애처로운 모습을 조지훈은 「여기 괴뢰군 전사가 쓰러져 있다」는 시로 조상(弔喪)하고 있다. 모윤숙 시인의 전쟁시 「국군은 죽어서 말한다」를 방불케 하는 시이다.

"의성에서 안동으로 죽령으로/ 바람처럼 몰아가는 추격전의 한때를// 내 추럭에서 뛰어내려 목을 축이고/ 조찰히 피어난 들국화를 만지노나니// 길가 푸섶에 백묵으로 써서 꽂은/ 나무 조박이 하나// '

여기 괴뢰군 전사가 쓰러져 있다'/ 그 옆에 아직/ 실낱 같은 목숨이 붙어 있는 소년의 시체// …(중략)… 아 이는 원수이거나/ 한 핏줄 겨레가 아니거나 다만 그대로/ 살아 있는 인간의 존엄한 애정!/ 누가 다시 이 영혼에 총칼을 더할 것이냐…"(1950. 9. 26.)

이렇게 전장을 누비며 전쟁의 참화를 시로 써서 간직하는 조지훈 시인은 대구를 떠난지 20여일 만인 10월 3일 마침내 그리던 수복 후의 서울 성북동 집에 돌아와 가족과 다시 만나 잠시 동안의 재회의 기쁨을 누린다. 「서울에 돌아와서」는 그러나 납북된 아버지의 비극적 최후의 모습도 읊지 않을 수 없었다. 제헌국회의원이며 한의학자인 부친 조헌영(趙憲泳)이 납북되었던 것이다.

"…버리고 떠나갔던 성북동 옛집에/ 피란갔던 가족이 돌아와 풀을 뽑는다// 밤길을 걸어서 아이를 데리고/ 울며 갔다는 먼 산중 절간// 아내는 아는 집에 맡겨논 보퉁이를/ 찾으려 가고 없고// 도토리 따먹느라 옻이 올라 진물이 나는/ 세살백이 어린 것을 안고 뺨을 부빈다… 아버지가 안 계시다/ 죽을까 염려하시던 자식은 살아 왔는데// 원수가 돌려준 아버지 세간/ 안경과 면도만이 돌아와 있다…"(1950. 10. 3.)

성북동 집에 돌아와 부친의 납북 사실을 안 조지훈은 그 다음날 국군을 따라 평양행을 강행한다. 종군문인으로서의 계속된 임무 수행과 납북되어 간 부친의 종적을 찾고자 하는 두 가지 목적에서였다. 평양에 도착한 조지훈은 약 50일간 평양에 머물며 현지 문화인들과 문예활동을 벌이면서 부친의 종적을 찾지만 끝내 그 종적을 찾아내지 못한다. 그러다가 중공군의 참전으로 12월 3일 극작가 오영진과 함께 비행기 편으로 서울에 돌아온 그는 이어지는 1.4후퇴로 대구로 후퇴한다. 그리고 대구에 집결한 문인들을 결집시켜 '창공구락부'라는 종군문인 단체를 만드는데 그 활동은 1953년 휴전 성립 때까지 계속된다. 이 무렵 1·4후퇴 때의 치욕과 울분에 찬 비통한 심정을 조지훈은 「종로에서-다시 서울을 떠나며」라는 시로 토로하고 있는데, 이 시 또한 「다부원에서」와 함께 조지훈 전쟁시의 백미로 여겨지고 있다.

"첩첩이 문을 닫아걸고/ 사람들은 모두다 떠나버렸다// 이룩하기도 전에 흔들리는 사직을 근심하고/ 조국의 이 간난(艱難)한 운명을 슬퍼하여(…중략)…불의의 그늘에선 숨도 쉬기 싫어서/ 차라리 일체를 포기하고 발가숭이가 되고저// 사람들은 모두다 떠나 버렸다/ 첩첩이 문을 닫아건 종로의 적료(寂廖)// 아아 이제 나마저 떠나고 나면/ 여기 오랑캐의 노래가 들려오리라// 허나 꽃피는 봄이 오면/ 서울은 다시 우리의 서울// 내 여기 검은 흙 속에/ 가난한 노래를 묻고 간다"(1951. 1. 3.)

국방부나 전쟁사학자들이 기록하고 편찬한 딱딱하고 무미건조한 공식적 편제나 문투의 6·25 전쟁사에만 의존하여 전쟁의 참화를 제대로 기억하고 회고할 수는 없는 일이다. 만약 조지훈 시인 같은 지사적 기개의 행동파 시인들이 몸소 전장을 누비며 이런 빼어난 시문학 작품들을 써놓지 않았다면 후세인들의 전쟁의 정서적 인식과 추체험은 결코 불가능할 것이라는 생각이다.

「국군은 죽어서 말한다」와 모윤숙의 광주(廣州) 산골 피난·생환기

「국군은 죽어서 말한다」
-나는 廣州 山谷을 헤매다가 문득 죽어 넘어진 국군을 만났다

모윤숙 시집, 『국군은 죽어서 말한다』, 대안출판사, 1981, 178p.

"산 옆 외딴 골짜기에/ 혼자 누워 있는 국군을 본다/ 아무 말 아무 움직임 없이/ 하늘을 향해 눈을 감은 국군을 본다// 누런 유니폼, 햇빛에 반짝이는 어깨의 표지/ 그대는 자랑스런 대한민국의 소위였구나/ 가슴에선 아직도 더운 피가 뿜어 나온다/ 장미 냄새보다 더 짙은 피의 향기여!/ 엎드려 그 젊은 죽음을 통곡하며/ 듣노라! 그대가 주고 간 마지막 말을…// 나는 죽었노라/ 스물다섯 젊은 나이에/ 대한민국의 아들

해외여행 중의 모윤숙 시인.

로 숨을 마치었노라/ 질식하는 구름과 원수가 밀어오는 조국의 산맥을/ 지키다가 드디어 숨지었노라// 내 손에는 범치 못할 총자루, 내 머리엔 깨지지 않을/ 철모가 씌워져/ 원수와 싸우기에 한번도 비겁하지 않았노라…(중략)…// 나는 조국의 군복을 입은 채/ 골짜기 풀숲에 유쾌히 쉬노라/ 이제 나는 잠시 피곤한 몸을 쉬고/ 저 하늘에 나는 바람을 마시게 되었노라/ 나는 자랑스런 내 어머니 조국을 위해 싸웠고/ 내 조국을 위해 영광스레 숨지었노니/ 여기 내 몸 누운 곳 이름 모를 골짜기에/ 밤이슬 내리는 풀숲에 아무도 모르게 우는/ 나이팅게일의 영원한 짝이 되었노라…(중략)…// 조국이여! 동포여! 내 사랑하는 소녀여!/ 나는 그대들의 행복을 위해 간다/ 내가 못 이룬 소원 물리치지 못한 원수/ 나를 위해, 내 청춘을 위해 물리쳐다오/ 물러감은 비겁하다. 항복보다 노예보다 비겁하다/ 둘러싼 군사가 다 물러가도 대한민국 국군아!/ 너만은 이 땅에서 싸워야 이긴다/ 이 땅에서 죽어야 한다/ 한번 버린 조국은 다시 오지 않으리라/ 다시 오지 않으리라…(중략)…/ 산 옆 외딴 골짜기에 혼자 누운 국군을 본다/ 아무 말 아무 움직임 없이/ 하늘을 향해 눈을 감은 국군을 본다// 누런 유니폼, 햇빛에 반짝이는 어깨의 표지/ 그대는 자랑스런 대한민국의 소위였구나/ 가슴에선 아직 더운 피가 뿜어 나온다/ 장미 냄새보다 더 짙은 피의 향기여!/ 엎드려 그 젊은 죽음을 통곡하며/ 나는 듣노라, 그대가 주고 간 마지막 말을."(1950년 8월 그믐 廣州 山谷에서)

(1)

일제 치하 한국문학 암흑·수난기에 『빛나는 지역』 『옥비녀』 등의 명시집을 내어 수많은 애독자를 거느리며 한국 여류 시단의 선봉장을 자처했던 영운(嶺雲) 모윤숙(1909~1990) 시인은 그의 생애 중반기인 6·25동란 피난시에 반공 애국시 「국군은 죽어서 말한다」를 써서 또다시 독자들의 심금을 울려주었다. 그가 유난하게 피아의 공방이 심했던 남북 쌍방간의 6·25 전투 요충지 광주 산골 험준한 계곡을 도망쳐 다니다가 발견한 육군 소위 계급장 번쩍이는 한 젊은 군인의 주검 앞에서 나뭇가지 꺾어 솟구쳐 오르는 단장(斷腸)의 슬픔을 몇 줄의 시구로 땅바닥에 써내려 가며 마음 속에 간직했던 시상(詩想)을 후일 10연 101행 수천 글자의 장편시로 재생해 내어 완성했다는 「국군은 죽어서 말한다」. 한국 전쟁시사(詩史)에 으뜸가는 수작으로 기록되어야 할 이 시는 시인이 그냥 편안한 자세로 책상머리에 앉아 머리 굴려 구상해 지어낸 시는 아니다. 북한 괴뢰군의 서울 입성 시 인민군 수뇌부와 남한 토착 좌익 세력들의 살생부에 '납치·포박·살해'의 표적자로 점찍혀 있었던 한 반공주의자 여류 시인이 자신의 소중한 목숨과 맞바꾼, 6·27 이후 9·28 서울 수복 시까지의 3개월간의 분초 간격으로 적의 마수를 벗어나려 도망쳐 다녀야 했던 죽음의 행장기(行狀記)의 일절(1節)이라고도 할 것이다. 목숨과 맞바꾼 모윤숙의 장편 전쟁시 「국군은 죽어서 말한다」의 탄생도 다른 수많은 6·25 납북·피살·행불자들과 마찬가지의 목숨을 건, 처절한 공포와 고독 속의 탈출·도피 행각의 결과물이었음은 물론이다.

(2)

인민군 선진부대를 따라 종군 남하한 적의 '문예선전대'쯤의 좌익 문학단체에서 미리 분류·작성해 지니고 내려왔을 '남한 반동 문인 모윤숙'의 으뜸가는 '죄상(?)'은 그의 해방 후의 철저한 반공주의 노선의 행장이었을 것이다. 해방공간의 정부 수립 준비 운동기의 계속된 개인 시작업무와 여러 문예활동과 여성운동, 건국 외교 운동 등에서 보여준 그녀의 사상과 노선 행동 지침 등의 선명한 반공·자유주의의 기치는 당연히 인민군들의 포박 표적이 될 수밖에. 특히 모윤숙이 UN 한국위원회 위원장인 메논을 상대로 벌인 건국 외교 등… 이승만과 자유 인민들의 '남한만의 단독정부 수립' 실현을 위한 정치 외교 활동에 신명을 바치는 헌신적인 봉사로 UN과 자유 우방의 지지 획득과 총선거 실시에 의한 정부 수립에 이르기까지의 대내외 막후활동에 기여했다는 점이 으뜸가는 죄상이었음은 물론이었을 것이다. 어디 그뿐인가. 모윤숙이 자유주의 기치 하의 반공운동의 연장선상에서 북한군의 서울 입성 시에 보여준 맹렬한 군관민 상대의 선무활동의 '이적성'도 그녀의 '표적 포박자 제1호' 선정의 구실 거리가 충분히 되었을 것이다. 실제로 모윤숙이 개전(피침) 초기 이틀간에 걸친 미아리 전선에서의 반공 여성단체 회원들과 함께 벌인 대민 선무활동과 국군 위문 활동, 그리고 방송국에서의 격시(檄詩) 낭독 등… 이 모든 활동 정보를 포착했을 인민군들에 의해 그는 이미 1급 체포 대상자가 되어 있었다. 그리하여 그는 쫓기는 몸이 되어 아무런 보호자나 구원자도 없이 3개월여에 걸친 광주 산골 피난 길에 나서는 것인데, 그는 기진맥진하여 거의 죽게 된 순간의 어느 날 한 국군 소위의 주검과 맞닥뜨려 역사에 길이 남을 이 「국군은 죽어서 말한다」를 탄생시키게 되는 것이다.

(3)

모윤숙의 광주 산골 피난 행각은 그야말로 목숨을 건 혈혈단신의 모험극, 그리고 신의 엄호를 받은 구원·탈출극이기도 하였다.

정동의 중앙방송국에서의 여러 시인들과의 격시 낭송, 군가 합창, 전황 보도 등의 선무방송을 하던 중 들이닥친 인민군 부대의 출현에 김현수(金賢洙) 육군 보도과장의 권유로 시작된 도피 행각의 전말은 이렇게 전개된다.

우선 회현동 집에 들러 열 살 먹은 딸을 데리고 맨 먼저 찾은 은신(기대)처는 신촌의 김활란 이화여대 총장 공관. 그러나 이미 그곳은 인민군에 의해 점령되어 있었고 오히려 그들이 내보이는 '모윤숙의 수배 사진'에 의한 불심검문을 받고 기겁하게 놀란 그녀는 기적적으로 그곳을 빠져나와 연희동 뒷산으로 피신, 하룻밤을 추위와 배고픔에 떨다 하산… 마포로 종로로 청량리로 정처 없이 도망쳐 다니는 도중에 혹은 길에서 우연히 만난 한 젊은 애독자의 집에서 5일간을 보호받기도 하고, 마지막엔 광주에서 온 한 천주교 신자 신(申) 노인의 호의로 그의 광주 산골집으로 끌리어 가 2개월 가까이 피신 생활을 하면서 식모 노릇까지 한다. 그것도 얼마 동안, 동네 여맹원들의 수배 눈길을 견디다 못해 그곳을 빠져나온 그녀는 9·28수복 때까지 포연(砲煙) 난무하는 산골 전쟁터를 넘어지고 구르며 무작정 도망쳐 돌아다녀야만 하는 정처 없는 산골 도망자 신세가 된다.

추위와 배고픔은 물론이요, 찢어진 고무신짝에 홑적삼과 짤막한 삼베 치마 차림으로 귀곡성(鬼哭聲) 구슬피 들려오는 무덤가 풀밭에 나자빠져 혼절하기도 하고, 선혈 낭자한 시체 널브러진, 때로는 승냥이 여우 달음질치는 무시무시한 한밤중의 산길을 헤매다 지쳐 쓰러져 자기도 하고, 모기와 개미 떼에 물려 온몸이 진물투성이가 되기도 하고… 수수밭에 숨기도 하고, 밤에는 외딴집 외양간에 숨어들어 자기도 하고.

추위와 굶주림과 급병에, 벼랑 추락사에, 인민군과 국군 양쪽으로부터의 오인·오발 사격에, 피비린내 나는 전사상자들의 몸뚱이에서 뿜어져 나오는 역겨운 악취와 살점 노리고 달려드는 승냥이·여우·솔개·까마귀 떼에, 그리고 여맹원이나 지방 빨치산들의 수배·색출망에 노출된 절체절명의 죽음의 계곡을-한 번도 겪어보지 못한 인민군 점령 하의(적치하의) 세상을 체험해야 했던 모윤숙 시인.

이때의 정경을 모윤숙은 후일 다음과 같은 시와 산문으로 회고하고 있다.

"친구도 사랑도 다 간 나라에/ 수수나무 너는 안 가고/ 내 몸을 이처럼 가리워 주니?/ 어머니같이 정겨운 수수깡 냄새야/ 사람이 오거든/ 너와 나의 이야기를 알려 주지 마라// 네 품에 사형수가 숨었단 말을/ 행여 아무에게도 눈짓하지 마라// 수수잎사귀야!/ 나를 아무도 모르게 안아다오/ 네 잎사귀로 내 숨결을 덮어다오"(1950년 8월 10일 밤 서울 교외에서-시 「수수밭에서」)

"자비로운 천국이다// 짚북더기 요를 삼아/ 나는 소와 함께 꿈길을 간다/ 사람이 이처럼 삼가지는 땅에/ 소야, 너는 의젓이 우정에 충실쿠나/ 네 눈은 인내의 왕국/ 먼 슬픔들이 소란한 밤엔/ 연못처럼 깊은 네 마음벽에/ 무척 기대고 싶어진다// 친구야, 네 주인은 오늘밤쯤/ 레닌의 나라로 추방을 갔을게다/ 죄가 꽃처럼 번화한/ 인민공화국으로 갔을게다// 눈을 감아 쉬자/ 오늘밤 네 눈물은 내가 마셔 주마"(1950년 8월 10일 廣州 근방에서-시 「외양간의 하룻밤」)

"짙은 냄새에 몸이 저리다/ 헐린 무덤 새에/ 번개에 몰리는 소나기 내리는 밤/ 밤은 칠빛으로 웅웅거리고/ 파도 같은 바람이 머리올을 끄은다// 해골이 고운 옷을 입고/ 妖女처럼 웃는다/ 그는 다시 옷을 벗고/ 기다란 엿가락이 되어 입을 벌린다// 몸은 벌써 석고처럼 굳었건만/ 마음은 살아 무서움과 싸운다// 차라리 나는 진 비를 맞으며/ 시체 곁에 죽음을 빈다"(1950년 8월 11일 밤 서울 광나루 어느 묘지에서-시 「무덤에 내리는 소낙비」)

"…내가 서있는 바위틈과 틈으로 이름 모를 벌레들이 우글거리고 있어 간지럽고 아픈 다리는 그대로 부어올랐다. 피하다 피하다 멈춘 곳이 광주 어느 산골이었다. 촌락 할아버지의 은혜로 보리밥과 풀로 된 밀가루죽이나마 얻어먹으며 연명했던 나는 거기서도 견딜 수 없어 산으로 달렸다… 여기저기 국군과 인민군의 시체가 딩굴고 있었다… 새벽녘에 나는 고개를 넘었다. 콩도 먹고 호박잎도 먹었다. 배고픔! 그 견딜 수 없는 배고픔이 엄습해 올 땐 벌레라도 잡아먹을 수만 있으면 먹고 싶었다. 나는 금세 세 인민군이 골짜기에 굴러떨어져 있는 것을 보았다. 호박잎으로 그 얼굴들을 가려 주었다. 작은 고개 밑까지 왔을 땐 또 한 사람의 국군이 넘어져 있었다… 나는 다리를 끌며

어디까지 갔는지 어느 낭떠러지에 떨어져 있었을 때 서울 탈환을 향해 달려오는 우리 국군에게 발견되어 겨우 눈을 떴다."(산문, 「소나무 꺾어 흙 위에 쓴 '국군은 죽어서 말한다'」)

"…석 달 사흘 만에 죽음에서 살아난 나는 9·28이란 글자 그대로가 구원의 캘린더였다. 굶고 부엌데기 노릇으로 쫓겨 다니며 숨어 석 달을 산속에서 지내는 동안, 길에서 정처 없이 딸아이를 어디론가 보내고 나서, 굶주림보다 더 무서운 보고픔 속에서, 검은 죽음은 바로 나를 엄습해 왔다. 거기는 가뭄에 마치 뱀장어 모양으로 구불거려 흘러가는 광나루 하류 어느 산속이었다… 배가 고프다기보다 어지럽고 눈에 아무것도 안 보이는 데다가 귀로는 별의별 소리가 웅웅거리고 들려와서, 아마 이런 것이 저승인가 보다 생각하면서 준비해 두었던 마취제를 먹었다. 이 마취제는 세 알이었는데, 6·25 전야에 방송을 맡아 하던 때 군 보도과장이 나에게 세 알을 주고 자기도 세 알을 가졌다. 둘이서 어떤 일을 당할 때는 이것을 먹고 말자고 결심했던 독한 마취제였다… 눈도 뜰 수 없고 걸음도 걸어지지 않는 나는 그대로 산 옆 낭떠러지에 쓰러져 있었던가 한다… 산비탈에 누워 쓰러져 있는 지 사흘 만에 나는 육중한 구둣발이 내 옆구리를 차는 것을 느꼈다. 국군이었다. 백인엽(白仁燁) 17연대장 휘하의 오(吳) 소위에 의하여 구출된 것이다…."(「9·28 회고기」)

"…광주 모랫골의 신 노인 집에는 초저녁이 되어서야 들어섰다. 영등포에 시집갔다가 아들 하나를 낳아가지고 소박을 맞고 친정 집에 와 있다는 스물한 살 된 딸이 있었다. 신 노인은 딸에게 이 아주머니를 좀 숨겨 주자고 의논을 하는 모양이었으나 이 세월에 누군 줄 알고 숨겨 주느냐고 언성이 높아진다. 부엌에서 일이나 하고 있으려면 있으라고 했다. 그날부터 나는 아이를 업고 수수를 털기도 하고 자잘한 부엌일을 다 하느라 했으나 항상 아이를 업은 나는 기운이 모자라 나뭇단 위에서도 넘어지고 문지방에 걸려 엎어지기 일쑤였다. 제일 질색은 물을 우물에 가서 길어 오는 일이었다. 누가 볼까 겁이 났기 때문이다… 신 노인은 나를 측은히 여겨 여맹원들이 집을 수색할 때는 나뭇단 속이나 빈 물독 속에 감추어 위험한 순간을 모면시켜 주었다. 질식이 지나쳐 가슴이 터질듯한 물독 속에선 소리를 지르다 나오다 다시 들어가기도 했다. 이런 신노인의 친절이 딸에겐 너무도 못마땅한 눈의 가시였다… 슬그머니 밀가루 풀을 쑤어 작은 그릇에 담아 개바자 밑에 갖다 놓아 주던 일, 나는 개나 돼지 모양 그 풀을 다 먹었다. 그거라도 먹고 정신을 차리라는 눈치였다. 광주 곳곳마다 여맹원은 흩어져 숨어 있는 국회의원이며 모모 인사를 들추러 다니는 일이 날마다 그 도수가 높아졌다. 나는 그 집에서도 더 머무를 수가 없었다. 부엌에서 밤중에 맨몸으로 나와 산길을 걸었다. 찢어진 고무신을 끌고 발 가는 대로 가다가 준비해 둔 수면제를 먹고 죽어 버리자는 것이 나의 최후의 결심이었다… 이제 나는 피할 곳도 의지할 곳도 끝이 나버렸다. 오직 가야 할 곳이 있다면 인민공화국 내무서에 가서 자수를 하고 총살을 당할 때까지 한 덩어리의 보리밥을 먹는 일뿐이다. 우선 죽음보다 무서운 배고픔이 나를 약하게 하였다.…"(『나는 이렇게 살았다』, 을유문화사).

"…새벽이 되자 또 한 고개 산길을 기어 넘었다. 요란한 총소리가 사방에서 들린다. 문득 구릉과 구릉 사이 움푹 들어간 골짜기에 국군 소위의 견장을 붙인 군인이 가슴에 피를 뿜으며 반듯이 누워 있다. 나는 그저 반가워 얼싸안았다. 너무 젊고 너무 잘생긴 우리의 아들이다. 나는 소나무를 꺾어 땅에다 그대로 썼다. …'국군은 죽어서 말한다'. 소위야 나는 듣노라, 네가 주고 간 마지막 말을! 소위야, 어리고 귀여운 소위야. 내가 만약에라도 살아나는 기적이 생기거든 잊지 않고 네게서 지금 들은 말을 그대로 원고지에 옮겨주마. 나는 나도 모를 글을 풀잎 위에 형용해 가며 썼다. 눈을 감고 자꾸 썼다. 몽롱한 안개 속으로 소위는 일어나며 피맺힌 대화를 나에게 청해 온다. 그의 말은 선명하게 내 귀에 들려왔다."(『나는 이렇게 살았다』, 을유문화사).

"…나는 완전히 희로애락을 상실해 버리고 비판력도 잃어버렸다. … 열흘이 지나도록 풀잎을 먹어 온 나는 몸이 부어오르기 시작했고 정신의 분열이 시작되었는지 울다 웃다 누웠다 일어났다 하며 바위 등성이에서 여러 번 굴러떨어지기도 했다. … 이튿날 나는 수면제에 취한 채 어느 철조망 안에 굴러떨어져 수없이 차이고 밟히고 하다가 오(吳) 소위에게 발견되어 못 죽고 살아 이 글을 적는다.”(『나는 이렇게 살았다』, p.171~174.)

(4)

9·28 서울 수복 후 극적으로 살아 돌아온 모윤숙 시인은 광주 산골에서 간직해 온 시상을 되살려 「국군은 죽어서 말한다」를 완성 짓는다. 국군 소위의 처연한 모습의 주검, 그리고 나뭇가지 꺾어 원고지 대신 땅바닥에 애도와 조상(弔喪)의 글귀 써 내려가며 가슴속에 간직해 돌아왔던 시상(詩想). 그렇게 해서 얻은 시가 바로 이 「국군은 죽어서 말한다」이다. “조국과 민족애를 한껏 고취시킨 작품”이라는 평가를 받기도 하는(신효정 ; 시인·문학평론가) 이 시는 그녀의 육체와 영혼을 불살라 시화(詩化)시킨 6·25전쟁 시의 대표작이라 할 것이다.

이 시는 1950년 문성당에서 간행한 시집 『風浪』에 실린다.

제2부

옛것에서 찾는 새 멋

옛것에서 찾는 새 멋

지난해 동남아 여행길에 북경의 유리창가(琉璃廠街)와 동경 간다(神田)의 고서점가를 들른 일이 있다. 바쁜 일정 속에 무리를 하여 이 두 곳을 찾은 것은 평소 소문으로만 들어 온 세계 유수의 고서점가를 직접 눈으로 확인하고 싶었기 때문이다.

유리창가는 서울의 인사동과 같은 곳으로, 중국의 문화인·지식인들은 물론이요 해외여행을 하는 외국인들 가운데서도 중국 문화에 관심을 가진 사람들은 꼭 들러보고 싶어 하는 중국 제일의 골동·서점가이다. 그 중 고서의 복제본이나 고본만을 취급하는 가게에 들러보았는데, 그 규모와 자료의 방대함·심오함에는 입이 딱 벌어질 정도였다. 가게마다 신·구간의 '만권 장서'로 그득 차 있었는데 그야말로 중국 출판문화의 보고(寶庫)라는 생각이 들었다.

유리창가는 그 이름대로 궁전 건축용의 유리와(琉璃瓦)를 굽던 와요지(瓦窯地)가 있었던 곳으로, 원대(元代) 이후로 각종 관·민영의 요(窯)

가 들어서기 시작하다가 골동품과 함께 고서화를 파는 거리로 발전했다 한다. 명·청대에는 선각자의 유고(遺稿)의 번각본을 찾아 많은 시인·묵객들이 이곳을 즐겨 찾았다 하는데, 아편전쟁의 영웅 임칙서(林則徐)와 중국 근대문학의 아버지로 불리는 노신(魯迅)도 이곳을 자주 찾았다는 기록이 그들의 일기에도 나온다.

또 간다 고서점가의 위용도 대단한 것이었다. 에도(江戶)시대에는 상공업지대였던 이곳이 메이지유신 이후 대학가·학생가·출판서점가로 발전하였는데, 지금도 그 기능을 유지하고 있어 전국 고서의 2/3가 이곳에서 유통된다고 한다. 일본 최대의 매장 면적을 자랑하는 삼성당(三省堂)서점은 1881년 창업된 유서 깊은 노포이고, 7층의 단일건물 안에 층마다 주제를 달리하는 전문서점만으로 이루어진 '간다고서센터'는 그 대표적인 것이다. 세계 제일의 전자산업국일 줄로만 알고 있었던 일본이 이러한 활자 문화의 보고도 소중히 간직하고 있다는 데서 싫든 좋든 저 중국과 함께 '문화대국'이라는 느낌을 떨쳐버릴 수 없었다.

귀국하여 일부러 인사동 거리를 찾아본 필자는 한없는 고독감과 문화의 패배감을 떨쳐버릴 수 없었다. 한국 고서의 메카를 자처하며 한때 한국문화의 젖줄 구실을 해왔던 인사동의 고서점 거리에 이제 남은 고서점이라고는 통문관을 비롯한 두서너 곳뿐, 그곳마저 모두 사양길에 접어들어 전업을 서두르는 눈치들이다.

우리나라의 지식인·문화인들은 때마침 범람하고 있는 컴퓨터문화·영상문화의 홍수 속에 지적 저능아가 되어 가고 있다. 마멸되어 가는 상상력과 감성, 충족에의 열망과 인간으로서의 존재감을 보증해 주었던 사상의 결핍 증후군에 빠져들고 있다. 문명의 위기감을 느낀다.

이러한 증후군에서 벗어나기 위해서 우리도 이제 상징적인 의미로나마 인사동의 고서점가를 복원해 볼 필요가 있지 않을까. 문화예술단체가 주동이 되어 정부나 지방자치단체와 연대하여 문화의 거리, 고서점가를 복원·육성해 볼 수도 있을 것이다. 대학로 육성에 투자했던 정성과 비용의 반만 쏟아부어도 될 일이 아니겠는가?

이노우에 야스시(井上靖) 씨의 한국 역사 고적지 탐방
-소설 『風濤』[13]와 관련하여

(1)

현대 일본 문단의 대하 장편 역사소설가로 손꼽힐 만한 사람을 몇 사람 고르란다면 우선 요시가와 에이지(吉川英治)·시바 료타로(司馬遼太郎)·진슌신(陳舜臣)을 꼽을 수가 있을 것이다.

요시가와 에이지(1892~1962)는 생애 제1의 간판격 대표소설이라 할 『宮本武藏』(문고판 전 8권)을 비롯, 『新書太閤記』(전 11권)』·『三國志』(전 8권)·『新平家物語』(전 8권)·『私本太平記』(전 8권)·『短編集』(전 8권), 그리고 여러 권의 수필집·서간집·시가집·강연집 등 문고판형 저작물 총 161

13) '바람과 파도, 혹은 바람이 불어 파도가 인다'는 사전적 의미를 갖는 '風濤'는 곧잘 일본 전쟁사에 등장하는 '神風(가미카제)'의 의미에도 쓰인다. 가미카제는 위난을 구하려고 신이 불러 일으킨다는 격렬한 바람(海風), 특히 원구(元寇)의 난 때 원의 군선을 대파시켰다는 대풍(폭풍)을 말한다. 『風濤』는 원구의 난을 다룬 장편소설이다.

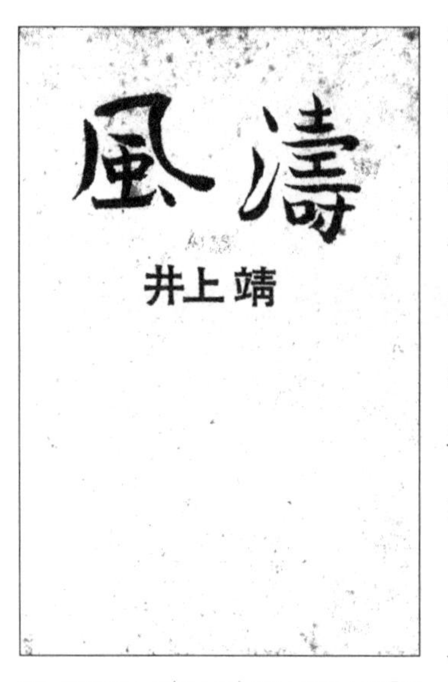

이노우에 야스시(井上靖) 역사 장편소설『風濤』, 강담사(講談社), 1963.

권 분량의 문학작품을 생산해 낸 '초인적 기질의 다작 집필력'을 일본 문단 내외에 과시하고 있는 작가이다. 그의 소설들은 일본 역사인물들을 주제로 한 전기소설이 주를 이루고 있다. 그는 일찍이『南方紀行』(1943, 全國書房)이란 동남아 여행기를 출판하여 평판을 받기도 하였다.

다음은 시바 료타로(1923~1996). 오사카(大阪) 태생으로 오사카 외국어학교 몽고어과 출신이라는 특이한 학력의 소유자이기도 한 그는 일본예술원 회원으로 일본예술원 은사상(恩賜賞)을 비롯, 나오끼상(直木賞)·기꾸지깡상(菊池寬賞)·요시가와 에이지문학상(吉川英治文學賞) 등을 수상하였으며,『司馬遼太郎全集』(전 32권, 文藝春秋) 외에 수십권의 역사 기행문집과 역사대담집을 써낸 다필 작가이다. 그는『언덕 위의 구름』『료마(龍馬)가 간다』등의 작품으로 우리나라에서도 폭넓은 독자층을 갖고 있는 인기작가이며, 일본에서는 '역사교사' '국민 문학작가'로 불릴 정도로 사랑을 받아 왔다.

또 한 사람 진슌신(陳舜臣; 1924~2015)은 고베(神戶) 출생으로 오사카외국어학교 인도어과를 나온 그는『阿片戰爭』(전 3권)』·『中國의 歷史』(

전 7권)』·『小說 十八史略』(전 6권) 등 중국 역사를 그린 대하 장편 외에 『琉球의 바람』(전 3권)·『山河健在』(전 3권) 등의 역사 기행문집을 남겼다.

이노우에 야스시(井上靖)의 역사 에세이집 『歷史小說의 周囲』, 강담사, 1983.

그런데 역사소설가로 구분되지는 않으면서도 수많은 역사소설(事實小說; 작가 자칭)과 시대소설을 써 남긴 작가가 있으니, 그는 연대기적으로 일본 현대문학사의 중간세대(제2세대의 늦둥이나 혹은 제3세대의 장자격이라 할)에나 속한다 할(그나마 40대의 늦깎이 문단 입성자로서의), 애칭 '일본의 작가-文豪 井上靖'으로 통하는 이노우에 야스시(1907~1991)이다. 경도제대(京都帝大) 철학과에서 미학을 전공했고 문학청년 시절 주로 시와 희곡으로 문학수업을 했던 그는 1950년 43세의 늦깎기 나이에 「鬪牛」로 문단에 공식 데뷔하여 본격적인 창작 활동에 들어서는데, 그는 중간소설류의 애정소설·세태소설·성장(자전)소설 외에 시(시집 7권)·기행·미술평론 등 현대문학의 전 장르와 주제에 걸친 문예서들을 누에 고치 실 뽑아내듯 잇달아 생산해 내고 있으며, 그걸로도 부족한 듯 『風林火山』『敦煌』『本覺坊遺文』『風濤』『孔子』 등 중국이나 일본을 무대로 한 장대(壯大)한 장편 역사소설들을 발표하여 국민적 인기작가가 된다. 일본 현대문학사의 작품 목록에 거대한 말뚝과 기념비들을 우뚝우뚝 박아 세워 놓은 '문호 井上靖'은 다정다감한 '문단 제일(최고)의 신사'라는 정평이 나 있기도 하다. 유려한 화려체 문장을 구사하는 그는 역사와 지리, 불교와 신도에도 밝고, 탁월한 경륜과 통달해 있는 세정(世情)은 끝간 데를 모를 정도로 섬세하고 자상하다. 이것이 그의 문장들을 유려하고 풍윤하게 살찌워 주는 바탕소(素)일 것이다.[14)]

(2)

그런 일본 현대문학의 숨은 거장 이노우에 야스시 씨가 1960~70년대에 세 차례에 걸친 한국 기행 행적을 남기고 있다. 1963년 4월, 1971년 11월, 1976년 8월~9월의 방한이다. 취재 여행 목적의 방한임은 물론이다.

제1차 방한은 1963년 4월의 역사소설 『風濤』 취재 목적의 방한이다. 장편 역사소설 『風濤』(1963년 10월, 講談社 간행)는 일본사에서 '元寇'

14) 1990년 노태우 대통령의 방일시 아키히토(明仁) 일왕(日王)이 양국간의 과거사에 관하여 "痛惜의 念을 금할 수 없다"는 문구를 사용하여 사죄를 하였다고 하는 바로 그 '痛惜의 念'이라는 외교적 수사 용어는 이노우에 씨 창안(?)의 문구로 알려져 있다. 과연 일본 제일의 문장가 다운 수사어라 할 만하다.

혹은 '蒙古襲來'로 불리우는 '文永의役(1274년)'과 '弘安의役(1281년)'을 몽고의 일본 침략의 전진기지가 되어 있었던 고려 측, 즉 조선 측 입장에서 쓴 작품이다.

이 1차 취재 방문 때 그는 한국 역사학계의 거두로 고려사에 정통해 있던 이병도(李丙燾) 박사로부터 관련 자료를 건네 받기도 하고,[15] 고려대학교 한국사 교수인 이홍직(李弘稙) 박사의 강화도 답사 길 안내를 받기도 한다.

야스에씨는 이때 항몽 천도의 도읍지인 강화의 지세와 관련 고적들을 살핀 후, 원구의 전진기지였던 마산[16]의 여러 고적지를 관찰한 다음

---

15) 이병도 박사로부터는 『高麗史』 외에, 『書誌』에 발표했던 이조시대의 강화도 지도를 건네받기도 한다.

16) 마산은 원구의 난 때 원(元)·고려(高麗) 양군이 2차에 걸쳐 연합군을 일본으로 발진시킨 고항(古港)이다. 이 마산의 원구 관련 고적지 탐방에서 얻은 여러 숨은 사실(史實)들을 그는 『歷史小說의 周囲』(講談社, 1983)에서 이렇게 기록(고증)하고 있다.

"마산은 급경사의 산줄기가 해안에까지 내리 치달아 있는 형국의 땅에 조성된 도시이다. 고려시대에는 현재의 번화 지구의 대부분이 바다였을 것이다. 임진란 때 조선에 출병했던 왜장(倭將) 다떼 마사무네(伊達政宗)가 축조했던 성곽의 유적이 소구릉 위에 남아 있고, 현재는 그 성곽 터에서 해안까지가 상당 거리 평탄지로 이어져 있는데, 마사무네가 축성했을 때는 그곳이 바다 속으로 돌출한 구릉이었다."(『歷史小說의 周囲』, p.92.)

"산기슭에 가까운 번화 지구에 '몽고 우물(蒙古井)'이라는 샘이 있는데, 원구의 란 때 몽고군의 군마들의 물마시던 곳이라 한다. 지금도 온종일 동네 처녀들이 물 길러 오가고 있다 한다. 물론 고려시대에는 이 부근은 연합군 진발의 부두였을 것이다. 당시는 이 부근은 조그만 어촌이었음에 틀림없고, 갑자기 일본 원정의 대군단의 출항처로서 개항되었던 것이다."(상게서, p.92.)

"이 도시의 외곽에 있는 전시중(태평양전쟁 중)의 일본군 막사 자리는 지금은 군의학교가 되어 있고… 군의학교 뒷산에는 북선군(北鮮軍)이 (6·25 때) 와서 머물렀다고 한

부산 경주를 거쳐 판문점과 휴전선 일대의 분단 지역 관찰까지 한다. 이 취재 여행에서 얻은 자료와 관련 고서적들을 해독하고,[17] 고적지 답사로 확증한 800년 전의 고전장(古戰場)의 생생한 전투 장면을 연상하면서 저자는 역사소설 『風濤』를 완성시켰을 것이다.

『井上靖 詩集』, 旺文社, 1981, 190p.

두 번째는 1971년 11월의 방한이다. 이때는 《文藝春秋》 연재물인 '불교 미술의 미학적 조형미 탐색' 취재 목적이었다. 제1차 방한 때 관찰한 불국사[18]의 석가탑과 다보탑의 아름다운 조형미를 재차 확인해 보려는 목적의 여행길임과 동시에 토함산 석굴암의 십일면 관음의 부조상(浮彫像)과 부여

다… 몽고 우물 바로 옆에는 4·19 고교생의 기념비가 서 있다."(상게서, p.92.)

17) 저자는 집필에 즈음하여, 『元史』 및 『高麗史』의 해독과 고증 과정에서 동양문고(東洋文庫)의 오카다 히데히로(岡田英弘) 씨와 경도대학 인문과학연구소의 이와무라 시노부(岩村忍) 씨 그리고 연구원들의 지도와 자문을 받았다고 『風濤』의 발문에서 밝히고 있다.

18) "불국사의 사찰 건물은 히데요시(秀吉)의 조선 침공 전쟁 때 불타 버린 것을 후일 재건한 것이나, 다보(多寶)·석가(釋迦) 양 탑은 돌탑(石塔)인 덕분에 병화를 면했는지도 모른다."(상게서, p.94.)

정림사(定林寺)의 5층 백제탑의 아름다운 조형미 관찰 목적도 겸한 여행이었다. 1차 방문 때의 미진했던 사찰 미술 관찰 성과의 보완 여행일 수도 있었겠고, 어쩌면 한국 고대 사찰(가람) 미술을 주제로 한 제2의 소설 작품 집필의 자료 조사 여행일 수도 있었겠다는 짐작이다. 그는《文藝春秋》에 발표한 답사기에서 미학 전공자답게 이들 고적들의 창건 유래와 아름다운 조형미들을 미학적 관점에서 꼼꼼하고 자상하게 그려내고 있다.

제3차 방한은 1976년 6월 초에 이루어졌다. 한국예술원의 초빙을 받은 방한 길에 12일간의 예정으로 한국의 고전적지·고사찰·석탑 답사·관찰 여행을 한 것이다. 이번 답사의 중점이 소설『風濤』와 관련된 고전적지-『日本書紀』나 중국의 고문헌에도 나오며, 한때 백제나 신라의 지배하에 있었던, 또 몽고의 침략에 저항한 삼별초(三別抄)[19]군의 최후 항전지이기도 했던- 제주도[20] 답사에 있었음은 물론이다. 13년 전에 나온

---

19) "고려는 1231년 이래 몽고의 침략을 받아 도읍을 강화도로 옮겼으나, 70년에 고려왕 원종(元宗)은 마침내 몽고에 굴복하고 그 요구에 따라 도읍을 강화도에서 구도 개성(開城)으로 옮기지 않으면 안 되었다. 그러나 그때 특별경비대 격으로 편성되어 있었던 삼별초(三別抄)는 천도를 거부하고 강화도를 떠나 진도를 거점으로 해상 항전을 계속하면서 한 때는 커다란 저항세력을 이루었다. 몽고·고려 연합군이 이들의 진압에 나서자 삼별초군은 다시 진도로부터 제주도로 거점을 옮겨 성을 쌓고 최후의 항전을 계속하였다. 그러나 1273년 성이 함락되기에 이르고, 수령 김통정(金通精)은 자결하고 1,300명의 병사들은 성을 나와 투항하고 만다. 4년간에 걸친 고려 왕조에 대한 '반란'이기는 하였으나,몽고의 제압하에 있었던 고려 최대의 비극이었다."(『歷史의 빛과 그림자』, pp.51~52.)

20) "삼별초군이 주둔했던 성곽 자리는 북제주군 애월면(涯月面) 고성리(古城里)인데, 200~300호 규모의 산간 지대의 소집락(小集落)이었다. 유적은 그 집락의 배후의

『風濤』에 미처 다 담지 못해 찜찜하고 서운한 앙금으로 남아 있었을 여러 전적지 모습이나 전투 상황들의 불완전 묘사 부분의 재판에서의 첨삭·보완을 기대한 정밀 관찰을 시도했다고도 보여진다. 이어 합천 해인사의 대장경판 관찰에 나서는데, 해인사 경판각(經板閣) 보존의 팔만대장경 또한 소설 『風濤』와 연관성 있는 소재물임은 물론이다. 그의 답사 기행은 백제와 신라의 사찰, 왕궁 터(왕궁지), 폐사찰 터, 석탑, 고분에까지 이어지는데, 그 중에서도 감은사지와 문무왕의 대왕암,[21] 석굴암, 불국사의 석가탑,[22] 다보탑, 황룡사 분황사 유적, 익산의 미륵사탑의 답사 관찰은 이노우에씨에게는 12일간의 짧은 일정으로 인한 어쩔 수 없는 주마간산격 '관광(?)'여행격이 되고 말았을지도 모르지만 그런대로

구릉지의 넓은 지역을 점하고 있고, 성벽이 무너져 내린 흔적으로 보이는 대형 토루(土壘)들이 여기저기 서 있었다. 문헌에 의하면, 삼별초군이 쌓은 성은 내성(內城)과 외성(外城)으로 구성되어 있었는데, 내성은 돌로 쌓은 성으로 삼별초의 관서(官署)가 들어서 있었고, 외성은 토성(土城)으로 그 내부는 장병이나 그 가족들의 거주지였다. 외성의 둘레는 6km로 꽤나 큰 성이었다. 그리고 구릉 북쪽의 산기슭에는 샘이 솟아 급수원이 되어 그 물이 내·외성으로 공급되고 있었다. ....성의 규모로 판단컨대, 삼별초군이 이곳에 성을 구축하고 주둔하고 있었던 당시는 그래도 아직 당당한 세력을 갖춘 병단(兵团)을 이루고 있어 '소규모 반란집단'이라 할 정도는 아니었던 것이다."(상게서, p.58.)

21) "『三國史記』에 '신하들 유언을 받들어 동해구(東海口)의 큰 바위 위에 장례지내다. 세상에서 말하기를 그 혼령이 용(龍)이 되었으므로 그 바위를 대왕암이라고 한다'고 하였는데, 그 문무왕(文武王)의 동해구의 능으로 여겨지는 유적이 실제로 발견되었다.…커다란 수중 바위의 중앙부에는 쉴 새 없이 바닷물이 흘러드는 가느다란 틈새가 나 있고(인공적으로 쪼아 판듯한) 그 흘러 드는 해수로 씻기우고 있는 부위에 커다란 돌뚜껑(덮개)이 얹혀 있다고 한다…"(『歷史의 빛과 그림자』, pp.63~64.)

22) "…불국사 석가탑의 섬세하고 치밀하게 계산된 안정감…정밀감(靜謐感)…"(『歷史의 빛과 그림자』, p.63.)

한국 고문화 유적의 일괄적 관찰일 수도 있었겠다는 생각은 든다. 그의 답사 기행문은 문예춘추사 발행의 문고판 역사 에세이집인 『歷史의 빛과 그림자』, 『歷史小說의 周囲』에 게재되어 국민작가로서 그가 확보하고 있는 많은 일본인 독자들에 의해 흥미 있고 감명깊게 읽혔으리라 짐작된다. 어찌 보면 '문화사' 합독(共讀)을 통한 한일 양국인간의 과거사 관련 '우월성·정체성 다툼'과 이념 분쟁의 완충지-평화공존 지역- 설정의 계기물이 될 수도 있겠다는 생각과 함께.

지정학적·문화사적으로 영원한 동조동근(同祖同根)·동병상련(同病相憐)의 인접국으로 운명지워져 있는 한일 양국인들의, 문화(사) 교류를 통한 지일(친일)파·지한(친한)파 배양-상시적 '한일간 긴장관계 완화' 작업의 가교나 채널 가동-의 자그마한 실마리가 될 수도 있는, 전후 일본 제1의 원로 인기작가-양국간의 오랜 갈등과 애증의 역사의 근원을 적지 않게 파악하고 있어 보이는-의 현지 탐방 기행문이 과거(사) 왜곡·망각증에 빠져 있는 한일 양국의 전후 세대들에게 던져 줄 수도 있을 조그마한 경각심과 교훈의 메시지 역할을 야스에 씨의 한국 문화사 탐방 여행과 기행문에서 기대한다는 것이 좀 과분하고 엉뚱한 소망일지도 모르지만.

이은상의 가곡시(歌曲詩)와 동요시(童謠詩)들

《朝鮮文壇》에 시를 발표함으로써 문단에 나와 시·시조·기행문·사화(史話)·인물전기 등 문사철(文史哲) 모든 분야와 주제의 전인미답의 현대 국학의 처녀림에 발을 딛고 들어가 굵직굵직한 거목들을 일구어 낸 노산 이은상(李殷相)은 그러니 현대 조선이 배출해 낸 으뜸가는 시인이요 사학자요 국학자이며 문장가로 우러러도 좋을 것이다.

그의 창작 시조들은 '노산 특유의 재기(才氣)와 기교의 조탁으로 사경(寫景)과 서정(抒情)을 일체화한 묘경(妙境)에 이르러 있다'는 문단사적 평가를 받고 있는 절창들이다. 특히 1932년에 세상에 나온 처녀 시집 『鷺山時調集』에 실린 110여 수(首)의 시조들에 대해서도 평가들은 모두 '…청춘기 애상과 동양적인 무상 및 명승지를 편력하며 즉흥적인 심회를 읊은 나이브한 서정적 시조로서 시조를 시에 접종시킨 것…'이란 상찬을 아끼지 않는다.

그러한 그의 서정적 시편들은 또한 당연히 3천만 조선인 애청자들의 심금을 울려 주었던 주옥같은 창작 가곡들의 주제시(소재시)로 애용될 수밖에 없었던 것이니, 서양음악 전공의 우리 창작 가곡 작곡의 선구자들은 앞다투어 그의 시구들을 창작 가곡의 가사로 빌려 썼던 것이다.

필자도 중고등학생 시절부터 이은상 작사의 가곡들을 빠짐없이 가사 한 절, 음정 하나 틀리지 않게 불러 오는 '이은상 가곡'의 애창자이기도 하지만, 최근 우연한 기회에 이은상 가곡의 또 다른 어느 애창가(숭배자)의 추적에 의한 이은상 가곡의 창작 비결과 일화에 접하고, 도대체 이은상 시를 빌려 작곡된 가곡은 몇 편이나 되는지 알아보고 싶은 충동에 사로잡혔었다.

'이은상 작사+이흥렬 작곡'의 동요 12곡이 수록된 동요곡집 『어린이노래』(이순희, 편; 대전보육대학; 1962)의 표지.

그리하여 이은상 관련 모든 문학서나 여러 가곡사 이야기들을 섭렵하며 요즈음 유행하는 소위 그 '전수(全數) 조사'라는 것을 해보니, 문헌상으로 밝혀진 것만 해도 24편이나 되었다. 한 사람의 24편의 창작시에 여러 명의 작곡자들이 앞다투어 경쟁하듯 주옥같은 가곡들을 써 냈다는 이 사실, 이것이야말로 작사가에게는 무한한 영광이라 아니할 수 없을 것이다.

필자가 전수 조사 방식으로 알아낸 이은상 가곡 24편의 작곡자는 홍난파·박태준·현제명·채동선·김세형·이흥렬·김성태·김동진이다. 초창기 한국 예술가곡의 삼총사니 오총사니 혹은 팔대가니 하는 식의 애칭으로도 불리는 여덟 작곡가가 앞다투어 24편을 작곡해 낸 것이다. 그 내역은 이렇다.

홍난파(洪蘭波);
「성불사의 밤」「고향생각」「봄처녀」「옛동산에 올라」「장안사」「금강에 살으리랏다」「그리움」

박태준(朴泰俊);
「사우(思友; 동무생각)」

현제명(玄濟明);
「그 집앞」「조선의 노래」

채동선(蔡東鮮);
「그리워」(정지용 가사의 '망향'을 개제·개작한 것)

김세형(金世炯);
「염주」

이흥렬(李興烈);
「강노래」「무심천을 지나며」「무심천의 노래」「가서나 살고 싶은 곳」

김성태(金聖泰);
「오륙도」「산백합」「가야산」「꽃 앞에서」(연가곡)

김동진(金東振);
「가고파」「우리 속리산」「彈琴臺」

홍난파 한 사람이 무려 8곡을 작곡하고 있는데, 만약 그가 더 오래 살았더라면 더 많은 이은상 시를 작곡했을지 모른다.

이 가곡들은 주로 국토 기행, 고향 생각(향수), 친구 생각(사우), 남녀간 사모의 정(애련의 정) 등을 주제로 담은 시들에 곡을 붙인 것인데, 그 싯귀들 속에는 은근히 망국(민)의 설음이 구구절절 은유되어 있음 또한 짐작하기 어렵지 않다.

이 가곡들이 작곡되어 나왔던 시절의 나라 빼앗긴 우리 망국·실향민 백성들은 남녀노유 가릴 것 없이 때로는 애국가 부르는 심정으로 이 노래들을 부르기도 했을 전통도 상기하지 않으면 안될 것이다.

『어린이노래』에 실린 '이은상 작사+이흥렬 작곡' 「봄 노래」 악보.

그런데 우리 예술 가곡사에 이처럼 뛰어난 명시 작사가로 기록되어 있는 이은상 시인이 또한 여러 편의 창작 동요곡에 동요시를 썼음은 그리 잘 알려져 있지 않다. 이은상은 일제 암흑기의 청년 시절에 「바우고개」의 작곡자 이흥렬(1909~1980)의 동요 작곡 작업에 작사가로 참여했는데, 1930년대의 20대 초반의 이흥렬과 이은상은 이 땅에 동요가 적은 것을 개탄하며 서로 작사·작곡을 분담하여 21편의 동요를 작곡했던 것이다.

필자는 '이은상 시 전수 조사' 과정에서 뜻밖에도 '이은상 작사+이흥렬 작곡'의 동요 21곡이 수록된 동요곡집 『꽃동산』(五線社, 1937)과 그중 12곡만 선별 수록한 『어린이 노래』(이순희 편; 대전보육대학; 1962)와 한 편만을 선별 수록한 세광출판사 발행의 수진본 동요곡집 『어린이 노래』(1959)를 찾아냈는데, 이 세 권의 책에서 악보 딸린 총 21편의 동요를 찾아낸 것이다. 『꽃동산』에 수록된 21편의 총목록은 이렇다.

세광출판사 발행의 수정본 동요곡집 『어린이 노래』(1959)

「봄노래」「봉선화 노래」「진달래 노래」「나비 노래」「소나무의 노래」「두꺼비 노래」「까치 노래」「기러기 노래」「달노래」「고양이 노래」「편지 노래」「꾀꼬리 노래」「동산직이 노래」「단풍 노래」「선녀 노래」「매화 노래」「닭 노래」「길 가르키는 노래」「제비 노래」「아들 노래」「종달새 노래」

그런데 이은상 문학서의 전수 조사 과정에서 필자는 양인의 동요 작곡 합동 작업의 내막을 증언하는 인사의 구술 기록도 찾아 냈으니, 이는 『노산의 문학과 인간』이라는 추모문집에 실린 전 숙명여자대학교 임인영(林仁榮) 교수의 기고문이다.

"(이은상은) 언젠가 음악가 이흥렬 씨가 별세하셨단 소식을 듣고 애도의 장탄식을 하신 후, 그분과 젊은 시절에 동요의 작사·작곡을 하셨다는 것을 회상하셨다. 1930년대의 일제 질곡의 어두운 20대 초반의 양 대가는 재기환발 하는 예술가로서 어느날 어느곳에서 며칠을 묶으면서 이 땅에 동요가 적은 것을 개탄하여 선생께서 작사하면 그것을 바로 받아 이흥렬 선생께서 작곡하여 하루에 몇십개씩 양산하신 일이 있었다는 것이다. 지금 몇 개가 남아서 회자되는지 연구하여 보지 못하였으나 장차 동요사가(史家)의 연구에 보탬이 될 것 같다. 젊은 시절부터 우국의 얼과 동요 속에 내장된 주옥같은 글에 대한 백열(白熱)하는 정열을 엿볼 수 있다."

노산 이은상 시인에게 '동요 작사가'라는 월계관을 또 하나 씌워 드려야 할 것 같다.

가덕도(加德島)를 '이은상 시문학공원'으로

-이은상의 처녀작 「고향생각」(『鷺山時調集』)과 가덕도

고향생각

"어제 온 고깃배가 고향으로 간다 하기/ 소식을 전차하고 갯가으로 나갔드니/ 그배는 멀리 떠가고 물만 출렁거리오

고개를 숙으리니 모래 씻는 물결이오/ 배 뜬 곳 바라보니 구름만 뭉기뭉기/ 때 묻은 소매를 보니 고향 더욱 그립소"(1923년 8월 15일. 加德島에서)

『鷺山時調集』(한성도서, 1932)에 실려 있는 이은상의 처녀작 「고향생각」이다.

노산 이은상(1903~1982)은 마산 창신학교 재학 시절 평소 연모해 오던 두 여인과의 사랑에 두 번 실패하고 사랑의 상처가 채 아물기도 전

에 또 가친 이승규를 여의는 아픔으로(1922년) 신경쇠약증에 걸려 마산 인근 가덕도 섬에서 한동안 정양 생활을 하게 된다. 어느 날 가덕도 근해에까지 고기잡이하러 나왔다 돌아가는 고향 마산의 돛단배 어부들 편에 자신의 근황과 생필품 전달 부탁 차 물때에 맞춰 포구로 달려 나갔으나 이미 배는 떠나고 없어 모래펄에 주저앉아 절망의 심사에 울먹이는 심정을 노래한 시조이다. 한 시절 마산 동남쪽의 외딴섬 가덕도에서 보낸 방랑의 청춘 시절을 노래한 이 시를 한국 현대시조문학사에서는 이은상의 처녀작으로 매김하기도 한다.

『鷺山時調集』, 한성도서주식회사, 1932, 200p.

이 시에 홍난파가 곡을 붙여 「고향생각」을 작곡해 내는데, 이 「고향생각」은 "해는 져서 어두운데 찾아오는 사람없어 이 일 저 일을 생각하니 외롭기 한이 없다…"로 시작되는 현제명 작사·작곡의 「고향생각」과 함께 한국인 애창가곡의 으뜸곡으로 회자되고 있다.

필자도 중고등학생 시절부터 가사 한 글자 음정 하나 틀리지 않게 즐겨 불러 오고 있는 이 「고향생각」과 그 시의 창작 배경지인 가덕도에 대해서는 이은상의 탄생지 마산 노비산 아랫 동네에 못지 않은 애착심을 지니고 '내 마음 속의 가덕도'로 각인시켜 놓고 이은상의 행적 관련 기사나 후일담의 소소한 일화에도 항시 귀를 쫑긋거릴 정도의 관심을 갖게 되고 말았다.

고향생각

어제온 고깃배가 고향으로 간다하거
소식을 전차하고 갯가으로 나갓도니
그배는 멀리떠가고 물만출렁 거리오

고개를 숙오리니 모래씻는 물결이오
배뜬곧 바라보니 구름만 뭉기뭉기
때묻은 소매를보니 고향더욱 그립소

(一九二三年八月十五日 加德島에서)

24

『鷺山時調集』 속의 「고향생각」(24p에 수록)

다행스레 이은상은 그의 회고 수필에서 이 「고향생각」의 창작 배경에 관한 사연을 자세하게 밝혀 놓고 있다.

"…스무 살에 아버지를 여의고부터는 내 눈앞에 반딧불만 한 광명도 보이지 않았다. 갑자기 세상이 캄캄한 굴속같이 무서워지기도 했다. 어느결엔지 저도 몰래 병든 몸이 되었다. 무슨 병인지 몰랐다. '신경쇠약증'이란 꽤 화려한 병명쯤은 훨씬 뒤에 듣고 안 '새 지식'이었고 그때는 그저 이름없이 앓기만 했다. 이듬해(1923년) 스물한 살 때 고향 마산에서 바다를 건너 가덕도란 섬에 가서 여름을 나며 휴양하던 일이 머리에 떠오른다. '…고개를 수그리니 모래 씻는 물결이요/ 배 뜬 곳 바라보니 구름만 뭉기뭉기/ 때묻은 소매를 보니 고향 더욱 그립소….'(1923. 8. 15.) 이것이 그때 가덕도에서 지은 내 시조

창작의 처녀작이었다. 그 전에도 한 두엇 지어본 것이 있었지마는, 곡명(穀明) 변영만(卞榮晩)·위당(爲堂) 정인보(鄭寅普) 여러분들이 이것으로써 처녀작을 삼는 것이 옳다는 의견을 말했기 때문에 나도 그렇게 일러 왔거니와 나의 외로움 나의 방랑은 실로 그때부터 시작되었던 것이다."(「청춘 20년기」; 『鷺山文學選』, 探求新書 26)

영미 여러나라의 유명 문인과 유명 작품 탄생 유래지에는 으레 문학공원이나 문학비·표지석· 표지판을 세워 작고한 시인·소설가들의 문학 행적을 기리고 있음을 우리는 부럽게 바라볼 때가 많다. 이웃 일본만 하더라도 국가적 문인이나 지방의 무명 향토 문인을 막론하고 문인 탄생 성장지나 작품 탄생 배경지에 관해서는 소소한 흔적과 자취라도 소홀히 하지 않고 소중히 보존하여 기리고 있음을 우리는 자주 본다.

가덕도 유적 지도(《한겨레 21》, 2021. 4. 26.)

그러니 한국 현대 시조문학의 거장 이은상의 처녀작 탄생 유래지에 '이은상 문학공원' 하나쯤 들어서 있어야 하지 않겠는

2021년 4월 9일 현재의 부산 강서구 가덕도 대항항과 국수봉 일대. 최근 부산시가 결정한 공항 건설 예정 부지다. 부산 가덕도 남서쪽 앞바다에서 헤엄치는 상괭이.(우)

가. 필자의 과문 탓인지는 모르나 아직 그런 흔적은 발견되지 않고 있다. 지도를 펴놓고 살펴 보아도, 직접 찾아가 둘러 보아도 시인의 고향 바다가 무관심 속에 이처럼 홀대를 받아도 되는 것인지… 하는 서글픈 생각만 앞선다. 대신 들려 오는 소문-그것은 뜬금없이 가덕도에 신공항을 건설하겠다는 이야기이다. 그것도 신공항 건설의 경제성과 안전성이 제대로 검증 안 된 채 밀어 붙이는 '보선 승리' 목적만의 급조된 정략적 토목공사 계획이라는 비난과 함께.

그래서 이 신공항 건설 추진과 관련하여 필자가 나름대로 여러 문헌과 민간인 환경운동가·언론 관계자들의 분석·평가 자료를 토대로 지금은 부산시 강서구 소속으로 편입되어 있는 가덕도에 관해 요즈음 유행하는 그 '예비 타당성 조사'란 것을 해보니 오히려 신공항 건설 방침의 비경제성·생태 환경 파괴성·어족 자원 멸살 우려성·역사 유적지 훼손

16세기 중반 가덕도 서쪽에 세워진 천성진성. 임진왜란 당시 이순신 장군의 방문 기록도 있는 이 성은 군사시설로는 드물게 원형이 잘 남아 있다. 천성동 일대도 신공항이 들어서면 공항시설로 개발되어 훼손될 염려가 있다.

우려성 등의 현저한 결점만 노출되어 나오는 것이었다.

국토 개발에 정략적이고 투기성 짙은 무리수는 금물이다.

이 지역 일대는 여러 천연 자원-동식물·어족 자원-서식·군락의 보고이며, 고려 때부터의, 특히 임진왜란 전후와 근대 러일전쟁 전후의 일본의 침략 전진 기지가 남겨 놓은-보기 싫다고 그냥 불살라 버릴 수 없는-역사 유적지가 요소요소에 남아 있다. 황평우 한국문화유산정책연구소장의 말대로 "가덕도는 부산과 진해, 대마도를 연결하는 군사적 요충지이고 바다 물산이 풍부한 곳이다. 신석기시대 때부터 일제강점기까지의 역사가 다양하게 남아 있는 곳"이기도 하다.

말이 난 김에 우리는 신공항 건설 대신 가덕도와 주변 일대의 해양 지역을 한데 묶어 '야외 역사박물관'을 조성하는 프로젝트를 추진해 보았으면 어떨까 하는 생각이다.

물론 여기에 '이은상 특구'로 '가고파 시문학 공원'을 우선적으로 조성해야 함은 물론이다.

유진오의 단편소설 「滄浪亭記」의 마지막 대목에 나오는 '당인리발전소의 굴뚝에서 나오는 시커먼 석탄 연기'와 강 건너 여의도 비행장에서 울려 오는 '귀청을 울리는 요란한 비행기의 금속성 발진음' 같은 것이 가덕도 일대를 뒤덮는 일은 없어야겠다는 것이다. 마지막 남은 생태계의 보고·청정해역을 '이은상문학공원'과 어울어(한데 묶어) 사수하자는 것이다.

이가원(李家源)의 서한집 『靑李來禽藁』
-디지털 시대인들이 배워야 할 모범 서간문 문장 교범서

(1)

동서 고금의 문인·현철·석학들은 공사간에 걸친 많은 서한을 남겼는데, 이 서한들은 그들의 삶의 발자취와 인품, 그리고 생전의 문예·학술상의 업적, 공사간의 행동 궤적, 그리고 시대상(狀)의 추적에 중요한 자료가 되고 있다.

로마 제1의 변론가이며 정치가인 키케로(Cicero Marcus Tullius; 106~43 BC)는 수많은 서한을 주고 받았는데, 현재 전해지고 있는 서한은 총수 864통에 이르고 있다. 774통은 키케로가 보낸 서한이고 90통은 키케로가 받은 서한이다. 이 서한 뭉치는 (1) 「앗티크라스에게의 서한」 16권 293통 (2) 「知人에게의 서한」 16권 426통 (3) 「동생 퀸토스에게의 서한」 3권 29통 (4) 「브르토스에게의 서한」 2권 26통으로 구성되어 있다. 당시대인으로서는 엄청난 숫자의 개인 서한을 주고받은 셈이다. 그 보관·전래에 소홀함이 없었던 후세인들의 공 또한 무시할 수 없을 터이다.

이상의 많은 서한들은 2000년 전의 키케로의 생애를 알 수 있는 1차 자료가 될 뿐만 아니라 당시의 로마 세계의 모든 사회상(社會相)을 유추하는 데 중요한 자료가 되는 것이며, 문학적으로도 훌륭한 '작품'으로 평가되고 있다.

이가원(李家源)의 서한집 『靑李來禽藁』 표지.

한자 문화권인 한중일(韓中日) 세 나라만 하더라도, 유학·도학·철학 전공의 선철(先哲)이나 제자백가(諸子百家)·병법가(兵法家)들이 주고받은 서한들은 또 얼마나 많을 것인가. 이 서한들 중에는 때로 종파·학파 다툼, 영토 분쟁의 결정적 증거물이 고스란히 담겨 있었을 수도 있었겠다는 추리나 가정도 얼마든지 가능하다 할 것이다.

우리나라의 경우만 하더라도 '四端七情' 논쟁과 관련하여 퇴계(退溪) 이황(李滉; 1501~1570)과 고봉(高峯) 기대승(奇大升; 1527~1572) 두

선철들이 13년 동안 주고받은 100여 통의 증답 서한(贈答書翰)들, 국정을 관장했던 고관대작들의 공사간에 주고받은 서한들, 재야 사학자·실학자·성리학자들이 주고 받은 학문상·문예상의 이론 논쟁의 서한들, 이미 발굴되어 학술적 논평의 검증망을 통과해 햇빛을 본 서한들이 있는가 하면, 아직 서고에 묻혀 존재 자체를 인정받지 못하고 있을 불우한 처지의 공사간의 서한들이나, 반상의 주부들이 주고받은 언문체 서한들도 있을 것이다. 이들 모두 우리 한문학자나 국문학자들이 조명해 내어야 할 주요한 문화재급 사료들이라 할 것이다.

또 일본의 경우에도 도요도미 히데요시(豊臣秀吉)의 서한집인 『太閤手紙』, 도꾸가와 이에야스(德川家康)의 『家康手紙』 등 중근세 일본 최고위급 통치자들의 서한집을 비롯하여, 가와바타 야스나리(川端康成)·아쿠다가와 류노스케(芥川龍之介)·미시마 유키오(三島由紀夫) 등 수많은 근현대 문학가들의 정감에 넘치는 서한집들이 나와 있다.

서한(書翰)이라고 고상하게 이름 붙인 '편지 송답'의 현실적 기능이 일차적으로는 증답자 상호간의 일상적 삶의 실용적 정보 교환에 있는 것임은 물론이지만 그것에 멈추는 것만은 아니다. 때로는 실용적 기능을 떠난 증답자 상호간의 현실생활에서의 정서적 불만 고충 처리 목적의 '心中談論' 토로의 장이 될 수도 있다는 것이다. 이를테면 연애 편지, 병문안 편지, 축하 서한, 심중 고통사 호소 편지, 인생 상담 편지…등등이 이에 해당한다 할 것이다.

또 1960~70년대까지 유행했던-이를 테면 방송을 통한 '한밤의 음악 편지' '명사들의 인생 처방'… 등등의 서한·명언 육성 낭독 프로그램이라든지, 각 출판사나 월간지들이 단행본 혹은 부록 형식으로 내었던 『춘원서간문범』을 필두로 한 『서간문전서』(학원사, 4291년), 『밤에 쓰는 편지』(동아방송국, 1967년), 『너와 나』(김광주 편, 구문사, 1962년), 「명문 서한 20인선」(《한국문학》, 1977년 2월호) 등이 실제로 그 역할을 수행했던 것이다.

그러나 세월은 흐르고 흘러, 과학의 발달로 인한 전자 매체 기능의 무수한 변환, 그리고 그것이 초래한 초(?)디지털문화 시대의 스마트 폰 기능에 의한 정보 소통과 정서 소통 기능의 독점적 횡포는 서간 문화의 실용적·정서적 기능을 완전히 제압하고 말았다. 그러나, 이제 편지 주고 받고 하는 식의 고루한 '양반 후진 문화시대의 잔재'쯤으로 퇴출(?) 당하고 만 '시대의 이단아' 서간문 쓰기 기능을 다시 찾아 내어 북돋우어야 할 시대적 사명감이 우리 문화 현장 곳곳에서 감지되고 있음을 필자는 절실히 느끼고 있다.

마침 새로운 '서간문 쓰기' 운동의 동반자가 될 만한 교범서 한 권이 서가의 한 모퉁이에서 나타났는데, 37년간 주고 받은 358통의 예시문(例示文)이 실린 이가원 교수(1917~2000)의 서간문 모음인 『靑李來禽藁』가 바로 이 이야기의 주제서이다.

(2)

연옹(淵翁) 칠십세(七十歲) 진영(眞影)(1986년; 李鍾祥 화백)

한국 한문학[23]·고전 국문학·퇴계학·실학의 거장으로서 서(書)·화(畵)·문(文)에서도 일가를 이루었던 연민(淵民) 이가원(李家源) 전 연세대학교 교수의 서한집(書翰集)인 『靑李來禽藁』(탐구당 간, 1975)에는 1939년부터 1975년에 이르기까지의 37년간에 주고 받은 358통의 편지글이 실려 있다.

먼저 이 책의 서두에서 저자는 서한의 의의를 이렇게 정의하고 있다.

"편지란 인류와 인류 사이에 이루어진 대화이다. 혹은 아침나절에 서로 만나서 유쾌하게 대화를 나누고서 헤어진 뒤, 그날 저녁의 달빛을 대하여 다시금 그 미진한 정회를 편지로써 계속하는 일도 있거니와, 또

23) "한문학의 전통은 멀리 정인보에서 시작하여 권오돈과 이가원에 이르러 완성되었다. 이가원을 정점으로 한 연세(延世) 한문학은 단단한 학맥을 구축하여 몇 학회의 모태가 되기도 하였다"고 허경진 교수는 적고 있다.

는 얼굴을 대하여 그 새파아란 눈동자를 서로 굴리면서도 맥맥히 말 없이 헤어진 뒤, 편지로서 깊이 스며들었던 심경을 토로하는 일도 없지 않는것이다"

또 이 책의 어려운 서명인 『靑李來禽藁』과 관련, 서한집 발간의 내력과 경위를 다음과 같이 밝히고 있다.

"길고 짧음을 불구하고 모두 207家에게 왕복한 358통 중, 與가 88이요 答이 270이나 되어 居然히 권질이 이룩되었다. 통틀어 연대의 순서로 엮어 '靑李來禽藁'라 自署하였다. 이는 일찍이 晉나라 王羲之의 「靑李來禽帖」을 읽고 자못 감명깊었기 때문이다. '靑李'는 '푸른 외얏', '來禽'은 우리의 '능금'이요, 중국의 '蘋果'로서 실로 아름다운 열매였다. 뿐만이 아니라 '李'는 나의 성이요 '靑'과 '來禽'은 周나라 穆王과 西王母의 사이에 편지를 전하던 '靑鳥'를 연상케 하기도 한다. 이는 역시 우연치 않은 일이었다."

저자는 또 이 책의 서두에서, 여섯 살 이후부터 한문의 원전을 읽고 글을 쓰기도 한 관계로 한문 편지가 많았으나, 한글을 조금도 소홀히 하지 않고, 순 한글 또는 한글과 한자가 섞여진 편지를 써왔다고 예시문들의 문투에 관한 고백을 하고 있다. 이 책의 예시문들이 모두 한자·한글 혼용문임을 직설적으로 고백하고 있다. 실제로 예시문들을 읽어가면 알게 되겠지만 필자는 철저한 한자·한글 혼용론자이다.

이 책에 실린 서한들은 대략 다섯 부류로 나누어 볼 수 있다.

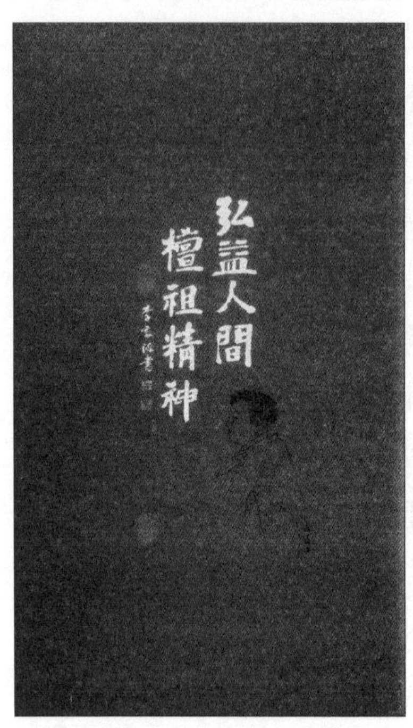

연민(淵民) 이가원(李家源) 선생의 휘호와 초상(朴魯壽 화백)

1. 학예상의 선배 인사나 동년배 교유 문예인들과의 교신

2. 문화·사회 단체 인사들과의 교신

3. 저서나 문집 수기증(受寄贈) 관련 상호 증답 서신

4. 학문상의 문의에 대한 내외국·한문 연구자나 제자·사숙인들과의 교신

5. 친인척간의 대소 경조사와 집안일·안부 소통 서신

필자는 이 다섯 부류의 서신들 중 하이라이트에 해당할만한 몇 편씩을 골라 독자들과 함께 그 사연과 문장미를 음미해 볼까 한다.

(3)

1.학예상의 선배 인사나 동년배 교유 문예인들과의 교신

“**答崔외솔鉉培**; 자부님이 손수 전달한 선생님 글월 삼가 받아 읽었습

니다. 말씀하신 바와 같이 十일 오전 九시에 꼭 연세대학교로 가서 뵙겠습니다. 그 사이 존체 안녕하시옵길 빕니다. 1958.3.8."(1957년 정음사에서 간행한 『춘향전 주석』을 본 최현배 부총장이 이가원을 백낙준 총장에게 추천하고 자부를 통해 쪽지를 전해 왔다. 이튿날 연대 총장실로 백총장을 찾아 가 인사하고 연세대 교수로 임용된다. 백낙준 총장은 연희전문 문과 시절의 동료 교수였던 정인보 선생의 부인을 통해서 이미 이가원의 존재를 알고 있었다는 것이다).

"**答朴洌巖鍾鴻**: 보내 주신 발기취지서의 초안은 10회나 熟讀하였습니다. 辭簡·意盡의 一篇은 실로 정성 어린 문자여서 餘人의 서투른 潤色이 필요치 않을 듯 싶습니다. 다만 몇 글자 朱書로 標呈하오니 僭妄을 寬恕하소서. 1970. 1. 25."(철학 관련 무슨 학회의 발기취지문 초안을 보내 와 첨삭과 교정을 부탁한 서양철학자 박종홍 박사의 서한에 대한 화답 편지인 듯싶다).

"**答兪玄民鎭午**: 늘 從容한 시간을 얻어 淸誨를 듣고자 하였으나, 기회가 잘 돌아오지 않아 한스럽게 여겼답니다. 그러나 간접적으로 調養하시는 동정은 가끔 探聞하고 있습니다. 이제 珍重하고 간곡하신 글월 내리시어, 변변치 못한 拙刊에 대하여 칭찬의 말씀을 아끼지 않으심 심히 감사하는 한편 부끄럽기 짝이 없습니다. 몇 해 앞의 일입니다. 신문지상에 발표된 선생님의 漢字專廢에 대한 담화를 읽고서 퍽이나 감명 깊었습니다. 언어·문자의 정책이란 시대의 추이에 순종하여야 되지 않겠습니까? 저도 한글의 전용은 반대하지 않습니다. 다만 협의적인 專用,

곧 한자 전폐에 대한 浮薄性을 배제하였던 것입니다. 끝으로 尊體 더욱 淸寧하심을 빌며, 尊翰을 봉독한 것이 너무나 늦어서 즉시 총총 몇 글자로써 高義에 仰答하오니, 본의 아닌 懶慢을 깊이 容赦해 주시길 바라옵니다. 1973. 8. 16."(자신의 저서 『淵民之文』 기증에 대한 유진오 박사의 칭찬의 서한에 대한 화답 편지이다. 아울러 몇 년 전의 한자 폐지 논쟁시의 한자 전폐론에 반대 의사를 표명했던 유진오 박사의 소론을 상기하며 뒤늦은 동감을 표시하고 있다. 이때 현민은 정계 입문후의 과로로 쓰러져 정양 중이었으므로 그에 대한 병문안 인사도 겸하고 있다).

*연민이 받아 읽고 위의 화답 편지를 썼다는, 현민선생이 한 달 전인 7월 15일에 보내 온 「來書」를 여기 실어 본다.

"무더위가 심하온데. 貴體 淸安하심을 앙축하오며 재작일 金慶昌씨 편에 貴著 『淵民之文』과 貴書 「石畵詩」를 보내 주시와 感荷萬萬 이옵니다. 누백년 전해 오던 이 나라 한문의 전통이 급격히 단절되어 우려를 불금인 중 홀로 이 길을 지키고 이 글을 闡揚하는 노고를 아끼지 아니하심을 항상 숭앙하던 터라, 특히 후의를 감사합니다. 다만 斯道에 대한 弟의 조예가 너무도 없어서 귀중한 글과 글씨의 뜻을 십분지 일도 味得하지 못함을 慙愧합니다. 더욱 건승하심을 빌며 이만 실례합니다.1973년 7월 15일 兪鎭午 拜."

"答尹靑谷吉重; 어느 친구에게 옥중에서 그려 보내신 매화 한 가지를 보고 靑谷兄의 마음을 알고도 남음이 있었더이다. 7년 동안 싸늘한 그 생활을 청산하시고 따뜻하고도 정성 어린 가정으로 돌아오셨음 신문지상을 통해 알았습니다마는, 한 글자 위안의 말씀도 못드렸음 못내 죄스럽게 여깁니다. 이제 주신 글월 읽고 더욱 감격했습니다. 조만간에 정치적인 문제를 떠나 몇몇 친구들과 함께 한가한 하루를 빌려 한시나 지어 읊으며 슬카장 노닐어 봅시다. 1968. 5. 30."(혁신계 정치의 거물 윤길중 씨의 7년 영어 생활 끝의 출소 축하와 교유 희망의 심정을 담아 보낸 서한. 청곡 윤길중의 시문과 서화도 일가를 이루고 있음은 물론이다).

"**與宋雨人志英**; 일전 신문지상을 통해서 형의 소식을 듣고 기뻐하였습니다. 7년 영어 생활의 나머지라, 특히 건강에 유의하여 千萬珍重하소서. 가서 뵙지 못하고 寸楮로 대신함 송구할 뿐입니다. 1969. 7. 21."(혁신계 언론인·문인인 송지영의 출옥·사회복귀 축하 편지이다. 송지영도 윤길중과 함께 연민과 한두 살 위아래의 동년배 처지로 문예상의 교류에 불편함이 없을 정도의 고전적 소양을 갖춘 분이었으므로 장래의 돈독한 교유를 희망하고 있는 듯한 눈치이다).

이들 5인 이외에도 심악(心岳) 이숭녕(李崇寧)교수, 박노수 화백, 장서가 김요슬(金約瑟) 교수, 교육자 김하득(金夏得)씨 등 수많은 사회 저명인사들에게 서신을 주거니 받거니 하고 있다. 폭넓고 깊이 있는 연민의 교유 관계를 가늠케 한다.

2. 문화·사회 단체 인사들과의 교신

"**答三·一文化賞審査委員會**; 無他! 귀위원회에서 본년 2월 14일자로 鄙生에게 발부된 3·1문화상 인문과학장려상 수상예정자 선정 통지서를 받은 바 있는 鄙生은 귀위원회의 該審査가 공정성이 결여하였음을 발견한 동시에 該受賞이 영예롭지 못한 것임을 자인하고 이를 즉시 거부 통지하나이다. 1966. 2. 20."(국내 제1급의 권위를 자랑하는 문화상 수상을 거부하는 의사 통지문인데, 거부 이유를 구체적으로 명시하지 않고 그 수상 거부의 진의를 만인에게 은근히 암시하는 듯한 간접화법 투의 항의 문구로 심의 관계자들에게 경종을 울리는 모양새를 갖추고 있다).

*위의 거부 통지문을 보내기 직전에 받은 3·1문화상 수상자 결정 통지문

"3·1문화상 수상자 결정 통지문/ 3·1상 제496호(1966. 2. 14.)/ 「수신」 이가원. 서울특별시 종로구 명륜동 3가 59/ 「제목」제7회 3·1문화상 수상 예정자 선정 통지의 건; 머리의 건. 본 위원회는 귀하를 제7회 3·1문화상 인문과학상 장려상 수상 예정자로 선정하였음을 통지 드립니다. 아울러 다음에 의거 수상식에 임하여 주시기를 바랍니다. …3·1문화상심사위원회 위원장 박종화"

*1966년의 제7회 문화상에는 이가원의 『연암소설연구』와 김동욱(金東旭)의 『춘향전연구』가 인문과학 부문 장려상 공동 수상작으로 선정되

었으나 이가원의 수상 거부로 김동욱 교수만 수상했다.

"**與全國儒林**; 不佞이 지난 6월 21일에 개최된 성균관 총회 및 유도회 결성대회에서 유도회총본부 위원장직에 당선되었음은 오로지 대의원 僉位와 전국 斯道諸彦의 적극적인 지지·성원의 大惠이므로 깊이 감사의 뜻을 표하나이다. 斯道中興의 대업완수를 위하여 경제개발 못지않게 국민 윤리 도의의 선양이 긴요되는 이 때에 菲才·薄學인 不佞이 이런 중책을 負荷하였음이 심히 愧懼勿禁이오나 다만 항시 자가반성의 강력한 실천·궁행으로써 微誠을 다할 각오이오니, 부디 倍前 성원·편달하여 주시기를 懇祈하오며, 끝으로 존체 더욱 淸康하심을 仰禱하나이다. 총총이만 갖추지 못하나이다. 1970. 7. 5."(1970년대까지만 해도 전국 유림의 세는 대단한 것이었다. 다만 정치인 출신자들이 선거 때 표를 의식해서인지 유도회총본부를 장악하려는 소동들이 자주 있어 순수 유림 관계자나 유학자 출신의 위원장을 한번 뽑아 보자는 사계의 여론들이 분분하던 시점에서 유도회총본부 위원장에 선출된 이가원이 당선·취임 인사로 전국 유림단체에 보낸 공인(公人) 유도회총본부 위원장 신분자로서의 '공개서한'이다).

"**稽白, 羅孫學兄!** 會의 발표 인사는 아직 物色하지 못했아오니, 此件 역시 전적으로 羅公의 자유결정을 믿겠습니다. 워낙 廣面인이까요. 결코 농담이 아니옵니다. 媿汗媿汗, 海諒하소서. 1964. 8. 25."(국문학이나 고전문학 관련 학회의 학술발표회 발표자 선정 관련 협의 서한이다. 연민과 나손 김동욱 교수는 연세대학교 국어국문학과 동료 교수로 전

공도 고전문학의 울타리를 거의 함께 두르고 있는 사이였다. 인간적인 상호 신뢰도의 돈독함을 보여 주는 서신의 한 구절이다. 보는 사람도 흐뭇한 심정이다).

"**答金聖峯聖培**(국어국문학회); 하찮은 인간을 염두에 잊으시지 않으시고 글월 보내 주심 실로 감사합니다. 그러나 학회는 하나의 公器임을 생각할 때에 이 불민한 弟가 형의 개인적인 인정에 이끌려서 전일 사의를 철회할 수는 없는 것입니다. 앞으로도 이 학회가 편파적이며 姦細輩의 發身을 위해 跳踉하는 개구리 운동장이 되지 말 것을 기원할 뿐입니다. 弟가 이 학회에서 물러서려는 생각은 이제 즉흥적인 것이 결코 아닙니다. 각박한 세파를 따라 휩쓸리는 그 核心에서 무슨 새로운 창조가 있겠습니까? 이상 더 사퇴를 거부하신다면 회원명부에까지도 脫去할 뜻이오니, 너무나 괴롭히지 말아 주시기를 빌어 마지 않습니다. 1965. 10. 8."(수차에 걸친 직언상·문서상의 회원 탈퇴 의사를 만류하는 회장에게 마지막 보내는 절연장이다).

"**答徐白江首生**(대구시 경북대학교); 「龜巖書院重修記」는 이제 겨우 構出하였으나 오졸하기 짝이 없으니 尊家의 본의에 부합될는지 모르겠습니다. 말씀대로 譯文도 함께 보내 드립니다. 이것 역시 졸저 『東海散藁』 중에 넣으려 하니 수정할 곳이 있을 때엔 알려 주시기를 바랍니다. 1973.10.15."(국문학자인 경북대학교 徐首生 교수가 부탁한 문중 서원 중수기를 써서 그 번역문과 함께 보내는 편지인 듯싶다).

이밖에도 「素心會展」(蘭사랑동호회展) 초청장, 제주공업사 사장(郭利夫)의 초청 강의 및 등반대회 참가 요청 사절의 답신 등, 학문과는 직접 관련 없는 사소한 동호인 행사 관련 잡무에도 신경을 써야 하는 서신들이 많이 있다.

3. 저서나 개인문집 등을 주고 받으면서 써 보낸 서신

"**與向破**; 바다에서 온 郵封 속에서 『섬에서 온 아이』는 기쁘게 받았습니다. 이에서 大向破의 노익장을 축하하지 않을 수 없겠습니다. 내용을 다 읽기 전에 먼저 九兒輩가 襲來하여 다투어 읽으려 하기에 돌려가면서 읽기를 쾌락해 주었습니다. 저의 집 아이들이 특히 향파 선생의 著籍을 애독한 것은 이미 몇 해 전의 『搖錢樹』에서부터 그러했던 것입니다. 이 책이 많이 팔려서 향파 선생의 酒債나 군색지 않게 되길 비옵니다. 총총히 몇 글자 적어 우선 경하의 뜻을 표하옵니다. 1966. 6. 13."(『섬에서 온 아이』는 향파 이주홍의 소년소설. 九兒輩는 연민의 아홉명의 아들딸들. 여러 아이들이 먼저 읽으려고 다투는 모습이 잘 묘사되어 있다.)

"**答向破**; 時潮에 알맞지 않은 책을 드리고 나서도 이 마음이 불안하여 마치 向破翁의 모진 쇠망치가 뒷통수를 치는 듯이 가만히 기다렸습니다. 그런데 뜻밖에 찬사를 내려 주시니 더욱 송구할 뿐입니다. 白居易는 老嫗로 하여금 자작시를 해독시켜 무난히 통과를 본 연후에 入藁하였다는 애기가 있는데, 이 나라 문호 향파옹이 難解라 云謂하신다면 覆瓿

[24]의 자료로 破卷을 해버려도 아무런 원망이 없겠습니다. 1968. 2. 22."

"**與向破**; 笑岳樓 主人翁의 신작이요, 신춘 바닷가의 호소식인 『海邊』을 받고 크게 기뻤습니다. 노작가의 戱咳와 笑唾가 모두 주옥임은 이미 이 世人間에도 知者가 많겠지마는 愛娘 僅四歲 은아의 扉畵와 속컷의 天眞이요, 또 地漫은 乃爺의 風이 벌써 七分이나 뵈입니다. 위선 數語로 축하의 말씀 드립니다. 1972. 1. 10."(『海邊』은 이주홍의 단편집이다).

"**與僻村朴智弘**(부산시 동래구 온천동); 며칠 전 一志社에 들렀다가 역저 『국어국문학사전』을 읽고서 바야흐로 몇 글자 축하의 말씀을 올리려던 찰나에 저자의 기증으로 이 책이 입수된 것을 더욱 기쁘게 생각하는 바입니다. 일지사 김사장의 말에 의하면 이보다 더 커다란 책을 내었으면 합니다. 오랫동안 막혔습니다. 서울 오시는 길 있으시거든 찾아주소서. 1971. 5. 29."

"**答皇山高斗東**(부산시 대신동); 귀중한 글월 주시고 또 『鄕土文化』 중에 실린 「부산의 地名解考」와 『시조문학』 중에 실린 文과 시조를 보내주심, 거듭 거듭 감사의 뜻을 표합니다. 그러나 특히 史地學에 素昧한 不佞으로서는 그 涯涘를 짐작하지 못한 채 두고 때로 공부에 資하려 합니다. 끝으로 年益高이신 황산으로서 詩益工의 老境美에 도달하시길 빌면서 이만 寒暄도 姑閣하겠습니다. 1970. 4. 25."(황산 고두동은 부산의 시조시인으로 『皇山時調集』이 있다).

24) 覆瓿(복부), 覆醬(복장); 장독 뚜껑을 함. 책이 호평을 받지 못하고, 휴지로 장독 뚜껑이 된다는 뜻.

“**與梁學農相卿**; 내려주신 시조집 『애타는 밤』은 오늘 겨우 받아 읽었습니다. 이대 이 교수에게서 전달이 늦어서 그렇게 된 것 같습니다. 참 감사합니다. 앞날 이교수와도 몇 번 언급한 일이 있었읍니다마는 학농 선생은 참 노익장이었습니다. 앞으로도 더욱 건강하시와 아름다운 작품 많이 내어 주시옵길 바랍니다. 1965. 4. 11.”(양상경은 진주의 시조시인. 이대 이교수는 시조시인 李泰極 교수임).

“**與崔庸軒漢雄**; 盛著 『가난한 祈禱者에 햇님이여 비치소서』는 잘 받아 읽었습니다. 면식이 없는 터수에 끼치지 않으시고 惠頒하여 주심 참으로 감사합니다. 높이 서가에 꽂아 傳世의 寶로 삼겠습니다. 총총 이만 그칩니다. 1969. 2. 10.”(『가난한 기도자에 햇님이여 비치소서』는 육당 최남선의 장남으로 서울대 의대 교수였던 최한웅의 시집이다. ‘로마·루르드·예루살렘순례 기행시집’이란 부제가 붙은 이 시집은 육당의 東明社 창립 60周甲과 신시 탄생 60주년을 자축하기 위하여 지금의 교보문고 빌딩 건너 피맛골 초입에 있던 동명사에서 간행한 책이다.)

“**與朴雨荷文夏**(부산시 동래구 민중병원); 참 오랫동안 못 뵈었습니다. 京洛의 風塵 속에서 醉乎·夢也로 지나는 이 인생을 잊으시지 않으시고 명저 『落書人生』을 惠及하셔서 실로 감개 깊었습니다. 주옥의 篇을 통독하기 전에 먼저 치하를 드리고, 또 책상 위에 두고 때로 읽어 인생 삶이에 커다란 資益이 될 것을 기대하면서 오늘은 이만 그칩니다. 앞으로 더욱 淸健하옵고 譔運이 大亨하시길 빌어 마지 않습니다. 1972. 4. 29.”(1918년 부산 동래구에서 태어난 박문하는 동래구에서 민중병원을 개업하여 의술을 펴는 한편 여러 권의 수필집을 낸 의사 수필가이다. 의사 수필가로 명망을 날리는 崔臣海 박사와 의술과 문업 양면에서 세인들의 높은 추앙을 받았던 그는 1963년에도 『人生双和湯』이란 수필집을 낸 바 있다. 향파 이주홍은 박문하의 위 두 수필집에 서문을 써 주었다).

"答盧君大榮(대전성공회 주교); 변변치 못한 책을 반갑게 받아주신 것만으로도 벌써 만족하였습니다. 아울러 글월까지 보내시어 더욱 감사하게 생각하는 바입니다. 외국 학자로서 한글을 가장 사랑해 주시었고, 또 한국 한문학에까지 깊이 인식하시는 노주교님께 존경하지 않을 수 없는 것이 이 사람의 꾸밈이 없는 소회랍니다. 앞으로도 더 한칭 학문의 뉴대를 맺아 이 고루함을 열어 주시기를 바라마지 않습니다. 1972.8.21."(본명이 Richard Rutt인 노대영은 영국 성공회 주교로서 대전교구장 직을 맡고 있었다. 그는 1964년에 『Korean works and days(한국인의 노동과 일상)』이라는 책을 내었다. 또 1970년에 개최된 서울펜대회의 발제 강연문인 「동양의 해학」을 이은상 시인과 黃希榮 대전대학 교수와의 3자 협의하에 번역하였으며, 우리나라 역대 시조와 현대시조를 가려 뽑아서 황희영과 공동으로 영한 대역 시집을 발간하여 펜대회 대표 회원들에게 무료로 배포하기도 하였다. 그는 『감과 겨울과 韓國人』이란 수필집을 낸 감리교신학대학 교수 朴大仁(Edward E. Poitrus)과 함께 한국어를 한국인들보다 더 우아하고 유려하게 구사한다는 평을 받았다.)

"**與金君允植**(서울대학교 사범대학); 역저 『近代韓國文學硏究』를 받아 읽고 느낀 바 많았습니다. 곧 몇 글자로 感意를 표하려 하였읍니다만 此·彼日 하고 있다 이렇게 늦어졌습니다. 두고 두고 案上의 지보로 여기겠습니다. 끝으로 箸祺를 빌어 마지 않습니다. 1973. 6. 1."(당시 서울사대 교수로 있었던 소장 문학평론가 김윤식 교수는 후일 밤낮 없이 100여권의 저서를 써내어 숫자상으로는 연민 선생보다 더 많은 책을 쓴 것으로 알려져 있다).

"**答李君昌世**(亞世亞文化社); 정의 어린 글월 주시고, 또 귀중한 『動安居士集』 景印本을 보내 주심에 대하여 거듭 거듭 感意를 표합니다. 경제사정이 이러한 이 마적에 夙志를 이룩하시어 淺人에까지 혜택이 미쳤음은 경탄하지 않을 수 없는 사실입니다. 다만 弟로서 도와 드릴 일이 있다면, 때때로 말씀해 주시길 바랍니다. 이 세상은 각박해졌답니다. 관리의 생활을 弊履처럼 버리시고 이 겨레와 이 학계를 위하여 헌신하신다는 것은 실로 어려운 일입니다. 존체 더욱 청강하시어 該業에 전심하시길 빌며 오늘은 이만 줄입니다. 1973. 9. 10."(국립중앙도서관장 직을 '헌 신짝처럼' 집어 던지고 고전적 影印·飜刻 사업에 뛰어든 이창세 아세아문화사 사장에의 답신이다. 연민 선생이나 이창세 사장간에 우리 민족문화의 소중한 재보인 고전적 발굴·영인 작업에의 '거대한 욕심'이 꿈틀거리고 있음이 감지되는 서한이다.)

지면 관계로 이상 11편의 서한밖에 예시할 수 없음이 아쉽게 여겨진다. 독자들도 기회 닿는대로 이 책을 구하여 통독, 연민 선생 서간문의 깊은 맛을 음미해 보시기 바란다.

4.학문상 문의에 대한 내외 국·한문 연구자나 제자·사숙인들과의 교신

"**答金君忠孝**(진주시 三信書籍); 주신 글월은 곧 받아 읽었습니다. 金尙鎔의 '왜 사냐건 웃지요'를 漢譯한다면, '何以生爲? 笑而不答'이 될 것입니다. 그러나 어쩐지 옹졸하기 짝이 없습니다. 이는 우리 시와 한시가 같지 않은 까닭입니다. 1965. 5.23."(도연명의 '採菊東籬下 悠然見南山…笑而不答 心自閑'의 구절이 연상된다. 질의자가 삼신서적 주인이나 종업원인지 알 수 없고, 혹은 그냥 주소만 빌린 어느 연구자나 감상인인지 알 수 없으나, 그런 귀천상하? 연배나 친소 관계 따지지 않고 생면부지의 초대면 인사에게 친절한 해설 붙인 답장을 해준 연민 선생의 학자로서의 금도가 엿보인다).

"**答朴君榮鎬**(경북 예천군 용남면 上金南村); 지나친 南君의 소개에 지나치신 사연에는 먼저 부끄러운 뜻을 표하지 않을 수 없겠습니다. 농촌의 至樂을 향유하면서 주경야독으로 목표를 삼고 혼탁한 이 세파 중에 홀로 우뚝히 윤리권내에 孶孶하시는 그 의지에 감탄하지 않을 수 없겠습니다. 陶山哲學에 대해서는 罪弟에게는 물론 家學입니다마는 일찍이 깊이 연구한 바 없어서 이제 무어라 仰答할는지를 모르겠습니다.《東方學志》는 연세대학교 출판부로 請購하면 될 것입니다. 끝으로 兄의 學과

農이 함께 通과 豊이 계시기를 빌며 荒迷不次하나이다. 1966. 2. 17."

"**答榮鎬**; 문의한 「退陶先生書帖」은 직접 拜觀하지 않고는 무어라고 운위하기엔 어렵다고 생각됩니다. 만일 명백히 알아야 하겠다면 일차 상경하여 표기의 電番으로 掛話하여 주길 바랍니다. 1973. 9. 25."(두 편 모두 퇴계선생 관련 학설과 서첩에 관한 문의인데, 이는 연민선생이 퇴계선생 직계 후손의 한문학자이심을 알고서 존대하는 마음 더욱 강한 영광스런 심정으로 올려온 서간인 것임은 분명하다. 그럼에도 연민선생은 학설과 서첩의 고증에 신중을 기하고 있음을 알 수 있다. 이런 학예상의 질의 응답 서간을 통해 두 분 사이에는 사숙을 통한 돈독한 사제관계가 형성되어 갔을 것이다.)

"**答中島健一**(일본 奈良縣奈良市); 멀리 보내 주신 편지는 잘 받아 읽었습니다. 「兩班傳」을 어떤 각도에서 연구하시는지는 모르겠으나, 拙譯 『李朝漢文小說選』 중에 該傳이 들어 있습니다. 그러나 이것은 번역에 지나지 않는 것이었고, 다만 拙著 『燕巖小說硏究』 중에 상세한 것이 실려 있으니, 참고하여 주시기를 바랍니다. 該書는 1965년에 을유문화사 간 「한국문화총서」 제18집으로 되어 있습니다. 1968. 10. 23."(「兩班傳」을 연구하는 일본인 한국 고전 연구자에게 보낸 서지 자료 안내 편지이다.)

"**答崔君靜和**(부여군 鴻山面 土亭里); 내리신 葉書 중에 韓·漢倂用論은 지당하신 이론이었습니다. 一백 四十人이 함께 읽어서 참고로 삼겠습니다. 대단히 감사합니다. 앞으로도 많은 성원이 있으시기를 바라며, 총총이만 그칩니다. 1969. 2. 21" "**答韓君蘇顯**(서울 동대문구 橋北洞); 韓長

老께서 내리신 격려하신 글월을 읽고서 감탄하였습니다. 간략한 몇 조항으로서 한자 폐기적인 한글 전용론자의 커다란 오류를 유감 없을 만큼 잘 지적하였읍디다 그려! 작일에 비로소 延大로부터 惠翰을 받았으므로 답신이 늦어졌음 죄송하게 여깁니다. 앞으로 많은 성원이 있으시기를 비옵니다. 1969. 2. 21."(두 편 모두 한자 폐지·한글 전용론에 대한 반박 취지의 응원 편지에 대한 답신이다. '140인…' 운운한 것은 연민선생 주재의 한자 폐지 반대 운동 모임의 회원 숫자인 듯싶다).

"答許君捲洙(경남 함안군 法守面 輪外里 輪山洞 781 마산고등학교 2년생); 한글을 전용하겠다고 운위한 지 얼마 아니된 오늘에 新進의 昏迷는 이미 말할 수 없는 경지에 이르렀으니 이 얼마나 개탄할 일이겠는가? 한문의 문법에 대한 물음은 당연한 요구였고, 또 나로서도 당연히 해답이 있어야 할 것이라 생각되는군요. 그러나 편지로서는 이루 다 열거해 명시하기엔 어려우니 拙著『漢文新講』(신구문화사, 간)을 구득해 읽어 주시길 바란다. 冗務에 골몰하여 몇 글자의 답서 이제 겨우 보내드려 송구히 생각하는 바이다. 1969. 12. 20.""答捲洙; 1.嘉靖은 明의 연호였고, 44년은 곧 乙丑이다. 「세계연대표」를 참고해 주길 바란다. 2. 한국한문학회는 그대로 존속되고 있는 모양이다. 3.平仄法-仄仄平平仄仄平 平平仄仄仄平平 平平仄仄平平仄 仄仄平平仄平平. 1970. 8. 13."(두 편 모두 사숙생격인 함안 거주의 홍안의 고등학교 2학년생 허권수의 한문 문법과 한시 작법에 관한 편지 질의에 답변한 것이다. 허권수는 후일 대학의 한문학 수련 과정을 마친 뒤 경상대학교 교수가 되었으며 한문학에 관한 다수의 연구 업적과 저술을 남기고 있다. 특히 그는 최근에 『연민 이가원 평전』을 지어 스승의 은혜에 보답(?)하고 있는데, 어느 글에선가, 자기는 연민선생의 지도로 일찍부터 한문에 관한 기초적인 문리를 터득할 수 있었다고 고백하고 있다. 이 편지가 바로 그 증거인 셈이다.)

"**答延君濟翊**(경기도 이천읍); 답신이 너무 늦어서 죄송합니다. 그 실은 **貴翰**이 篋中에서 늦게 발견되었기 때문입니다. 널리 용서하소서. 말씀하신 「敬齋箴」은 『雅誦』 중에 전편이 실려 있는 바 찾아 주시기를 바랍니다. 『朱子大全』에도 실렸으나 얻어 읽기 어려운 서적입니다. 1971. 3. 1."(한문 동호인의 고문 구절의 출처 문의에 대한 답변이다).

"**答立山芳隆**(日本熊本縣球磨郡); 7월 12일자 **貴翰**은 잘 받았습니다. 멀리 주신 성의에 보답이 늦어 罪媿롭습니다. 물으신 成道令·李春香說은 이제 이 좁은 지면으로서는 상세히 설명하기에 어려울 것이므로 拙著 『韓文學硏究』(1969년 탐구당,간) 40葉의 「陶山別曲贅論」과 301葉의 「春香傳硏究 嘗試」를 참고해 주시길 바랍니다. 1973. 9. 11"(한 일본인 연구가의 「春香傳」 문의에 대한 회신).

"**與鄭良婉**(서울시 滄川洞); 새 해를 맞이하여 侍節이 安福하옵니까? 번역사업은 얼마나 추진되었으며, 畢業論文 「隱語硏究」의 자료는 얼마나 收輯되었는죠? 日間 짬 나시는 대로 수삼 일 오셔서 이곳 일을 좀 도와 주셨으면 감사하겠습니다. 총총 갖추지 못합니다. 丙申 (1956) 元月 初九朝."(정양완은 정인보선생의 막내 女息으로 이 편지가 오간 1956년에는 대학원 재학중으로 국어사 관련 학위 논문 준비에 분망할 때였을 것이다. 그런 줄 알면서도, 아니 어쩌면 아르바이트성 자료 정리나 원고 정리(?) 일을 맡기려고 편지로 부른 것이 아닌가 싶다. 이때 연민 선생은 성균관대학교 교수로 있을 때였다.)

"**答丁石軒奎福**(서울시 滄川洞; 滯邱時); 피차 적조한 나머지에 先施는 실로 감사합니다. 拙注 「春香傳」을 講讀으로 써 주시고, 또 還京하시는 날 枉顧하시겠다 하옴 더욱 감격합니다. 『西浦集』은 방금 친구에게 빌려 주었으니 찾는 대로 빌려 드리겠습니다. 총총 이만 그칩니다. 1965. 12. 21"(국문학자 정규복 교수에의 貸書 약속 답장이다. 어지간 해서는 책을 빌려 주지 않는 법인데, 빌려 주겠다는 것은, 앞에 나오는 '先施'의 혜택이 얼마나 큰 것이었겠는가 하는 짐작을 가능케 한다. 차마 대서를 거절하기 어려울 정도의 '先施'! 인지상정의 정리로 보아도 좋을 일일 것이다).

"**答漢陽社編輯室**(일본 東京都); 주신 글월은 잘 받아 읽었습니다. 참으로 감사하였습니다. '연암 실학사상'에 대해서 귀지에 졸고를 싣고자 하셨으나, 실은 내가 국내 여러 잡지 중에도 별로 글을 쓰지 못했습니다. 이는 일부러 쓰지 않았다기보다도 쓸 줄을 몰랐기 때문이었습니다. 그리고 연암의 실학에 대해서는 이미 졸저 『연암소설 연구』 중에 상세히 실렸으므로 이제 다시금 사족을 달기에는 주저하지 않을 수 없겠습니다. 그래서 귀사에서 앞서와 이번 두 차례의 간곡하신 부탁이 있었음에도 불구하고 선연히 응해 드리지 못하옴 크게 송구히 여기는 바입니다. 더욱이 교포 여러분의 애국·애족의 뜻에 보답하지 못하옴 무어라 말씀 드릴는지를 모르겠습니다. 이런 실정을 잘 양지하시와 과히 책망 말아 주시기를 바라오며, 또 귀지의 번영을 충심껏 빌어 마지않습니다. 1966. 4. 15." "**答漢陽社編輯室**; 간곡하신 三度의 청탁에 느꺼움 실로 많소이다. 亂藁 몇 장을 동봉하오니 査收하소서. 총총 이만 그칩니다. 1966. 6. 1"(세 차례에 걸친 끈질기고도 간곡한 원고 청탁에 굴복하시고 만 연민 선생님!)

이상의 13편의 서신을 통해, 연민선생의 해·내외에 걸친 '국경 없는' 숭배인·동호인들과의 기탄 없고 정의에 넘친 학술적·인간적 교류의 자취를 엿볼 수가 있을 것이다. 가지 수많이 뻗은 한 그루의 우람한 거목을 연상시키는 족적들이다.

5. 친인척간에 주고 받은 가족 일 챙기기 편지와 친지간의 경조사 일 챙기기 편지

마지막으로 친인척간의 대소 경조사와 집안 일 챙기기, 그리고 안부문의 서신들을 들여다 볼 차례다. 연민선생의 가족사의 일부를 살짝 들여다보는 행운을 얻었다 할까?

"**寄季弟之源**(安東郡 陶山面 土溪洞 陽坪); 오랫동안 편지 못 보내 이 마음 송구할 뿐이란다. 그 사이 아버님 기력 만강하옵시고 君도 어린애들도 무고한지? 이 곳은 어머님 근력 좋으시고 다른 일 없으니 그리 알아다오. 나의 신원증명서 한 통이 필요하여 도산면장에게 두 차례 편지했으나 아직 아무런 회답 없으니 君이 직접 가서 찾아 보내 다오. 나는 원고 정리 관계로 아무 곳 人事도 못치르니 답답하여라. 총총 이만 그친다. 1962. 8. 3."(요즘처럼 몇 분 만에 서울에 앉아서 온라인으로 신원증명서 뗄 때와는 엄청나게 다른, 반 원시시대적 민원서류 발급 시절이었다. 안동까지 하루 종일 걸려 직접 가서 발부 받거나 친인척을 시켜 발부받아 우편으로 전해 받거나…하는 도리밖에.)

"**答向破·朴僻村智弘**; 鄙家 李·朴 郎娘의 혼사를 위하여, 떡도 자시지 못하는 먼 거리에서 **餠代錢**을 후히 **惠擲**하심 실로 감사하였습니다. 草草 몇 글자를 올려 高義에 奉答하나이다. 1973. 1. 31"(향파 이주홍과 박지홍에게 보낸 아들 혼례식 관련 인사장)

"**寄長兒東活**(서울시 명륜동); 機上에서 너희들의 생각이 나서 몇 글자 적는다. 安着 즉후에도 다시금 보내리라. 1969. 8. 17. CAL機上에서"(해외여행 중의 비행기 안에서 큰아들에게 보낸 편지. 짤막한 엽서 편지였으리라.)

"**寄東活**; 동활아! 그 사이 모두들 편안하였겠지? 그저 궁금하구나. 안동 작은할아버지께서 퇴원하셨으며, 榮州 진갑에 너희들 중에 누구가 내려갔는지 역시 궁금하며 東湜·慧郎은 2학기 등록이 끝났으며, 어린애들도 면면 잘 노는지, 그 사이 아무런 소식 못들어 가깝하구나! 나는 9월 3일에 CAL機便으로 귀국할 예정이니 우리 시간으로 상오 8시 경에

도착한단다. 그때에 공항으로 나오길 바란다. 성균관재단과 金相九 교수에게도 알려다오. 1969. 8. 29."

"**與僻村**; 적조했습니다. 이 해도 하염없이 저물어 갑니다. 방학 중에나 한 번 만나 뵐는지요? '僻村書屋'은 벌써 가을에 써서 두었는데, 鄭載杓님이 보시고 艸丁의 亞字房에 위촉하여 멋있게 粧額하여 주인공의 따뜻한 손을 기다리고 있답니다. 향파의 《文學時代》에 원고 재촉이 星火 같기에 「僻村書屋」이라는 戱筆을 보냈습니다. 총총 不備. 1965. 12. 21."(친구 벽촌 박지홍에게 써준 서재 이름 '僻村書屋' 이야기).

"**答丁山猶海重**(서울 민중서관); 山猶兄! 먼저 새해를 맞이하시와 새로운 구상으로 가치 있는 사업을 마련하였음을 축하합니다. 신설 社名은 '唯美社'로 하여 보시면 어떨까요? 국내외의 문물에 관한 번역 출판이 목적이시라니 더욱 좋을 것 같습니다. 유미주의란 말도 있거니와 특히 번역은 유미적이라야 합니다. 그리고 외람된 생각일는지 모르겠읍니다마는 茶山先生의 表德인 美庸에서 美字를 떼온 것입니다. 혹 雅懷에 맞지 않거든 다시 말씀해 주시길 바랍니다. 도타운 선물과 高漢에 관한 사진 數點 더욱 감사합니다. 끝으로 뜻하신 사업이 번영하시길 거듭 비옵니다. 1965. 2. 7."

(4)

이 서한집 한 권으로 연민 이가원 선생의 인생 역정을 샅샅이 뒤지고 더듬어 본 셈이다.

난해한 단어와 어투의 국한(國漢) 혼용의 구어체 문구가 주된 문양(文樣)을 이루고 있다고 할 수 있을지 모르겠다. 하지만 한글 전용 이후에 하향 평준화의 길을 내리 치닫고 있는 우리 교양인들의 천박한 구문(構文) 실력과 비열한 언어 구사 능력에의 식상은 이 '固陋·難澁'한 국한(國漢) 혼용의 고문투에의 향수를 불러일으킨다. 이 『靑李來禽藁』에 실린 358편의 서간문들을 통독하면서, 필자는 수없이 튀어 나오는 생소한 한자어와의 싸움에 옥편을 수없이 뒤질 수밖에 없었다. 50여년만의 일이었다. 그래도 남는 것이 있었다면, 이 서한들 속에 깃들어 있는 연민선생 독특의 문장미-연민 특유의 골계미와 해학에 넘치는 문투로 읽는 이로 하여금 소복(笑福)을 누리게 하는-를 맛볼 수 있었다는 행운 바로 그것이었다.

디지털 시대인들이 읽고 배워야 할 모범 서간문 문장 교범으로 추천하고 싶다.

혁명의 봉화불, 박 소장의 친서들

-李學洙 회고록 『이 땅은 우리 땅이다』 속의 박정희 대통령 이야기

(1)

'5·16'이 쿠데타냐 혁명이냐 하는 법률적·학술적·정치적 논쟁은 60년의 세월이 흐른 오늘 이 시점에도 멈출 줄을 모른다. 잊어버릴 만하면 장막을 여는 이 논쟁의 장은 이제는 학술적 토구의 무대를 떠나 주로 대선·총선 국면이나 인사청문회 석상에서 정략적인 톤으로 펼쳐진다. 바른 역사를 기록하자는 소망보다는 정파 간 세력 간의 이념 다툼이나 이해 다툼의 목적에나 동원되는 한낱 구호성 주제어(구)로 전락하고 말았다. 그러니 대한민국의 역사가 진행되는 동안 앞으로도 이 논쟁의 불꽃은 사그라들지 않을 것이다.

역사는 당시대(인)의 평가보다는 다년간의 시간적 격리와 숙성의 유예 기간을 거친 후에 올바른 평가와 기술이 가능해진다는 명제에 입

이학수(李學洙) 회고록 『이 땅은 우리 땅이다』 표지

각, 60년이 지난 '5·16'의 정체는 과연 어느 선에서 개념 정의를 매듭지어야 할 것인가? 유감스럽게도 여전히 '쿠데타'냐 '혁명'이냐의 날선 공방은 멎지 않고 있다.

다만 다수의 사학도나 논객·교양인들의 담론 속에 깃들어 있는 '5·16은 성공한 쿠데타이다' '5·16은 국민혁명으로 승화된 성공한 혁명이다'라는 명제에 주목할 필요가 있음을 필자는 점차 확신하기에 이르렀다. 그러면서도 이 명제를 검증하기 위해 필자는 '5·16'에 관한 보다 구체적인 사실(史實)의 꼼꼼하고도 방대한 자료 섭렵이 필요함을 느꼈다. 특히 거사 과정에 관련된 비공개의 은폐된 문헌의 추적이야말로 때로는 올바른 사실의 기술과 사론의 정립에 이바지할 수도 있을 것이라는 신념에서이다.

50년 동안 필자가 기를 쓰고 수집해 놓은 '5·16' 관련 자료들-대표적 관찬서인 『韓國軍事革命史』를 비롯한 수많은 각계각층 인사들의 사적 회고록·증언록들, 학술적 논쟁의 담론서들, 그리고 벌떼같이 달려드는 취재 기자들의 르포물들, 흥미 위주의 삼류 작가들의 여러 비사(祕史)들…. 필자는 그 중 신빙성이 높다고 판단되는 『韓國軍事革命史』와 김종신(金鍾信)의 『零時의 횃불』 그리고 이학수(李學洙)의 『이 땅은 우리 땅이다』를 읽어 보기로 하였다.

(2)

그 중에서도 혁명 유인물 인쇄의 주동자였던 광명인쇄공사(光明印刷公社) 사장 이학수의 회고록 『이 땅은 우리 땅이다』는 '5·16'에 얽힌 공사간의 많은 인사들의 목숨을 건 거사 추진 행각의 비밀스런 장면들을 많이 기록하고 있다. 3여년에 걸친 박정희 소장 주도하의 혁명 주도 인사들의 동지 포섭 공작, 자금 염출 작전, 혁명 유인물 인쇄와 전단 공중 살포, 거사 당일의 병력 출동 및 서울 진입 작전 과정에서의 아슬아슬한 목숨을 건 전투 수행 장면 등을 상세히 기술하고 있다. 그중 '5·16'의 역사 기술의 한 전제가 될 '史論書' 아닌 '史談(譚)' 성격이 짙은 이 책의 손에 땀을 쥐게 하는 하이라이트 대목의 여러 장면, 그것은 박정희 소장 특유의 '친서 투입 공작'이다.

박정희 소장은 거사 모의, 진행 과정 속의 숨가쁜 고비마다 수시로 돌출하는 장애 요소 제거와 위기 상황 탈출 시도의 기지에 찬 처방전의 하나라 할 '친서(설득) 공세'를 펼치고 있다. 이 책에는 박 소장이 그때 보낸 자필 친서가 9편 수록되어 있다.

정군 운동, 거사자금 염출, 혁명 유인물 인쇄, 전단 살포, 거사 실행 관련 일시와 행동 지침 (출동 계획) 통보, 장도영 총장에의 혁명 동참 요구 최후통첩 등이 담긴 친서들을 써서 거주지인 서울과 보직처인 대구를 오르내리며 수하의 부관들을 통해 당사자들에게 전달하고 있다.

필자는 이 9편의 친서들의 문구와 작성 배경들을 독자들에게 간략히 소개하며 '5·16' 전야의 숨가빴던 모의 장면들을 연상해 볼까 한다.

(3)

박소장은 혁명 모의의 시작 과정과 종료 과정에서 각각 직속 상관인 육군의 최고위 통솔자인 참모총장에게 친필 건의 서한을 보내고 있다.

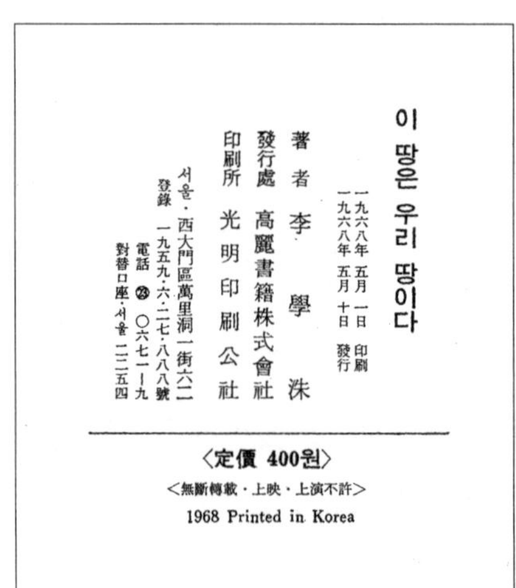
이 땅은 우리 땅이다
一九六八年 五月 一日 印刷
一九六八年 五月 十日 發行
著者 李學洙
發行處 高麗書籍株式會社
印刷所 光明印刷公社
서울·西大門區萬里洞一街六二
登錄 一九五九·六·二七·八八號
電話 ㉓ 〇六七一—九
對替口座·서울 二三二五四
〈定價 400원〉
<無斷轉載·上映·上演不許>
1968 Printed in Korea

이학수 회고록『이 땅은 우리 땅이다』의 판권지.

'4·19'를 원만하게 수습했다고 칭송받고 있는 송요찬(宋堯讚) 육군참모총장과 거사 당시의 육군참모총장 장도영(張都暎) 중장에게 보낸 친서가 그것이다.

(ㄱ) 송요찬 육군참모총장에의 용퇴 건의 친서

"참모총장 각하! 다난한 계엄 사무와 군내 제 업무 처리에 골몰하심을 위로 드리는 바입니다. 각하로부터 많은 恩顧를 입으며 각하를 존경함에 누구 못지 않을 본인이, 지금 그 높으신 은공에 보답하는 길은 오직 각하의 처신을 그르치지 않게 충고를 드리옴이 유일한 방도일까 짐작되옵니다. 지금 3·15 부정선거에 관련된 많은 사람들이 선거 부정 관리의 책임으로 규탄되고 있으며, 군 역시 내부적 외부적 양면에서 이와 같은 비난과 靜化에서 예외일 수는 없을 것이오니 미구에 닥쳐 올 격동의 냉각기에는 이것이 문제화 될 것은 明若觀火한 일이며 현재 일부 국회 국방위원들이 對軍 추궁을 위한 증거 자료도 수집 중이라는 것도 이것을 뒷받침하는 것이옵니다. 卑見이오나 군은 상명하복의 엄격한 통수 관계에 있는 것이므로 군의 최고 명령자이신 각하께서 부정선거에 대한 전 책임을 지시어 정화의 태풍이 군내에 파급되기 전에 자진 용퇴하신다면 얼마나 떳떳한 일이겠습니까. 각하께서는 4·19 이후의 민주적인 제반 처사에 의하여 내외의 절찬을 받으시오니 부정의 책임감은 희박해지며 국민이 보내는 갈채만을 기억하시겠읍니다만은, 사실은 不日內에 밝혀질 것입니다. 차라리 국민이 아쉬워할 이 시기를 놓치지 마시고 처신을 배려하심이 각하의 장래를 보장하며 과거를 장식하게 하는 유일한 방도일까 아뢰옵니다. 4·19 사태를 민주적으로 원만히 수습하신 각하의 공적이 절찬에 값하는 바임은 물론이오나 3·15 부정 선거에 대한 책임은 또한 결코 면할 수 없는 것이며 따라서 그 공과는 相殺가 불가능한 사실에 비추어 가급 조속히 진퇴를 英斷하심이 국민과 군의 진의에 부합되는 것이라 사료하옵니다. 현명한 上官은 부하의 성심을 수락함에 인색하지 않을 것입니다. 각별한 은혜를 입은 부하로서 길이 받들려는 미충에서 감히 진언드리는 충고를 경청하시어 성심에 답하는 재량 있으시기를 伏望하옵니다. 외람되오나 각하와의 두터운 신의에 의지하여 이 글을 올리오니 두루 海諒하시와 본인으로서의 심사숙고된 성심을 참작하여 주시기 바랍니다. 단기 4293년 5월 2일 朴正熙 배상."(박정희 군수기지사령관이 1960년 5월 2일자로 측근인 S대위를 통해 송요찬 참모총장에게 보낸, 군의 3·15 부정선거 관여와 부정 부패 현상에 대한 책임을 지고 용퇴하라는 내용의 건의서이다. 송요찬 중장은 우여곡절 끝에김종필(金鍾泌) 중령을 비롯한 소장파 청년 장교들의 정군 운동의 압력도 있어 최영희(崔榮喜) 중장에게 총장 자리를 물려주고 5월 20일 그 자리를 물러난다).

(ㄴ) 장도영 육군참모총장에의 혁명 동참 권유 친서

"총장 각하, 국가가 이 모양이 되어, 겨레는 내일 없는 생활을 보내고 있는 이 때, 이 나라를 구하는 것은 국군 이외는 없다고 판단했으므로 궐기하였습니다. 사전에 말씀드리려 하였으나 사정이 허락지 않아 거사하고 말았으니 나오셔서 우리들을 지도하여 주시기 바랍니다. 직접 가서 말씀드리려고 하였으나 이곳에서 지휘를 해야 하기 때문에 사람을 보냅니다."(5월 16일 새벽 0시 30분경, 6관구사령부에서 병력 출동을 지휘하고 있던 박정희소장이, 방첩부대장실에 나가 있던 장도영 참모총장에게 수하의 장교를 통해 이 친서를 전달한다. 원래 장총장에의 친서는 16일 03시 이후 주요 목표지를 점령한 후에 윤태일·장경순·송찬호·이원엽 등이 직접 전달할 예정이었는데 거사 계획이 탄로되어 소각해 버렸던 것을 박소장이 다시 써서 전달한 것이다. 이 편지를 읽고 난 장총장은 6관구 사령부에 있는 박소장에게 전화로 거사를 만류하나 박소장은 이를 거부하고 계획된 군사행동을 강행, 서울 진입 작전에 나선다.)

(4)

박소장은 혁명 계획이 구체화 되어 가는 3월에 들어서서 심각해져 가는 재정문제를 해결하기 위해 유원식(柳原植) 대령과 만주 시절부터 친교가 있는 실업가 남상옥(南相沃)씨에게 김종필을 통해 다음과 같은 내용의 친서를 보내 도움을 요청한다.

"虔啓. 時下 陽春之節 尊體 大安하심을 仰賀且祝하나이다. 遠慮之德分에 弟도 無恙하옵고 平過하오니 私幸으로 思料하옵니다. 其間 數三次 上京之機는 있었아오나 拜眉之機를 得하지 못하여 송구히 생각하나이다. 다음 上京之時는 拜顔코 여러 가지 相議之件도 爲計하고 있습니다. 국내정국은 日益 복잡다난하고 있고, 사회풍조는 혼란과 허탈일로를 줄달음치고 있을 뿐, 조국과 민족의 전도에 암담한 우수가 뇌리를 스쳐갈 뿐입니다. 然이나 神께서 헐벗고 가난하고 불쌍한 이 나라 백성을 완전히 저버리지 않는 한, 또한 우리들 자신이 자립갱생하겠다는 개척의 정신이 완전히 소멸되지 않는 한 낙심과 실망할 필요는 없을 것이며 이 시기일수록 대의를 위하여 大勇을 발휘해야 할 시기라고 확신하는 바입니다. 소상한 이야기는 拜眉之時에 말씀드리기로 하고 諸事는 점차로 성숙기에 도달하고 있다는 것을 알려 드리고자 합니다. 금일 此 書信을 지참하는 金鍾泌君은 弟와 모든 것을 상의할 수 있는 知己之友이며 또한 弟의 姪婿입니다. 引見하시고 애호하여 주시고 앞으로 많은 지도를 바랍니다. 그리고 目下 弟가 추진하고 있는 사업을 위해서 金君便에 자금을 좀 보내 주시기 바랍니다. 情長紙短하와 이만하고 拜眉之機로 미루며 더욱 玉體 保重하시기 소원하오며 擱筆하나이다. 弟 朴正熙 拜上 南相沃先生 玉案下"

이 서신을 읽은 남상옥은 즉석에서 김종필에게 120만환을 전달한다. 그 뒤 4월 4일 박소장이 남상옥을 직접 찾아가 거사 계획을 소상히 알려 주며 의견을 나눈 끝에 또 다시 100만환을 받는 등 이후로도 남상옥은 5.16 거사 전날까지 공작금을 대어 주며 뒤에서 열렬히 혁명에 협조하는데, 거사 성공시까지 남상옥이 제공한 자금은 총 820만환에 이르렀다 한다.

(5)

마침내 거사를 이틀 앞둔 5월 14일과 5월 15일에 박소장은 마지막 결정된 거사 일정과 행동 지침을 통보하는 친서를 각각 이주일 소장과 전방의 박림항·채명신 장군에게 밀사를 통해 전달한다.

거사 하루 전날인 5월 15일 아침에 현지 지휘차 서울에 올라와 있는 박소장이 대구의 혁명 모의 거점인 2군사령부의 이주일 소장에게 전속 부관인 김중위를 통해 "16일 零三시, 시간은 변동 없소. 모두 필승의 신념을 가지고 계획대로 싸웁시다. 5군단 朴林恒 장군도 연락이 되었소. 16일 오전 다섯시 라디오 방송을 듣고 출동하시오. 당초 張都暎 장군의 육성 방송을 하도록 계획했으나 사정에 의하여 아나운서로 하여금 방송하게 하였소"라는 내용의 친서를 전달하자, 이소장은 오후 7시경 핵심 동지인 朴基錫·張東雲·徐相麟·朴承圭 등과 관사에서 회합을 갖고 마지막 작전 계획을 검토, 다음 날 새벽의 대구 지역에의 출동 준비를 마치고 대기하게 된다.

또한 이낙선(李洛善) 소령도 거사 일정과 행동 지침을 담은 박소장의 친서를 들고 2군사령부가 있는 원주에 도착, 박림항[25] 5군단장과 채명신 9사단장 그리고 정봉욱(鄭鳳旭)[26] 포병단장에게 전달하여 출동 준비를 마치게 한다.

이보다 앞선 5월 12일에 박소장은 광주 육군항공학교 교장인 이원엽(李元燁) 대령을 대구 2군사령부로 불러 이주일 소장을 통해 수교한

25) 박림항 중장은 朴소장이나 尹泰日 준장(안동의 36사단장)의 만주군관학교 1년 선배로 절친한 친구 사이였다.

26) 정봉욱 대령은 '6·25' 때 인민군 1개 대대 병력을 이끌고 귀순한 포병 전문 지휘관이다.

친서를 통해 전부터 계획해 놓은 삐라 살포 작전[27]의 성공적 수행을 다짐하고 격려하는 일도 잊지 않는다. 이원엽 대령에의 친서는 이런 내용을 담고 있다.

"冠略 時急하여 상면치 못하고 먼저 上京하니 상세 지시는 참모장 李周一 장군으로부터 받으시오. 절박한 조국의 위기를 목도하여 安閑坐視할 수 없어 決然 궐기하는 우리들의 각오는 국가의 흥망과 민족의 운명을 좌우하는 이 大業의 성패와 직결되어 있다는 것을 다시 한번 자각하시오. 부디 자중하여 거사에 만반 유감 없기를 바라며, 며칠 후 서울에서 감격의 악수를 나눌 것을 기대하면서 거사의 성공을 기원합시다. 4294년 5월 12일 朴正熙.(이를 읽은 후 소각해 버리시오)"

(6)

마지막으로 '5·16' 성공의 절반의 공적을 세웠다고도 할 수 있을 격문과 혁명공약 인쇄 공작의 주인공 이학수 광명인쇄공사 사장과 얽힌 친서 수교 비화를 이야기할 차례이다. 이학수 사장은 자금책(?) 남상옥 사장과 함께 민간인 신분으로, 그것도 가장 해내기 어려운 유인물 인쇄 작전을 무사하게 치루어 냈다는 점에서 '5·16'의 '1등 공신' 뺏지를 아니 달 수 없다 할 것이다.

27) 거사 후 혁명 성공을 알리는 방송을 하는 바로 그 시간(오전 5시)에 맞추어서 항공기를 동원하여 서울·부산·대구·광주·대전 등 주요 도시에 혁명에 관한 삐라를 공중 살포하는 작전이다.

박정희 대통령과 인사하는 어느 날의 이학수 사장.

이학수[28] 사장과 박소장과의 첫 만남은 1961년 3월 26일에 시작된다. 일요일인 관계로 사장 부재중인 인사동 소재 광명인쇄공사[29]를 불쑥 찾은 박소장은 공장 시설을 두루 살펴보고 서신 한 장만 남기고 돌아간다. 혁명에 쓰일 전단을 인쇄할 수 있는 능력과 지형(地形)을 미리 살펴본, 일종의 사전답사 행각인 듯 싶다. 서신의 내용은 이렇다

"光明印刷公社長 李學洙 大兄 (親披). 李學洙 大兄. 來訪하였다가 不在中이심으로 도라감니다. 弟의 집 電話가 左記이오니 一次 拜眉之機를 만들어 주시기 바랍니다. 弟 朴正熙拜. TEL 5~2097"

---

28) 이학수는 이주일 2군사령부 참모장의 친척 벌 동생으로 박정희 소장과의 합의하에 거사에 끌어들인다. 만군(滿軍) 시절부터 막역한 사이인 박정희·이주일 두 사람은 친형제처럼 지내 왔기에 그들 사이에는 비밀이란 있을 수 없었다 한다. 그런 신뢰감으로 '5·16' 성공의 절반의 공을 세웠다 할 이학수를 유인물 인쇄 공작의 책임자(주동자)로 끌어들였던 것이다.

29) 광명인쇄공사는 150명 직원의 회사로 화신(和信) 근처, 안국동 로터리 가까이 있었다.

연락을 바라는 의미의 전화번호를 적어 남기고 있다. 후일 이 전화번호로 신당동 자택에서의 박소장과의 만남의 약속을 하기도 한다.

박소장은 또 4월 중순의 어느 날, 김종필 중령을 통해 이학수 사장에게 친서를 전달하고 두 사람이 앞으로 진행될 유인물 인쇄 관련 실무 사항 논의를 하게 한다. 친서에는 이렇게 씌어 있다.

"李學洙 大兄. 今日, 貴社 사무실로 兄을 往訪하였으나 偏巧히도 부재중이시므로 拜眉之機를 得하지 못하였습니다. 李周一 兄으로부터 용건 내용을 了知하실 줄 思料하오나 시일이 절박하여 弟는 금일 일단 下郎하겠아오니 此書信을 지참하는 金鍾泌 중령을 접견하시고 상의하시어 협력해 주시기 앙망하나이다. 金中領을 弟나 이주일 형과 꼭같이 생각하시고 무슨 일이라도 상의하셔도 무방합니다. 또 다음에 拜訪하기로 하고 擱筆합니다.弟 朴正熙 拜 "[30]

이러한 수 차례의 모의 과정을 거쳐 이학수는 차질없이 유인물 제작 임무를 완수해 내는데, 후일 『韓國軍事革命史』는 「檄文과 革命公約의 印刷」 항목에서 그 진행 경과를 다음과 같이 기술하고 있다.

"5월 15일 오전 11시경 광명인쇄공사 사장 이학수는 朴장군 집으로 안내되었다. 박장군은 이사장을 그의 안방으로 인도하여 혁명취지문·혁명공약·포고문 등 16일 未明부터 전국 중요 도시에 뿌려질 삐라

30) 김종필(金鍾泌)에 대한 '信任狀' 성격의 사한(私翰)이기도 한데, 알쏭달쏭 꼬투리 안 잡히게 위장된 내용의 문투로-이를테면 '단순한 군 관련 후생사업 상의'건 쯤으로 오인할 수도 있게끔 위장된 문투이다.

의 원고 등을 주었다. 박소장의 부탁은 '인쇄는 16일 0시를 기하여 착수할 것과 작업 중 직공들의 기밀 누설이 없도록 人選에 유의할 것'과 또 '만일 작업 중에 경찰이나 수사기관에 체포되는 일이 있더라도 15시간만 입을 열지 마시오'라는 두 가지 엄숙한 低音의 부탁이었다. 같이 있던 김종필에게 박장군은 특히 다음과 같이 지시하였다. '16일 0시 경호원 및 보조원 3, 4명을 데리고 가서 작업 지시를 할 것과 심야 작업을 의심한 순찰 경관이 오거든 우리가 수도를 완전 점령시까지 잡아 두라.'"

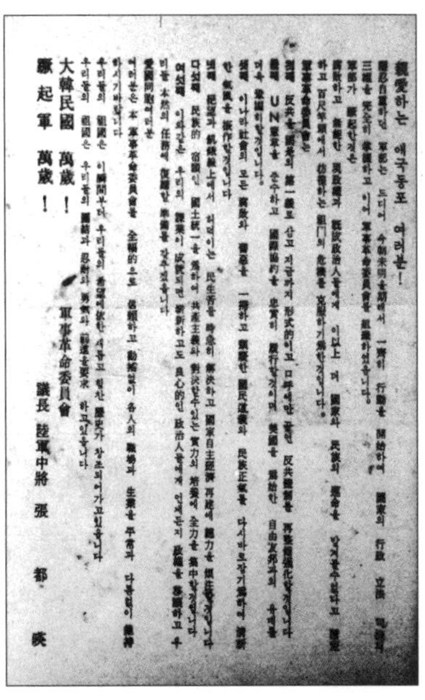

親愛하는 애국동포 여러분!

隱忍自重하던 軍部는 드디어 今朝未明을期해서 一齊히 行動을 開始하여 國家의 行政 立法 司法의 三權을 完全히 掌握하고 이어 軍事革命委員會를 組織하였읍니다.

軍部가 蹶起한것은 腐敗하고 無能한 現政權과 旣成政治人들에게 이以上 더 國家와 民族의 運命을 맡겨둘수없다고 斷定하고 百尺竿頭에서 彷徨하는 祖國의 危機를 克服하기爲한것입니다.

軍事革命委員會는

첫째 反共을 國是의 第一義로 삼고 지금까지 形式的이고 口號에만 그친 反共態勢를 再整備強化할것입니다

둘째 UN憲章을 준수하고 國際協約을 忠實히 履行할것이며 美國을 爲始한 自由友邦과의 유대를 더욱 鞏固히할것입니다.

셋째 이나라社會의 모든 腐敗와 舊惡을 一掃하고 頹廢한 國民道義와 民族正氣를 다시바로잡기爲하여 清新한 氣風을 振作할것입니다

넷째 絶望과 飢餓線上에서 허덕이는 民生苦를 時急히 解決하고 國家自主經濟 再建에 總力을 傾注할것입니다

다섯째 民族的 宿願인 國土統一을 爲하여 共産主義와 對決할수있는 實力의 培養에 全力을 集中할것입니다

여섯째 이와같은 우리의 課業이 成就되면 斬新하고도 良心的인 政治人들에게 언제든지 政權을 移讓하고 우리들 本然의 任務에 復歸할 準備를 갖추고있읍니다

愛國同胞여러분

여러분은 本 軍事革命委員會를 全幅的으로 信賴하고 動搖없이 各人의 職場과 生業을 平常과 다름없이 維持하시기바랍니다

우리들의 祖國은 이瞬間부터 우리들의 希望에依한 새롭고 힘찬 歷史가 창조되어가고있읍니다

우리들의 祖國은 우리들의 團結과 忍耐와 勇氣와 前進을要求 하고있읍니다

大韓民國 萬歲!

蹶起軍 萬歲!

軍事革命委員會

議長 陸軍中將 張 都 暎

5월 16일 아침에 서울 시내에 뿌려졌던 장도영 중장 명의의 「혁명 공약」

또 이학수 사장도 5시간여에 걸친 인쇄 작업의 그 숨막히던 과정을 그의 회고록 『이 땅은 우리 땅이다』에서 박진감 있게 묘사하고 있다.

"…30사단의 배신도 아랑곳 없이 5월 15일 11시 30분, 공장에 나온 나는 바로 작업에 착수했다. 조금 있으려니까 낯선 사람이 찾아 들어왔다. 인사를 나누고 보니 김용태(金龍泰)였다. 그는 김종필 중령이 곧 올 것이라고 알려 주며 도우러 왔다고 했다. 그러자 김종필 중

령이 이낙선 소령을 데리고 들어 섰다. 나는 2층에 지휘소를 정해 놓고 모든 창문과 출입구를 철저히 밀폐하고 전화 사용도 일체 금하도록 했다. …나는 내 사무실에 내려와서 우선 문선공을 불러 들였다. '놀라지 말고 오자(誤字) 없도록 침착하게 일하시오. 실은 2층에 있는 군인들이 총을 들고 와서 강제로 시키는 일이니 어찌할 수 없구려. 아예 걱정은 하지 마시오. 만일의 경우에는 내가 시켜서 했다고 하시오. 내가 전 책임을 지리다.' 문선공은 내가 준 원고를 단숨에 읽어 보더니 갑자기 얼굴이 창백해지고 이내 부들부들 떨기 시작했다. 그가 공장으로 돌아가자 나는 2층으로 올라가서 이(李)소령으로 하여금 직공들을 감시해 줄 것을 부탁했다. 문선은 예정대로 착착 진행되었고, 식자(植字)도 끝나서 지형을 뜰 단계에 이르렀다. 이제 직공들도 거의 짐작을 하고 나의 눈치를 살피기에 여념이 없었다. 나는 그들을 안심시키고 작업의 진도에 차질이 없도록 하기 위해 내가 책임질 터이니 걱정 말라는 당부를 수없이 되풀이해야 했다. 지형을 뜨고 연판부에 넘기기를 기다리기 한참 뒤인 3시 반경 마침내 지축을 뒤흔드는 위세로 6군단 포병단 진주 부대가 안국동 로우터리를 통과하고 있었다. 김종필은 혁명군의 서울 진주를 확인한 뒤 나에게 인쇄에 부치라고 하였다. 인쇄 기계가 요란하게 돌아가기 시작했다. 4시 30분쯤 되었을 때다. 공장 문을 두드리는 소리가 요란하게 났다. 창문을 열고 살짝 내다 보니 거기에 박소장과 윤태일 준장이 서 있다. 나는 뛰어 내려가서 문을 열고 박소장 일행을 맞이했다. 그는 나의 손목을 잡고 어느 정도 일이 진행되었는가고 물었다. 그는 삐라 15,6매를 집어 들고 우리에게 빨리 인쇄를 완료하라고 당부하고 바쁜 걸음으로 공장에서 나갔다. 이리하여 나는 그날 혁명 성공을 알리는 첫 방송과 때를 같이 하여 전국 방방곡곡에 뿌려질 인쇄물을 제 시간에 맞추어 인쇄하였던 것이다."(pp.332~335.)

(7)

동서 고금의 여러 반정이나 민란(民亂)·혁명 과정에서 주모자급 인사들이 주고 받았을 (비밀)서신들. 거사 모의 과정에서 주고 받는 서신(연락편지)은 혁명을 다짐하는 동지들 간에 단지(斷指)로 맹서한 혈서(血書)나 다름없는 것이다. 기록을 남기지 않는다는 철칙에 반하게 이를 모를 리 없었을 '5·16'의 주모자 박정희 소장은 모의 과정의 주요 대목마다 친서를 통해 동지 포섭과 계획의 차질없는 수행을 독려하고 있다. 하늘이 도왔는지 용케도 들통이 나지 않았다. 요즘 같은 첨단 통신 기능이 작동하지 않았던 시절, 일일이 '수동식 접촉'과 몇 백리 길도 마다않는 '발품'에 의존해야 했던 반원시적 형태의 접선·모의 방식보다는 그래도 낳았다 할 비밀 전달 수단의 하나였던 친서. 그 친서의 효능이 반드시 정보 유통 기능의 편의성에만 있는 것은 아니었다. 때로는 수교자 상호간의 정의에 넘친 인간 신임장 역할도 하여 대사의 도모에 도움을 주기도 하였다. 그러한 기미를 알아채서인지 박정희 장군은 전화 통신이 기피되었던 거사 기밀 전달에 친서를 많이 이용했던 듯싶다.

유진오(兪鎭午)의 친일 행위;
투항-부일·협력이냐 저항-배일이냐
-회고록『養虎記』가 보여 주는 유진오식(式) 친일(?) 행위

"'해만 저물면 바닷물처럼 짭조롬히 향수가 저려든다'[31]고 시인 C 군은 노래하였지만 사실 고향을 그리는 마음이란 짭짤하고도 달콤하며 아름답고도 안타까우며 기쁘고도 서러우며 제 몸 속에 있는 것이로되 정체를 잡을 수 없고… 그리워서 앉도 서도 못하도록 우리의 몸을 다을게 만드는 이상한 힘을 가진 감정이다…"

중학교 3학년 교과서에서 읽은 지 60년 만에 다시 읽어 보는 유진오의 단편 소설「滄浪亭記」의 첫 대목이다.

---

31) "해만 저물면 바닷물처럼 짭조름이 저린 旅愁/ 오늘도 나그내의 외로움을 車窓에 맡기고// 언제든 갓 떠러진 풋 송아지 모양으로/ 안타가이 못잊는 鄕愁를 반추하며// 안윽히 살 어둠 깃드린 안개마을이면/ 따스한 보금자리 그리워 포드득 날러들고 싶어라."(趙碧岩의「鄕愁」(『鄕愁』, 이문당서점, 1938)

인명사전에 나오는 유진오의 캐릭터인 소설가·법학자·교육가. 그리고 때로는 '정치인'이 뒤따라 붙기도 하는 현민(玄民) 유진오(兪鎭午; 1906~1987)는 그 어느 분야에서도 '큰 이름'과 성과를 남긴 우리 현대사의 거목이요 큰 스승이다.

그럼에도 안호상(1902~1999)과 함께 대한민국 건국 이념과 헌법전(憲法典)의 초석을 쌓은 유진오의 이력에 덧씌워진 일부 친일파 문제 연구가들의 '친일파' 족쇄에 의문을 품은 필자는 그의 회고록 『養虎記』(고려대 출판부; 1977)를 읽을 기회에 그의 '친일' 행적의 내력을 얼마만큼 더듬어 볼 수 있게 되었다. 그의 주전공인 문학과 교육에 드리운 친일파 그림자의 정체는 무엇인가? 그의 소위 '친일 행위'라는 것이 국가에 끼친 해독은 또 얼마만큼 큰 것인가?

(1)유진오 인생 이력의 두 축의 하나인 문학 활동

유진오는 경성제대 예과 재학 시절인 1924년에 조선인 학생들과 문우회를 조직하여 《文友》라는 한국어 잡지를 만드는 한편, 학생회 잡지 《清凉》(日文)을 편집한다. 이때 소설 「S와 빠사회」를 《文友》지에 발표하는 등 유진오는 대학 시절의 한 공간을 문학청년의 시기로 장식한다. 그는 재학 시절 꾸준히 습작을 발표하던 중 1927년 《朝鮮之光》에 소설 「復讐」와 「스리」를 발표함으로써 기성 작가로 등장한다.

20대에 정신적 방황과 고뇌의 날들을 보낸 유진오가 문학의 길로 들

유진오 저, 『養虎記』 고려대학교 출판부, 1977, 362p.

어선 것에 대해 평가들은 "유진오는 지식인으로서의 고뇌와 한계를 소설을 통해 해소하고자 하였다. 그래서 작품은 주로 지식인 문제를 다루는 경향성을 보였다"고 평하기도 한다.(金三雄) 또 유진오도 자신의 문학생활에 관해 다음과 같은 회고의 글을 남기고 있다.

"물론 문학을 좋아했기 때문이었지만, 그때 형편으로는 문학이 유일한 숨구멍같이 생각되어, 말하자면 숨이라도 좀 시원하게 쉬어 보겠다는 생각에서 창작에 붓을 대기 시작한 것이었다. …외국어를 통해 읽은 외국 작품에서 얻은 지식을 무기로, 우리의 생활과 감정의 이모저모를 되는 대로 파헤쳐 보는 것이었다. …나의 직업이 법률학 교수였기 때문에 언제나 받지 않으면 안되었던 일부 사람들의 이상한 눈초리 쯤은 견디어낼 수 있었다 할지라도, 나의 조그만 文名을 이용하려는 일정 말기의 정치적 압력에는 정말 견딜 수 없었다. 나는 원고료나 인세로 생활을 이어가는 처지가 아니었기 때문에 그러한 압력에 굴해 가면서 작가생활을 계속해 나가야 할 까닭이 없었다. 나는 어름어름 문필생활을 멀리하기 시작하였다. 이리하여 나의 작가생활은 20년이 못 되는 단명으로 끝난 셈인데…"

이처럼 1944년 해방되기 1년 전에 《放送之友》에 발표한 「金浦 아주머니」를 마지막으로 소설 창작업을 마감한 그는 해방 정국 이후에는 헌법 제정 작업과 고대 교수로서의 교육자 생활에 전념한다. 그렇지만 일제 치하에서의 20여 년간에 걸친 소설가로서의 유진오의 일상생활과 행동 반경은 그리 자유스럽지 못한 것이었다. 앞서 그가 회고록에서 "나의 조그마한 문명을 이용하려는 일정 말기의 정치적 압력[32]에는 정말 견딜 수 없었다"고 밝힌 그대로 그는 보전 교수로서의 직함도 맞물린 일정의 친일·부역 프레임에 걸려 내내 시달려야 했다.

내선일체·황국신민화 공작[33]의 문화선전대-나팔수 역을 떠맡아야 했

32) "그러나 그때까지 내가 얻은 다소의 文名을 일정 당국이 무관심하고 넘길 리는 없었다. 어느날 학교에 있노라니 총독부 무슨 과장이라는 金某로부터 전화가 걸려 왔다. 자하문 밖(현 부암동) 義親王(李堈公) 별장으로 정무총감이 조선의 유력 문인 몇 사람을 초대하기로 되었는데 나도 꼭 참석해 주어야 하겠다는 것이었다. 참석한다는 5, 6명의 문인들 이름을 들으니 모두 다 선배 대가들이었다. 선배 대가들의 틈에 끼어 정무총감의 초대연에 나간다는 것은 영광이라면 영광이겠으나, 나는 '내가 무슨 문인입니까. 나는 법학교수가 아닙니까' 해서 거절해 버렸다. 거절은 했지만 그런 때는 마음이 개운치 못한 것이 사람의 常情이다."(『養虎記』, p.71.)

33) "일제의 대륙 침략이 진행됨을 따라 종래 外地였던 조선은 점차 '內地化'하고 그에 정비례하여 그들의 조선 통치정책은 가속적으로 적극화 되어 갔다. 一視同仁은 內鮮融和가 되고, 그것은 다시 內鮮一致로 비약하여, 창씨개명·지원병제도·학도병제도·징병제도·조선어 교육 폐지·조선어신문 폐간·국어(일본어) 상용·교육제도 개편 등 일련의 '황민화 정책'이 강행되었다. 해방 전 1년 남짓한 동안 우리 민족은 거의 허탈 상태에 빠져 있었다. 조선어학회사건이나 신사참배 거부 사건 등도, 그것들은 민족의 해방

다. 학병동원·근로동원 감독관 노릇을 해야 했다. 각종 강연회나 보고회[34]나 방송에 나가 '나는 황국신민이로소이다'를 소리 높여 외쳐야 했다. 유명 문인이라는 죄로 남들이 다 꺼려하는 국민총력조선연맹 산하의 문화위원이나 조선문인보국회 상임감사 등의 어용 문인 단체 간부직도 맡아야 했고, 도꾜에서 해마다 열리는 대동아문학자대회에도 갔다 와야 했다. 친일 평론과 논설과 격려문도 써야 했다.

이것이 유진오의 친일 행동의 죄업인 모양이다. 『친일인명사전』에는 '친일파'의 한 사람으로 등재되어 있고, 친일문학 연구자들은 가차없이 그를 '친일 문인'으로 낙인 찍고 있다.

유진오의 친일 문인으로서의 죄업을 어찌 씻을 수 있으랴. 다만 유

을 위하는 정치적 투쟁이 아니라 우리의 말이나 신앙을 빼앗기지 않으려는 방어적•수세적 성격의 것이었던 것이다. 양식 있는 사람들은 형무소로 들어가거나 지하로 숨거나 하기 전에는 살아가기 힘드는 것이 당시의 정황이었다."(『養虎記』, pp.135~136.)

34) "그 해(1939년) 5월에서 8월에 이르는 동안 소만 국경인 노몬한에서 소·일간에 대규모의 무력 충돌이 있었는데, 9월 어느날 부민관(현 시민회관 별관)에서 서울 시내 대학·전문학교의 학생들을 상대로 '노몬한사건' 보고 강연회를 하게 되었으니 보성전문에서도 학생 몇 명을 참석시키라는 통달이 총독부로부터 왔다. '(법과)과장'이 아니었으면 물론 나가지 않았을 강연회지만 '과장'된 죄로 나가지 않을 수 없었다. 역시 감투 쓴 죄를 짓고 있는 교장, 이상훈(李常薰) 상과 과장, 생도감 이병학(李丙學) 제씨와 함께 지정된 수만큼의 학생을 인솔하고 부민관으로 갔다… 앞쪽은 텅텅 비어 있었다. 그러자 총독부 시학관 야스오까(安岡)라는 자가 황급하게 보전 쪽으로 오더니 나를 보자 '기미, 후센다로?(자네 普專이지)' 하고 덮어놓고 반말 짓거리로 물었다. 나는 물론 '이 자식이?' 하고 분이 치밀어 올랐으나 꾹 참고 '하이'(네) 하는 수밖에 없었다. '그러면 자네네 학생들을 이쪽 앞좌석으로 나와 안게 해!' '하이'. 나는 또 '하이'를 되풀이하고 야스오까가 시키는 대로 학생들을 앞쪽 빈자리로 나가 앉게 하였다. 그러나 치밀어 오르는 분은 참을 길이 없었다."

왼쪽부터 단편집『滄浪亭記』, 1963. 평론집『未來로 向한 窓』, 一潮閣, 1978. 헌법 해설서『憲法解義』

명 문인이라는 죄목 하나만으로 누구나 맡기 싫어하고 짊어지기 싫어하던 '친일 문학의 부끄러운 짐'을 대신 짊어진 죄일 뿐이라고 필자는 변호하고 싶다. 엄혹한 전란·질곡기의 한 지식인의 일생을 지나친 도덕성·염결성, 그리고 진영 논리의 잣대로만 재단하고 얽어 매는 우를 범해서는 안될 일이다.

(2) 유진오 이력의 또 다른 축 보전 교수로서의 '친일 행위'

이 역시 친일문제 연구가들이 씌우기 좋아하는 프레임이다. 친일 문제 연구가들은 이때부터 유진오가 친일 작품(평론·시론·소설)을 쓰고 여러 대담·좌담·강연 등 다양한 형태로 일제의 식민정책을 옹호 지지하고 침략전쟁을 미화·찬양하는 활동을 전개했다고 폭로한다. 그러면서 보전 교수 시절의 친일 행위에 대해 한 마디도 사과하거나 반성한 적이 없다고 그의 도덕성을 공격하고 있으나 1977년에 나온 회고록 『養虎記』에서 보전 시절의 교육행정가로서의 총독부 시책에의 보조 일치나 순응 행각에 대해 '낱낱이' 기록하고 있음을 필자는 발견하고 '응! 그랬었겠구나… 암, 나라도 그럴 수밖에 없었을 터…'라는 감흥으로 무릎을 여러 번 친 적이 있다.

1932년 4월 인촌 김성수의 권유로 보성전문학교로 옮겨 교수가 되고 법과과장(사실상의 법과대학장)이 되어, 또 사실상의 김성수 교장의 최측근 보좌인으로 총독부 당국의 여러 강압적 행정[35] 지시와 폐교 위협[36]에 맞서 타협적·순응적 학교 운영의 묘안을 짜 내야 했던 유진오는

35) "그때 군에서는 매월 8일(태평양전쟁 개전일)이면 각 학교에 장교를 파견하여 시국강연을 하였는데, 한번은 조선군사령부 보도부에 근무하는 가바(蒲)소좌(원명;鄭勳)가 보전으로 파견되어 왔었다. 나는 그자의 무지막지한 성격과 언행을 짐작하는 까닭에 은근히 걱정하고 있었는데, 아니나 다를까, 이 자는 전교 학생과 전 교직원이 집합해 있는 자리에서 일본도를 불끈 쥐고 뚜벅뚜벅 연단으로 올라가더니 입을 열자 마자 '오마에다찌와(너희들은) 애국자가 되고 싶으냐, 그렇지 않으면 안중근이 같은 不逞鮮人이 되고 싶으냐' 하고 대갈일성하였다. 그것만으로도 충격이 컸는데, 그는 계속해서 보전 학생들이 전부 안중근인 것같이 몰아세우고 한 시간 동안을 차마 입에 담을 수 없는 욕설로 채웠다. 진심으로 일본에 충성을 다하고 싶어하던 사람이 그 꼴을 당해도 부화가 터져서 폭탄이라도 내던지고 싶어지게 될 그러한 폭언의 한 시간이었다. 나는 전신이 부들부들 떨렸다. 학생들의 심정은 말해 무엇하랴. 맨 앞줄에 앉아 있는 학생들은 무의식 중에 눈을 부릅뜨고 불끈 쥔 두 주먹을 무릎 위에서 후들후들 떨고들 있었다… 가바같이 무지막지한 자를 내세워 무작정 조선 사람을 내리누르려는 판국이었으니 더 말하지 않아도 누구나 그때의 살벌한 정황을 짐작할 수 있을 것이다."(『養虎記』, pp.99~100.)

36) "교련을 강화하라, 근로작업을 시키라, 머리를 깎으라, 각반을 치라, 방공훈련을 하라는 등 교직원·학생을 들들 볶는 명령이 매일 빗발치듯 내려왔다. 그때의 보전으로서 그러한 명령에 거역할 수는 없는 일이어서 하라면 하라는대로 따르기는 했지만 그

민족 교육의 외로운 파수꾼이었다.

한편으로는 학병 권유 강연을 하기도 하고 군수공장에의 학생 근로 보국 동원장에도 감독차 나가 몸소 삽질을 함께 하며 순진한 학생들의 반항의지를 달래기도 하고, 보전 졸업생의 중국에서의 직장 이탈 사건 사죄[37] 인사차 머리 박박 깎은 국민복 차림으로 굴종의 북경행을 하기도 하고, 친일 강연, 보고대회, 방송 선전, 격려대회에도 나가고, 신사참배까지 해야 했던 '유진오식' '보성전문 살리기' 작전의 입안·시행자가 바로 유진오 아니었던가.

또 각종 언론 매체에 인촌이나 자신 명의의 시국 관련 기고문[38]을 대

러한 경우에 대처하는 인촌(仁村)의 처사는 참으로 현명하였다. 총독부로서 보면 밉기는 하지만 그렇다고 탈도 잡을 수 없는 그러한 것이었다."(『養虎記』, p.85.)

37) "1941년 봄에 법과 졸업생 한 명이 華北鐵道에 취직이 되어 천진역에 배치되었었는데, 그 사람이 직장을 무단이탈 하였다 하여 누군가 한 사람 보전을 대표하여 북경에 있는 화북일본주둔군사령관을 찾아가 사죄를 하고 오라는 총독부의 추상같은 명령이 내렸는데, 그 명령을 수행하는 임무를 내가 맡게 된 것이었다. …일의 성질로는 생도감이 가는 것이 마땅하다 하겠으나 그때까지 설산은 근로동원이네 무엇이네 쫓아다니느라고 너무나 많은 수고와 수모를 당하였기 때문에 그 일마저 설산에게 떠맡기기는 미안하다는 것이 인촌의 계산이었을 것이다. 나도 마음 속에 그러한 생각이 있었으므로 두말 없이 그 임무를 맡았다. …그러나 저러나 전시 점령하에 있는 북경을 가려면 국민복을 착용하고 머리를 깎지 않을 수 없는 판이다. 나는 머리를 깎고 국민복을 지어 입었다. 국민복 차림으로 신분증명서용 사진을 찍어 보았더니 꼭 영양실조에 걸린 전쟁포로 같았다. 그 꼴에다가 전투모를 쓰고 각반을 치고 나는 북경행 길을 떠났다."(『養虎記』, pp.90~91.)

38) 총독부는 모모하는 인사들에게 《매일신보》에 학병 격려문 쓰기를 강요하였는데, 집필자 명단은 총독부 경무국에서 직접 인선한 것으로, 김성수·송진우·여운형·안재홍·이광수· 장덕수·유진오 등으로, 집필은 경무국의 '명령 사항'이라는 전달자의 전언이었다…(우여곡절의 절충 끝에) 인촌의 글은 (전부터 안면이 있는) 매일신보 김병규(

필하기도 쓰기도 했는데, 이 모두 검열 당국의 기휘에 저촉되지 않을 묘한 알쏭달쏭한 문구와 어투의 치장 일색이었음은 물론이다. 이것이 유진오가 김성수 교장의 뜻을 받들어 감수해야 했던 '보전 살리기' 작전의 일환이었던 것이다. 여러 굴종과 강압에 맞서는 '유진오식 위장 친일' 행각으로 보아 주어야 할 터이다. 이와 관련된 추억담을 유진오는 이렇게 적고 있다.

> "인촌이 교장으로 재임하시는 동안 나는 7, 8년간 졸업식전 기타의 경우에 선생이 낭독하신 식사·기념사·훈시 같은 것을 대필하였는데, 그것은 나에게 참으로 큰 고역이었다. 글을 써 가지고는 (총독부 당국이나 민족 진영 쪽에 까탈이 안잡히도록; 필자 주) 검열을 받아야 하는데, 그 검열을 무사통과하기가 극난한 것이었다. 글을 써 본 사람은 누구나 다 아는 바와 같이, 글이란 같은 말을 하여도 이렇게 표현해

金秉逵)기자가 대필을 하였는데, 김기자가 대필해 온 인촌의 글 아닌 '인촌 명의'의 글을 보니, 수재인 만큼 염려한 것같은 '창피한 표현'(八紘一宇니 御稜威니 해가며 과잉충성을 하는 식의)은 거의 없는 조촐한 글이었다…나는 '조선 청년의 입영은 조선인의 힘의 증대다'라는 취지의 글을 써서 인촌 명의의 글과 함께 김기자에게 넘겨 주었다…내가 지금 그때 학병 권유문이 나가게 된 경위를 말하고, 특히 인촌 명의의 글에 관해서는 진짜 집필자의 이름까지 밝힌 것은, 그 글 때문에 인촌은 해방 후 심히 부당하고 억울한 비난을 받은 일이 있기 때문이다. 김병규는 해방 이후 좌익에 가담했는데, 김 등이 작성해서 그해 9월에 주로 미군 기관에 뿌린 「Traitors and Patriots」 라는 팜프렡에는 인촌 명의의 그 글이 해방 후 해방의 감격 속에서 행한 여운형씨의 연설문과 나란히 실리어 좌익을 치켜올리고 우익을 깎아내리는 데 부당하게 악용되었기 때문이다. 굳이 일제하의 글을 사용하겠다면 몸씨의 것도 그때 매일신보에 인촌이나 나의 글과 나란히 발표되었던 것을 사용했어야 할 일이 아닌가(『養虎記』, pp.114~116.)

다르고 저렇게 표현해 다르기 때문에 想이 정해진 뒤에도 어구의 선택, 표현의 방법 등에 비상한 고심을 要하는 것이다. …모처럼 다 된 글을 가지고 선생께 가면 선생 자신은 글을 쓸 줄 모른다 하시면서, 그런 대목(총독부 검열에 걸릴 만한 대목; 필자 주)은 영낙없이 지적해 내시는 것이었다…"(『養虎記』)

유진오는 또 친일문제 연구가들로부터, 그가 국민총력조선연맹이나 문인보국회 등의 간부 경력을 가지고 있다며 친일 행각의 물증으로 제시하기도 하는데, 이에 관련된 유진오의 회고는 이렇다.

"1940년 8월 동아·조선 양지가 폐간된 두달 후인 10월에는 국민총력조선연맹이란 것이 총독부의 손으로 날조되고 그 간부 명단에는 모모하는 조선인 사회의 유력자의 이름이 빠짐없이 나열되어 있었는데도 누구 하나 (반박하는) 성명서도 못내고 속절없이 당하는 수밖에 없었다. 본인의 승낙 같은 것은 물론 문제도 되지 않았다. 나는 아직 관록이 부족했던지 다행히 총력연맹 간부 명단에는 들지 않았으나, 그 대신 조금 뒤에 역시 일방적으로 조직된 조선문인보국회에는 당당한(?) 간부의 한 사람으로 끼이게 되었다."(『養虎記』)

우리는 여기서 잠깐 김성수와 유진오, 그리고 보성전문학교의 민족적 위상에 관해 숙고해 볼 필요가 있다. 두 사람은 왜 그렇게 단짝이 되어

1933년 보성전문 전임강사 시절의 유진오. 오른쪽은 1941년 9월 사죄사절로 북경으로 떠날 때 신분증명서에 붙였던 사진.

친일의 누명을 쓰면서까지 보전 지키기[39]에 열중하였던가. 필자는 다음

39) "교장 김성수는 보전의 명맥을 유지하기 위해 1941년 1월, 부교장에 김영주, 수석 생도감에 장덕수를 임명, 새 교무 진용을 짜고, 인촌은 되도록 표면에 나서지 않기로 했다. 장덕수는 위기에 대처할 수 있는 유능하고 활동적인 인물이었다… 뱃심 있는 정치가의 관록도 지닌 장덕수의 혁신적인 '보전 생도감 시대'가 시작된다. 부교장은 창피하고 난처한 대(對)총독부 관계 섭외를 보아야 했고, 장덕수는 생도감으로서 경찰에 잡혀간 학생을 빼내는 일, 근로동원 수행, 학생 지도 등 난처한 경우가 한 두 번이 아닌 비상시국 학생문제를 맡아 성실하게 잘 해냈다."(『고대 70년지』, 「수모와 분노의 계절」)

"보전을 지켜야 한다. 젊은 학생들을 보호해야 한다. 완벽하게 지킬 수 없다 하면 피를 덜 흘리도록, 아주 망가지지 않도록 최선의 노력을 해 보는 것이다. 이것이 인촌의 뜻에 상합(相合)하고 보전을 지키고 겨레에게 봉사하며 내일을 기대하는 길이 아닌가.' 설산은 스스로 이렇게 다짐했다. 그는 '仁村磁場'이라는 성의 수문장으로서, 때로는 적

과 같은 가설을 제시해 보고자 한다.

"당시의 조선 독립운동 세력의 4대 축을 설정해 본다면, (1) 김구와 이시영·신익희 등의 상해임시정부 세력 (2) 이승만과 안창호 등의 미주 위원부 세력 (3) 김좌진·이범석 등의 만주·연해주 세력 (4) 김성수[40]를 중심으로 하는 송진우·장덕수·백관수 그룹, 그리고 여운형의 조선건국 동맹 세력이 포진하고 있는 국내파(경성임시정부?) 세력으로 대충 구분지을 수 있을 것이다. 이중 독립운동사에서 무시하기 쉬운 국내파 계열-3천만 국민과 함께 적의 우리 속에 꽁꽁 묶여 갇혀 지내야 했던-의 반일 독립 투쟁운동의 위상은? 이야기가 조금 비약되는 것 같지만, 김성수 계열의 동아일보, 경성방직을 비롯한 민족 기업, 인재 양성의 최후의 보루인 보성전문학교, 이중 하나라도 총독부 당국의 눈에 거슬려 문이라도 닫게 된다면 국내파 독립운동의 거점은 존망의 기로에 설 것이라는 우려가 고조되어 가고 있던 절체절명의 시점, 그 하나인 보전의 총체적 운영자인 김성수와 유진오의 대일 행동의 선택지는 무엇이어야 했겠는가" 하는 것이 필자의 가설이다.

군(총독부)과 언쟁을 벌이고, 때로는 위력정찰대장(威力偵察隊長)처럼 성문 밖으로 달려 나가 적정을 살피기도 하고, 타협도 한 것이다."(『養虎記』, p.278.)

40) "1946년 미국에서 돌아온 서재필 박사는 보전에서 한 연설에서 '해외에서 독립운동하고 국내에서 감옥살이를 한 사람들도 애국자지만 인촌 같이 묵묵히 민족의 실력을 양성하는 데 일생을 바쳐 온 사람들도 애국자다.'라고 하였는데, 이는 국내 우익의 최고 영도자의 위치에 있는 인촌을 가지고 좌익 사람들이 투쟁 실적이 있네 없네 하고 시비하던 때에 해외 독립투사의 입에서 나온 말이다."(『養虎記』, p.6.)

그러나 창씨개명[41]도 하지 않은 채 모든 굴종을 참아가며 버티던 유진오도 마침내 해방을 몇 달 앞두고 보성전문학교의 변종인 '경성척식전문학교'를 사임하고 퇴계원의 소개지로 피신한다. 유진오도 '친일행위'에서 손을 씻을 수 있게 된 것이다.

유진오는, 보전 사임시의 '귀거래사' 쯤으로 연상되는 소감을 『養虎記』에 적어 남기고 있는데, 이 대목이 유진오의 진면목을 들여다 보게 해주는 요점이다.

"…처음 보전에 참가할 때 가졌던 젊은 의욕과 포부는 하나도 성취된 것이 없이 나의 보전 시절은 수난과 좌절, 인종과 굴욕의 끝없는 연속에 지나지 않았음을 새삼스럽게 느꼈다. …죄는 본래 안 되는 일을 하려는 데 있었다 하겠지만, 안 되는(보전 지키기와 민족교육 진작; 필자 주) 일인 줄 알면서도 안 할 수 없었던 데야 어찌하랴."

41) "창씨개명에 대한 저항은 일정 당국의 음흉하고 교활한 강행책 앞에는 결국 무력하였다. 창씨를 하지 않는다 해서 곧 잡아가는 것은 아니었지만, 잡아가는 것보다 더 무서운 압력을 직접 간접으로 가했기 때문이다… 대세가 기울기 시작하자 저항은 싱겁게 무너져서 보전 학생의 출석부도 거의 일본식 이름 일색이 되고 교직원 중에도 창씨개명한 사람이 상당수 생겼다. 그러나 보전은 역시 보전이었다. 교장을 비롯해 장덕수·안호상 기타 창씨하지 않은 사람이 다른 어떤 학교나 기관보다도 많이 집결되어 있는 곳이 보전이었다."(『養虎記』, p.81.)

보성전문 안호상 교수의 항일 운동
-『안호상 회고록』이 보여 주는 몇 토막의 일화들

(1)

『안호상 회고록』, 민족문화출판사, 1996, 335p.

일제 식민지 치하 한국인들의 항일 저항운동에도 여러 가지 스타일이 있다. 상해(上海)·구미(歐美)에서의 망명정부 수립, 만주벌 무장투쟁 등의 외교적·전투적 성격의 전면전 외에도, 비록 국내에 남아 왜제(倭帝)에 꽁꽁 묶인 '천황 폐하의 적자' 노릇을 강요당하면서도 면종복배, 돌아서서는 각자 나름대로 각개전투형 산발전을 벌인 외롭고 고결한 투사들이 있었으니, 그러한 과정에서 그들이 비록 절도(지조)도 지키고 살아남기도 하기 위해 사회적으로 욕되지 않을 정도의 타협도 해야 하는 굴종과 수모의 처신을 했더라도 이들의 애국심 깊이 배인 단성(丹誠)을 우리 독립운동사는 외면하지 말아야 할 것이다.

필자는 앞장에서 민족 독립운동의 일환으로서의 보성전문 지키기 운동에 온갖 수모와 굴종을 감수하면서 타협적·비타협적 저항운동의 양면 기치를 내걸었던 김성수·장덕수·유진오 등의 눈물겨운 투쟁의 뒷이야기들을 소개하였지만, 그들이 교장·생도감·법과과장이라는 감투를 쓴 죄(?) 때문에 후일 친일파 누명을 썼다면, 이번에 소개하는 안호상 교수는 그러한 감투(보직)를 쓰지 않은 덕(?)으로 친일파 족쇄는 채워지지 않았지만 제2선에서 은근히 민족 교육과 배일운동[42]의 주모자급 선동·행동가로 앞장섰던 점에 필자는 관심을 가지고 있다.

해방 후 한동안 민족청년단, 일민주의, 문교부장관, 학도호국단, 홍익인간이란 상징어로 이름을 날리고, 또한 초대 문교부장관으로서 건

42) "어떤 연구가는 일제 강점기의 조선인 교육자를 다음 5개 유형으로 분류하여(1). 강렬한 민족적 양심에 따라 아주 교육계를 떠난 소수인 (2). 민족적 양심을 갖고 기회 있을 때마다 교단에서 민족의식을 표명하여 관헌으로부터 곤욕을 당하거나 또는 체포되는 사람 (3). 민족사상을 가르치면서도 법망을 용케 피하면서 교원 생활을 계속한 상당수 (4). 타협적으로 복종하면서 교육이념을 포기했던 대부분 (5). 소수지만 총독부 당국에 영합해서 친일 교육을 한 사람 등으로 구분하기도 하는데, 일본의 이나바 쓰구오(稻葉繼雄)교수는 인촌을 (2)와 (3)의 중간형인 '온건한 민족주의자'로 규정하고 있다. 그렇다 면 장덕수와 안호상과 유진오는 실질적으로 인촌보다 더 앞장서서 육체적·정신적인 몰매를 맞았으므로 (2)급에 속한다고 보아야 할 것이다."(『仁村 金性洙』, p.401.)

국이념 정립과 민족교육 시행에 앞장섰던 한뫼 안호상(安浩相; 1902~1999). 그는 1933년 보성전문학교 교수가 된 이후 해방 전해인 1944년까지의 12년간 철학교수로 철학개론·윤리학·독일어·논리학을 강의하는 한 사람의 평범한 교육자에 지나지 않은 듯한 행보로 일관했다.

1927년 독일 베를린대학에서 경제학 박사학위를 받은 이극로 씨(가운데)와 영국 해군이었던 신성모 씨(왼쪽), 그리고 안호상 씨.

그러나 9년 남짓 독일에서 헤겔철학·민족철학을 전공한 안호상의 내면적 욕심과 각오는 오로지 보성전문 설립 취지에 걸맞는, 민족교육을 통한 인재 양성과 숨은 독립운동에 있었음은 본인의 회고와 주변인들과 제자들의 회고에 의해 여러모로 밝혀져 있다.

그리하여 유진오와 함께 보성전문 민족·배일 교육 강행의 쌍두마차가 되어 감독관청인 총독부 학무국의 눈엣가시가 되고, 여러 차례의 체포·회유의 수난을 감수해야 했던 안호상 교수. 어찌 보면 보성전문에서의 안호상식 배일 저항운동 방식은 그러나 눈에 띄게 화려하고 두드러질 만한 모습의 것은 아니었다고 할지 모른다. 그러나 그는 '철학 강의'라는 탈을 쓰고 기회만 있으면 크고 작건 사사건건 배일 민족심 배양과 총독 정치에 거역하는 톤의 기괴한 강의 일변도의 괘씸죄를 범하기 일쑤였다. 그러면서도, 어떻게 해서라도 잡아 넣으려고 했던 일제의 사슬을 용케도 빠져나가는 요령과 지혜의 재주를 부리기도 했다.

(2)

안호상의 저항운동은 가벼운 일상의 행동거지(몸가짐)에서부터 시작된다. 머리를 깎지 않고 전시 국민복도 입지 않고 각반도 치지 않고 전투모도 쓰지 않고 전투화도 신지 않는다. 그는 이렇게 회고한다.

"…독일에서 공부하고 왔다는 이유로 좌익(주로 상과에 많았다)으로부터 '나치'라는 엉뚱한 별명을 들으며 그들의 미움을 샀다… 1940년의 히틀러의 나치와 이탈리아의 무솔리니의 파쇼 그리고 일본 군국주의의 3국동맹 이후, 독일이라면 약했던 일본이었기 때문에 나는 이것저것 이를 최대로 이용했다… 머리를 깎지 않고 전시복을 입지 않는 등의 핑계도 '독일에선 그러지 않았다'로 통할 수 있었으니 말이다."(『안호상 회고록』, p.163.)

안호상에게는 숨겨진 또 하나의 강도 높은 저항운동의 이력이 있다.

그것은 1944년에 친일학자들의 모임인 '綠旗聯盟'이 실시한 시국 관련 설문조사에 대한 답변의 불온성 때문에 헌병대의 사찰과 협박을 받은 사건이다. 그는 이렇게 회고한다.

"당시 친일학자들의 모임인 '綠旗聯盟'이란 단체가 있었다. 주로 경성제대 출신으로 정기적으로 기관지를 발행하고 있었는데, 여름호 기관지 게재용 설문조사 응답 요청이 나에게도 왔다. '요즘의 사회현실에 대해 어떻게 생각하십니까?+학교의 실태에 대해 의견을 말해 주십시오+앞으로의 희망은 무엇입니까?'의 세 항목이었다. 나의 답변은 '사람들은 돈과 권력을 위해선 부모나 조상도 버리고 있는 사회를 만들어 가고 있다+요즈음의 학교는 학문 발전이나 자기 향상을 위한 것이 아니라 돈과 권력을 위한 것으로 변했다+희망은 오직 학문을 연구할 수 있는 여건이 마련되었으면 하는 것이다'라는 내용이었다. 설문조사 결과가 발표되자 주위에선 '왜 그런 대답을 했느냐'고 은근히 걱정을 해주는 사람도 있었고, 헌병대

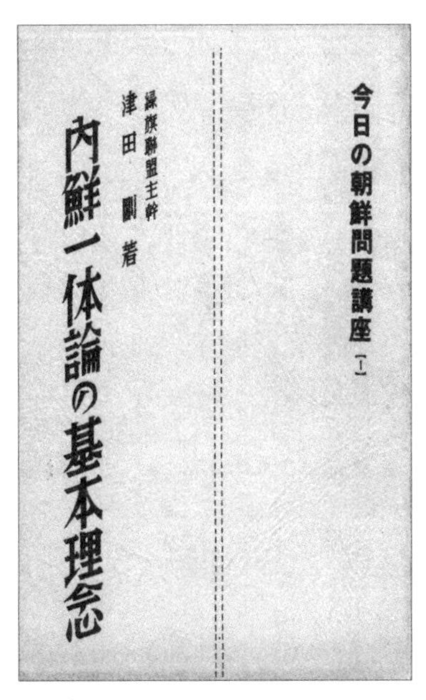

綠旗聯盟에서 간행한 『今日の朝鮮問題講座』, 1939, 全六冊.

에서는 '잡아넣겠다'고 협박까지 했다. 겁이 난 나는 금강산 도피행을 결심하였다"(『안호상 회고록』, p.198)

안호상은 자신도 포함될 지식인들의 예비검속 관련 악소문들[43]에 시달리기도 했다. 회고록의 기록은 이렇다.

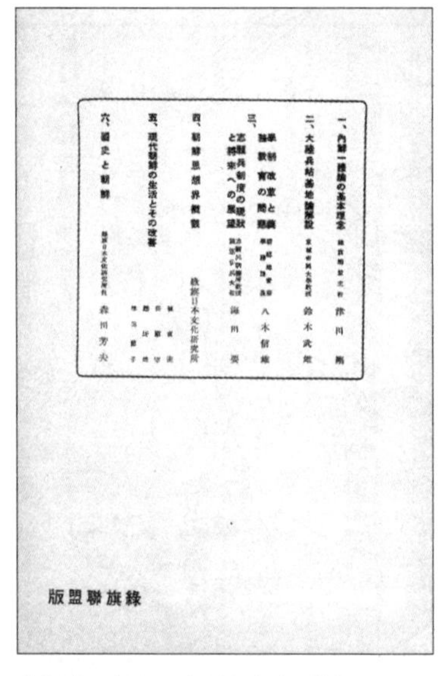
一、內鮮一體論の基本理念 津田剛
二、大陸兵站基地論解說 鈴木武雄
三、學制改革と義務教育の問題 八木信雄
志願兵制度の現狀と將來への展望 海田要
四、朝鮮思想界概觀 綠旗日本文化研究所
五、現代朝鮮の生活とその改善
六、國史と朝鮮 森田芳夫
綠旗聯盟版

綠旗聯盟의 津田剛 主幹이 집필한 『內鮮一體論의 基本理念』

"(1944년)가을부터는 이상한 소문이 들리기 시작했다. 수원 근방에 감옥을 짓고 있는데, 그 감옥에는 나 같은 지식인들, 다시 말해 총독부의 지시를 잘 따르지 않는 사람들을 가두는 곳이라 했다."(『안호상 회고록』, p.197.)

(3)

안호상의 저항 운동 방식의 백미는

43) "1936년에 부임한 미나미 지로(南次郎)총독은 가장 혹독한 민족문화 말살정책을 펴온 총독이었는데 그가 재직하면서 창씨개명·신사참배·한글 서적 출판 금지뿐만 아니라 동아일보 조선일보 등의 민족지도 폐간시켜 버리는 횡포를 부린다. 또 그는 전쟁중임을 이유로 '조선 사상범 보호관찰령'을 만들어 민족운동자들을 '요시찰인'이라 하여 항상 감시하고 1940년에는 '사상범 예비 구금령'을 내려 이들을 언제나 구속할 수 있는 법적 근거까지 마련했다."(『안호상 회고록』, P.184.)

공식 강의 용어인 일본말 안 쓰기 운동이었다. 일종의 '퍼포먼스' 수준이었다. 1934년부터는 어느 학교에서든 강의를 일본말로 하고 한국말은 쓰지 못하게 했는데 안호상은 끝까지 한국말을 고집하기로 한다. 그의 회고는 이렇다.

"내가 한국말로 강의한다는 소문을 들었던지 보전에 국학(國學; 일본학) 선생으로 있던 교토(京都)제대 출신의 미우라(三浦)라는 사람이 2층 내 강의실 아래에서 늘 배회하고 있었던 모양이다. 어느 더운 여름날이었는데, 학생들이 창문을 모두 닫는 것이 아닌가. 그 이유를 물었더니 창밖을 내다 보라고 눈짓을 하였다. 창 아래에는 미우라가 왔다 갔다 하고 있었다. 나는 그런 학생들의 마음씀에 얼마나 고마워했는지 모른다."(『안호상 회고록』, p.159.)

또 시찰 나온 총독부 시학관들 앞에서는 한국말 강의를 하다가 갑자기 독일어로 강의하는 웃지 못할 '쑈'를 연출하기도 하였는데, 이에 대해 안호상은 이렇게 회고하고 있다.

"백상규(白象圭) 등 영어 교수들도 일부러 영어회화 시간을 가장하여 영어로만 강의하는 쑈를 연출하기도… 결국은 일본말을 주로 써 가르쳐야 했고, 나는 일본말이 그리 능숙하지 못해 시학관이 오는 날은 교과서에 일어로 토를 달아 읽었으며 한국말 반 일본말 반씩으로

1930년대 보성전문학교 교수들의 강의 모습.

가르칠 수밖에 없게 된다."(『안호상 회고록』, p.160.)

당시는 모두가 일본어로 강의를 해야만 했던 때로 유독 보전에만 일본말 모르는 교수가 여러명 있어서 우리말로 강의를 했는데 일본인 시학관들이 올 것에 대비하여 김성수 교장은 정문 수위에게 항상 망을 잘 보도록 이르고 시학관이 나타나면 교수들이 각각 기지를 발휘하여 대응하도록 했다 한다. 일본어를 모르는 대표적인 교수는 영어의 백상규와 철학교수 안호상이었는데, 안호상은 특히나 일본에 대한 반발심에서 강의를 한국어로 혹은 일본어로 막 섞어 가면서 하는 통에 '오노오노(各各)'를 '각구각구'라 발음해서 학생들을 웃기기도 했다 한다.[44]

44) 이와 비슷한 일은 동료 강사인 함병업(咸秉業) 씨도 겪고 있다. 당시의 경제과 학생이었던 송기철(宋基澈) 고려대 명예교수의 회고담이다.

"현역 교련 교관 기요모토(清本) 대위가 전문학교에서는 무엇을 어떻게 강의하는지

(4)

그러나 이런 식의 저항은 약과였다. 더 무시무시한 음모가 한국인들과 안호상에게 덮쳐 왔다. 성을 일본식으로 갈도록 하는 창씨개명 조치였다. 창씨개명도 안하고 버틴 것이다. 1939년에 총독부 학무국장 시오바라(塩原時三郞)의 창안으로 제정되었다는 이 창씨개명 제도의 시행에 즈음하여 총독부는 1940년 2월 11일 그들의 기원절(紀元節)까지 모든 한국인은 지금까지의 성을 버리고 일본식으로 성을 바꾸라고 했다. 또 창씨를 하지 않을 경우에 입을 손해에 대한 엄포 조항도 만들어 발표했다. 창씨에 불응하면 직업도 가질 수 없고, 돈벌이도 제대로 할 수 없게 한다는 내용이었다. 또 이와 병행하여 신사참배까지 강요했다. 이때의 정황을 안호상은 이렇게 회고하고 있다.

"생존 수단으로라도 성씨를 갈고 신사참배를 해야 했다. 나는 이 글

호기심이 있어서 그러했던지 어느 날 일본문학을 강의하는 교실을 불쑥 참관하러 들어왔다. 강사는 조선인으로서 유일하게 도쿄제대에서 일본문학을 전공했던 함병업씨로서 양정고보 교사였는데, 참관 그 자체도 사전양해가 있었는지 없었는지 알 수도 없었지만, 그는 그가 참관하기에 앞서서는 『심순애와 김중배』의 원전인 일본의 『곤지기야사(金色夜叉)』를 흥미진진하게 연애소설의 국면을 전개하고 있었다. 그런데 그가 교실에 들어오자마자 그 강의를 딱 멈추고 180도 방향을 급선회 하여 태연히 일본의 고전인 『만요슈(万葉集)』의 시를 칠판에 달필로써 써 놓고서 일본인보다 더 유창한 일본어로 깊이 있는 강의를 당당하게 전개하다 보니 그도 알았는지 모르는지 한참 눈을 깜빡깜빡 하더니 나가 버리는 것이었다. 함병업 강사는 눈을 깜빡이면서 또 다시 『곤지기야사』의 강의에 돌아 갔고, 학생들은 모두 와?하고 큰 소리로 가가대소…."

에서 그때 신사참배에 응하고 성씨를 갈았던 사람들을 비난할 의도는 조금도 없다. 다만 나는 그때 가는 데까지 버텨 볼 심산이었고, 나름대로 잘 견뎠다는 것을 다행스럽게 생각한다. 더욱이 나는 단군을 섬기는 대종교인(大倧教人)이었다. 신사참배는 기독교인들에게도 상당한 반발을 샀던 것이지만 나중 그들도 대부분 견디지 못했을 만큼 일본의 강요는 혹독했다."(『안호상 회고록』, p.167.)

또 창씨개명과 한 쌍(双)인 신사참배도 거부하며 그밖의 여러 전시동원 체제에 저항하기도 하였다. 그의 회고는 이렇다.

"나는 신사참배 때마다 아프다는 핑계로 참석하지 않았다. 학생이나 선생 모두가 머리를 빡빡 깎고 목을 가리는 '쓰메에리'의 국민복을 입도록 했으나 나는 이것이 싫어 따라하지 않았다…머리와 턱수염 길게 하여 중환자로 가장하고 옷은 늘 신사복을 차려 입고 다녔다. 독일에서 대학교수들은 늘 이렇게 해서 다닌다고 우겼다."(『안호상 회고록』, p.167.)

그러나 버티다 버티다 못 견딘 그는 창씨개명도 안 하고 휴양(지병 치료)과 일제의 일어 상용화 교육 강화를 피해 은거할 목적으로 1940년 정월에 김성수 교장의 재가로 1년간의 휴가를 얻어 교토로 연구 생활을 떠난다. 이때 그는 아마노(天野) 교수의 창씨개명에 대한 비판[45]의 목소

45) "나는 어느날 아마노 교수에게 한국인의 창씨개명에 대해 심한 불쾌감을 드러

리를 듣고 용기를 얻게 되고 이후 귀국해서 총독부에 자신있게 맞서려 했던 것도 이 점에 힘 입은 바가 많다고 술회하고 있다.

이때 교토에서 타이프라이터를 배워 헤겔 논문을 완성했다는 그는 1941년 가을 학기부터 복직하여 다시 강단에 서는데, 이 시절의 정황을 안호상의 부인 모윤숙 시인은 이렇게 회고하고 있다.

> "인촌 선생을 생각하면 가장 어렵게 살던 시절이 떠오릅니다. 안암동에 살 때인데 선생님과 장덕수 선생 그리고 그이는 가끔 함께 오셔서 세상 한탄을 하며 울분을 털어 놓기도 했어요. 세 분이 모두 창씨개명을 하지 않았기 때문에 언제 무슨 일을 당할지 알 수가 없었습니다."(『인촌 김성수』, p.266.)

> "한국말로 쓴 글도 어떤 때는 일본말로 번역[46]되어 그들께 충성한 듯이 발표되어졌다. 나는 글이 번역되어 나오는 것까지는 견딜 수 있었으나, 창씨만은 목숨을 걸고 못할 것만 같았다. 안한 것이 장한 것이 아니라 이 핑계 저 핑계로 교묘히 모면이 되었던 나의 운이 좋았음

내며 비판했다. 그는 '그런 일이 있을 수 있는가. 이젠 우리나라도 망할 때가 된 모양'이라며 함께 흥분하는 것이었다. 그는 일본에 군부가 이토록 득세하니 나라가 망하지 않을 수 없을 것이라며 나보다 더 강한 어조로 비판을 했다. 일본 지식인 가운데는 아마노 교수 같은 사람도 많았고 나는 그들로부터 용기를 얻을 수도 있었다."(『안호상 회고록』, pp.174~175.)

46) 이때의 번역은 글이나 말의 단순한 번역이 아니고, 어구나 단어·문투의 임의 조작(개작)일 경우도 많다. 그렇게 번역하면 그 시나 글은 모윤숙의 창작물이 아니라 '모윤숙 명의'의 시가 되어 버리는 것이다.

을 말하고 싶을 따름이다."(『회상의 창가에서』, p.177.)

(5)

그러나 그렇게 끈질기게 저항하고 요령껏 피해 가던 그도 마침내 수사기관의 덫에 걸리고 만다. 1942년 11월 초, 학도지원병 보전 출정 생도 송별사가 문제된 것이다. 그때의 송별사라면 당연히 천황폐하가 나와야 하고 제국을 위해서라든지 멸사봉공이라는 말도 나와야 했는데 그런 용어와 문투는 전혀 보이지 않고, 어린애 달래듯 무사귀환만 비는 식의 문투로만 일관된 송별사였기 때문이었다. 학생들과 교수들의 비위에 맞아 박수 소리가 요란했던 이유 때문이기도 했을 것이다.

퇴근 후 송별사 문제로 집에서 4명의 헌병에게 연행되어 남산 아래 헌병대로 끌려간 그는 목검에 의한 무수한 구타와 몽둥이 찜질을 당하며 창씨개명 하지 않은 이유와 국어상용 않는 이유, 국민복 안입는 이유, 머리 깎지 않는 이유 등을 심문 당한 후 평상시대로 학교에 나가고 이 사실을 한 사람에게도 이야기하지 말라는 당부와 함께 귀가 조치를 받는다. 다음날도 연행되어 가 이번에는 독일에 관한 질문을 받고 또 다음날 한 번 더 연행되어 가는데 마지막에는 "학생들을 데이고쿠 신민(帝國臣民)으로 잘 만들어 달라"는 당부와 함께 석방된다. 그때는 방송국에 근무하는 부인 모윤숙 시인도 창씨개명을 하지 않아 당하고 있던 때였다 한다. 보성전문학교 내외에 쫙 퍼져 있는 평소의 불령선인 투의 행동에 대한 보복과 예방조치 차원의 겁주기식 연행·고문·협박·회유 작전의 일환이었음은 물론이다.

(6)

안호상의 수난의 고행길은 조선어학회사건에도 이어진다. 조선어학회 창립 단계에서부터 주모자의 한 사람으로 깊숙이 개입한 안호상은 조선어학회 사건이 터지자 압수·수색을 거듭 당하는데, 다행히(?) 오랜 지병으로 인한 장기간의 병원 입원으로 구속만은 피하고 시간을 끌다가 1943년 9월 초순 사건이 일단락되자 퇴원하고 학교에 복귀한다. 병이 그를 살린 셈이다.

안호상의 조선어학회 연루 혐의 그것은 두 가지로 요약된다. 이인·이극로 등과 '학술단체를 가장하여 국체 변혁을 꾀했다는' 조선어학회 조직 관련 모의[47] [48]를 한 점과 그 자신 『큰사전』 편찬의 철학·논리학·

47) 혐의의 구체적 내용은 "(1) 1937년 5월, 안암정의 보전 안호상 집에서 이극로·이은상과 함께 이우식에의 결사 조직 자금 출자 권유건과 재단법인 설립을 논의하고 (2) 다시 5월 7일, 경성부 본정 요릿집 '강호천'에서 이우식·이인·이극로와 회합하여 재단법인 설립에 관한 여러 논의를 하였으며 (3) 다시 5월 하순, 피고인 이인 집에서 재단법인 설립 수속에 관한 논의와 구체적 계획을 논의하였다."는 것이다.(이극로의 『苦鬪 四十年』, pp.215~217.)

48) "남편 A씨를 새벽에 찾아 오는 애국자들 중에는 여러 사람이 있었는데, 이극로 씨는 의령의 한 고향 친구고 똑같이 독일 유학생이며 한글학자라면서 무슨 이야긴지 늘 나를 나가라 하고 방 속에서 얘기를 하곤 했다. 그들은 한글 이야기, 반일 조직체 같은 엄청난 구상도 서로 하는 모양이었다. 나는 모른 체하고 안방에서 늘 걱정이 되었다."(『회상의 창가에서』, p.162.)

윤리학·심리학 영역의 술어 작성자로 조선어학회에 관여하고 있었다는 점이다.

(7)

그러나 창씨개명·신사참배도 안 하고 그 무서운 조선어학회사건의 거센 회오리도 피해 내며 그렇게 버티던 그도 결국은 앞서 언급한 1944년의 녹기연맹 설문조사 사건으로 받은 헌병대의 잡아넣겠다는 협박에 겁을 집어먹고 금강산으로 도피하여[49] 1년 가까운 은둔생활을 하다가 8·15해방을 맞이하여 서울로 돌아오게 된다.

처음에는 금강산의 마하연사(摩訶衍寺)에 몸을 의탁하고 있다가 견디기 어려워서 장안사(長安寺) 입구의 보전 제자 경영의 여관 구석진 방으로 옮겨 몇 달을 숨어 지내며 원고를 쓰기도 하는데, 그 원고는 2년 후인 1947년에 『우리가 취할 길』이란 이름으로 출판된다.

이상이 일제에 대한 안호상식 순응·타협·저항의 돌려막기식 투쟁 방식이었던 것이다.

---

49) "…책이나 일기 원고 등 중요한 것은 광 속에 구덩이를 파고 항아리 속에 넣어 묻었다(아내 몰래). 이름은 김사국(金思國)으로 쓰기도 했다. 중국에 있을 때 지어 쓰던 이름이다. 돈(고향에 가서 마련한 200만원)은 왼팔 위쪽에 수건으로 감아 감추었다. 아직은 겨울 기온이어서 만져 보면 내복이거니 느껴질 것이었다. 다가올 여름을 위해 삼베 두 필을 가져가는 것도 잊지 않았다."(『안호상 회고록』, P.199.)

제3부

지성 채집의 즐거움

《뿌리깊은나무》와의 만남

-추모 문집 『특집! 한창기』와 서신을 통해 추억하는 한창기 사장

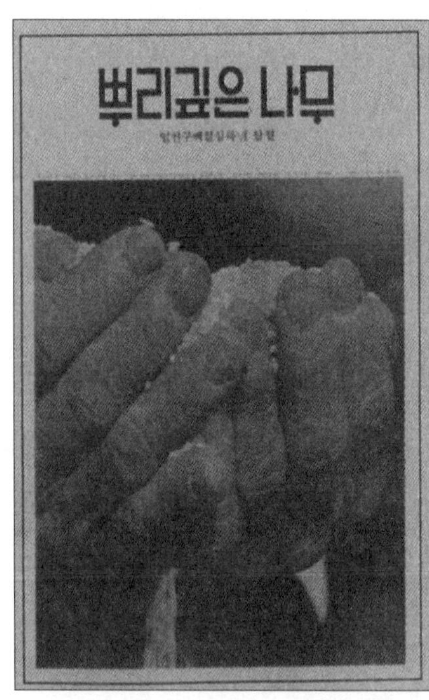

《뿌리깊은나무》 창간호. 1976년 3월호.

필자가 《뿌리깊은나무》라는 잡지를 처음 만난 것은 1970년대 후반이었다. 창간호가 1976년 3월에 나왔으므로 이 잡지의 존재와 명성을 남들보다 조금 늦게 알아챈 셈이다, 필자가 애써 독서력(讀書歷)의 기억을 헤아려 추억해 보니 대충 1978,9년 쯤이 된다. 그러니 《뿌리깊은나무》에 관한 한 당시의 잡지 시장에 필자는 한참 동안 눈이 어두워 있었던 셈이다.

1992년 초가을, 동숭동 문예진흥원 예술극장 앞에서 포즈를 취한 한창기 선생. 오른쪽은『특집! 한창기』; 한창기 추모문집. 창비, 2008, 471p.

대체로 이 잡지가 잡지 시장의 한 모퉁이를 크게 파고 들기 시작하기 이전에도 우리 지식인 사회의 대중적 '지성지(知性誌)'가 그리 없었던 것은 아니다. 1960~70년대를 통해 우리 지식시장을 선점하다시피 했던 여러 종합잡지들, 이를테면 이때는 이미 폐간되어 사라진 월간《思想界》라든가《世代》《新東亞》《中央》등이 여전히 잠재적-현재적 위력을 과시하고 있었던 시절이었던 것이다.

이러한 시절에 1972년 창간의 문학 전문지《文學思想》처럼 어찌 보면 혜성(?)과 같이 등장한《뿌리깊은나무》는 기존의 유명 종합지와는 또다른 차원의 대중들의 '지식 욕구 충족'에의 적합한 매체 역할을 충실히 수행했었다는 생각이다.

1960~70년대에 등장한, 종래의 과도한 흥미 위주의 대중 종합지와는 약간 톤을 달리하는 《씨올의 소리》, 《創造》, 《다리》지나 문학 전문지 《문학사상》 등과 함께 당시 새로운 편집 체제와 기사 선택으로 많은 반향과 관심을 불러 일으키며 한 시대를 풍미했던 《뿌리깊은나무》.

필자가 《뿌리깊은나무》라는 잡지에 관심을 갖고 주목하게 된 1980년 1월호(제47호) 시절, 이 잡지가 확보하고 있었던 독자층은 매우 광범위한 수준의 것이었던 것으로 필자의 독서일지는 기록하고 있다.

당시의 출판시장에 흘러나오는 소문으로는, 고급지식인·학생·회사원으로부터 시골의 할아버지·촌색씨·공단의 근로자들에 이르기까지 모든 계층의 사람들이 모두 이 잡지를 즐겨 읽고 있다는 이야기들이었다.

또 이른바 고등교육이라는 것을 받지 않은 자일지라도 중학생 정도의 지적 수준에 도달해 있는 사람이거나, 나이 서른 정도의 사회생활 경험만 가지고 있는 사람들이라면 충분히 이 잡지의 애독자가 될 수 있는 그러한 평이한 내용의 잡지라는 이야기들이었다.

또 전반적인 편집 체제도 종래의 눈익혀 온 잡지와는 판이하고 낯설은 스타일이어서 대중들의 호기심을 자극했던 것으로 보여지는데, 이를테면 사륙배판형(型)의 거구에 가로쓰기라든가 '한글 전용'을 고수한다는 점, 중간중간에 짜임새있게 끼워 넣은 삽도·삽화의 재치 있는 구성미, 새로운 스타일의 광고가 던져 주는 호소력이 호기심 자극의 원천이었던 것으로 생각된다.

그러나 무엇보다도 돋보이는 점-이 잡지가 기사를 통해 독자들에게 보여 주려고 했던 내용과 지향점-은 이 잡지가 전체적으로 풍겨 주는 놀라운 비평안·현장성·토속성·서민성에 있었다. 그러면서도 인문·교양 전문 대중잡지의 속성이라 할 '이야기의 재미'를 지속시켜 주는 긴장감도 잃지 않고 있었던 것이다.

그러나 '될성 부른 나무'는 꽃잎 적부터 잘라 버린다는 격으로, 창간 5년 남짓한 이 잡지도 1980년의 신군부 세력의 소위 '새시대 건설을 위한 언론 정화 작업'의 서슬에 난도질을 당해 1980년 8월호로 강제 폐간당하는 신세가 되고 만다.[50] 또 그렇게 애써 모든 재력과 공력을 쏟아

50) (1) 사사(社史)에 의하면, 광주 5.18민주화항쟁의 소식을 광주 충장로에 있었던 「브리태니커」 광주지사로부터 '생생히' 전해 들은 《뿌리깊은나무》 기자들이 군부에 대한 항의 표시로 6월호 잡지를 휴간할 것을 제의하자, 한창기 사장은 이를 받아들여 그 다음 달 잡지를 6·7월호 합병호로 내게 하였는데, 마지막 폐간호는 그 다음달호인 1980년 8월호였다.

(2) "전두환 신군부 세력은 1980년 7월 31일에 정기간행물 172종을 폐간시켰으며 7,8월 두 달에 걸쳐 870명이 넘는 언론인을 해직시켰다. 《뿌리깊은나무》는 이때 《씨알의소리》, 《문학과지성》, 《창작과비평》과 함께 폐간되었다.

폐간의 대상은 '음란·저속·외설적이거나 범죄 및 퇴폐적 내용, 특히 청소년의 건전한 정서에 유해한 내용을 게재해 온 간행물'이거나 '계급의식의 격화 조장, 사회 불안을 조성해 온 간행물 등 발행 목적을 위반한 간행물'이었다. 《뿌리깊은나무》는 앞에 예를 든 세 잡지와 함께 둘째 기준에 들어 폐간당했다. 한 마디로 말해서 현실을 비판하는 지식인의 목소리를 근원적으로 봉쇄하는 조치였다."(유재천, 『특집! 한창기』, P.14.)

(3) "《뿌리깊은나무》는 그렇게 정권 찬탈 반란군의 군홧발에 짓밟혀 끝내 숨쉬기를 멈추고 문화사의 뒤안길로 사라지게 된다. 매호 콕콕 찌르는 총명한 말투로 저들이 저

부어 잡지다운 잡지를 만들어 보려던 한창기 사장도 한 차례 넘어 자빠지는 인간 모멸의 시련을 겪게 되었던 것이다.

그러나 한창기 사장의 시련은 이에서 끝나지 않았다 그는 좌절을 경험으로 이후로도 계속 홈런의 후속타를 쳐대었던 것이니, 1984년의《샘이깊은물》창간을 비롯한 단행본 출판 사업과 여러 전통문화 복원과 재조명 사업, 이른바 '뿌리깊은나무 사업'이라 이름붙여야 할 여러 프로젝트를 기획하여 씨앗 뿌리고 가꾸고 과실을 맺게 하였으니 그의 공적은 민족문화 인물백과사전에 첫 번째로 기록해도 충분할 것이다.

여기 한창기 사장 타계 10주년(2008년)을 맞이해 나온 추모 문집『특집! 한창기』(창비, 2008)가 있다. 이 책은 '한창기 백과사전'이라 이름붙일 만큼 생전의 한창기 사장과「브리태니카」시절부터 타계 직전의 출판·문화 사업 시절까지 고락을 함께 했던 59명(사진가 강운구 등 편집인들과 브리태니카 사업 관련 인사들)의 한창기 사장 추모 글들이 수록되어《뿌리깊은나무》나《샘이깊은물》외에 실체를 잘 몰랐던 '인간 한창기'의 진솔·솔직·담백한 진면목을 '뿌리깊게' 속속들이 파헤쳐 독자(애호가)들에게 전해 주고 있다.

감명깊고 흥미있게 단숨에 이 471페이지의 두터운 책을 독파한 필

지르는 못된 비문화적 짓거리에 깐죽깐죽 바른 소리를 해대니 뒤 쿠린 정권의 체제 유지에 적잖이 껄끄럽긴 했을 터이다. 태생적으로 켕기는 게 많은 무뢰배들의 눈에는 부화뇌동과 영합의 몸짓을 보이지 않는,《뿌리깊은나무》와 같은 올곧은 일부 간행물들이 삐딱한 반골로 보였을 것이다."(이만재,『특집! 한창기』, p.424.).

자가 그가 이룩한 사업적 성과와 그에 대한 인간적 흠모의 정을 되풀어 이야기하는 일은 '장님 코끼리 만지는 격'이 될 듯싶은 노파심에서, 구체적인 언급은 삼가고, 대신 59명의 필자들이 쓴 각론들을 발췌 요약해 적어 놓은 이 문집 서두 페이지의 공적 사항 몇 항목을 옮겨 적어 아쉬운 대로 독자들과 함께 길이 기억해 두고자 한다.

"(1) 『브리태니커백과사전』의 한국지사를 만들어 성공적으로 경영하고 수많은 쎄일즈 영웅들을 길러냈다.

(2) 1976년 3월에 그때까지 한국인이 본 적이 없었을 만큼 혁신적인 월간잡지 《뿌리깊은나무》를 창간, 한글 전용, 가로쓰기, 전문 미술 집단에 의한 지면 배열을 구현하였다.

(3) 1984년 11월에 여성 종합문화지 《샘이깊은물》을 창간했다. 소비와 허영을 부추긴다고 비판받는 기존의 여성지와는 달리 여성주의 관점이 밴 아름다운 '사람의 잡지'였다.

(4) 남한 땅 종합 인문지리지 『한국의 발견』(전11권), 이름 없는 민중의 구술 역사책 『민중 자서전』(전20권)을 출간하였으며, 해설집을 갖춘 한국 전통음악 음반전집들을 펴냈다.

(5) 방짜 유기, 옹기, 백자, 한복, 한옥, 차, 염색 같은 전통 문물을 발굴·재현해 냈다.

(6) 한창기는 한국 출판물의 내용과 형식에 진정한 근대성과 주체성을 부여한 최초의 언론·출판인이었다. 그리고 출판 활동을 통해 전

통의 창조적 계승을 성공시킨 사람이었다."

이처럼 그는 「브리태니카」의 '전설적' 판매 대왕이었을 뿐만 아니라, 잡지 창간과 도서 출판에 공적을 남긴 언론-출판인이었고, 문화비평가였으며, 생동하는 광고 기법의 개발자요 문화재 수집가였으며, 판소리를 비롯한 전통음악의 재현과 전통 의식주의 창조적 계승을 실천한 민속문화의 발굴·보존자라는 다양하고도 독특한 만능 문화인-인간문화재-으로서의 면모를 지닌 사람이었던 것이다.(유재천)

그래서 유재천 교수는 그를 '1970년대의 정신사적 변혁운동의 주역이면서 특히 문화사적 변혁운동' 주재자로 자리매김 했는지 모른다.

필자도 생전의 한창기 사장과 맺은 조그만 인연이 있다. 비록 대면 교제는 아니었지만 서신을 통한 인간적 냄새 잔뜩 풍기는 격려의 편지를 통한 비대면 교류였다 할까.

모두에서 밝힌 대로 필자는 1980년에 《뿌리깊은나무》라는 잡지의 진가를 처음 발견하고 그해 3월호의 모 독서-출판 전문 잡지에 「《뿌리깊은나무》라는 잡지」라는 제목으로

사옥의 출입구 문지방에 걸었던 현판

서평을 쓴 일이 있으며, 1986년에 다른 출판·독서 관련 논설들과 함께 이를 묶어 『순간의 책 영원의 책』이란 출판 관련 논설집을 내고 그 책 한 권을 한창기 사장께 보내 드렸는데 한창기 사장은 이에 대한 답신을 보내준 것이었다.

> "김 선생님 보십시오/ 칠월 오일에 보내 주신 책 "순간의 책 영원의 책"은 고맙게 받았읍니다/ 틈나는 대로 읽어 부지런히 공부하겠읍니다// 특히, 그 부끄럽던 《뿌리깊은나무》에 대해 그토록 과분한 칭찬을 할애해 주셔서 얼굴 두를 데를 모르겠읍니다/ 제가 앞으로 하는 일들에 대한 분부로 알고, 이를테면 새로 나온 "샘이깊은물"이 그런 칭찬을 받을 수 있는 자격을 갖추도록 애를 쓰겠읍니다// 김 선생님과 시인사에서 펼치시는 일들에 하늘의 보살피임이 늘 있기를 빌겠읍니다/ 오늘은 이만 줄이옵니다/ 팔십륙년 칠월 십사일. 한창기 올림."

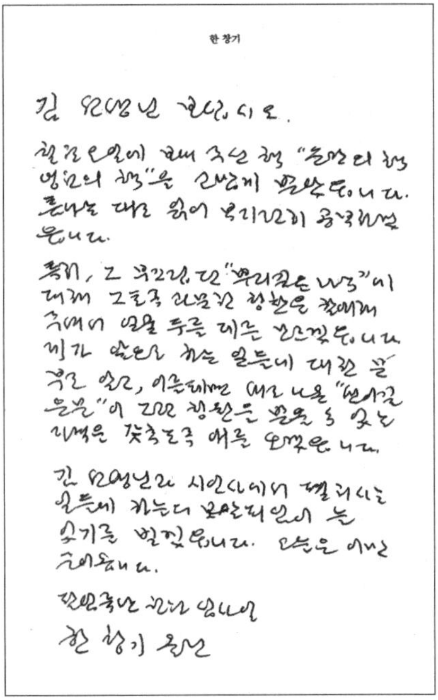

한창기 사장이 필자에게 보내 온 친필 서한

소중히 간직해 온 이 과분한 칭찬과 정감어린 격려의 문구 담긴 한창기 사장의 전용 서한지에 담긴 편지를 다시 읽어 보니 필자야 말로 '얼굴 두를 데를 모르겠다'는 부끄러운 심정이 앞섬을 어쩔 수 없다. 이 추모집을 읽고서 안 일이지만 이 무렵 한 그루의 '인간 뿌리깊은 나무'인 한창기 사장은 4년 전에 목숨을 잃은 《뿌리깊은나무》의 자매지 《샘이깊은물》을 다시 창간하여 열심히 물을 주며 온갖 정성을 다 기울여 가꾸고 있을 때였다.

붓편지와 폰(Phone)문자

-안춘근(安春根) 님과 이경훈(李璟薰) 님의 육필 편지

50년 묵은 서장 정리를 하던 중, 도서와 팸플릿·고문서 더미 속에서 두 통의 오래된 육필 편지를 발견하고 그 편지의 사연에 배인 추억을 되살려 본다. 35년 전인 1986년에 필자는 조그만 출판사를 경영하면서 첫 출판론집에 해당하는 『순간의 책 영원의 책』을 발간, 사계의 몇 분 선배들에게 보내 드린 적이 있고 또 그 중 몇 분으로부터는 수취 인사 곁들인 간단한 서평 비슷한 평설을 적은 편지를 받은 적이 있는데, 그러니까 이 이야기는 수증 인사 두 분의 애정어린 충고담이 담긴 원고지 용지에 쓴 육필 편지와 관련된 추억담이 되는 셈이기도 하다.

『순간의 책 영원의 책』은 필자가 1970년대 초부터 1980년대 중반까지에 여러 출판 전문 잡지에 발표했던 27편의 출판·독서·도서관 관련 소논문이나 칼럼·수필 등을 한 데 모아 발간한 책인데, 이 소책자를 받은 한국 출판학·서지학의 개척자이며 수집가·장서가·출판평론가·수필가이기도 한 남애(南涯) 안춘근(安春根) 선생과 출판·도서관 운동 단체

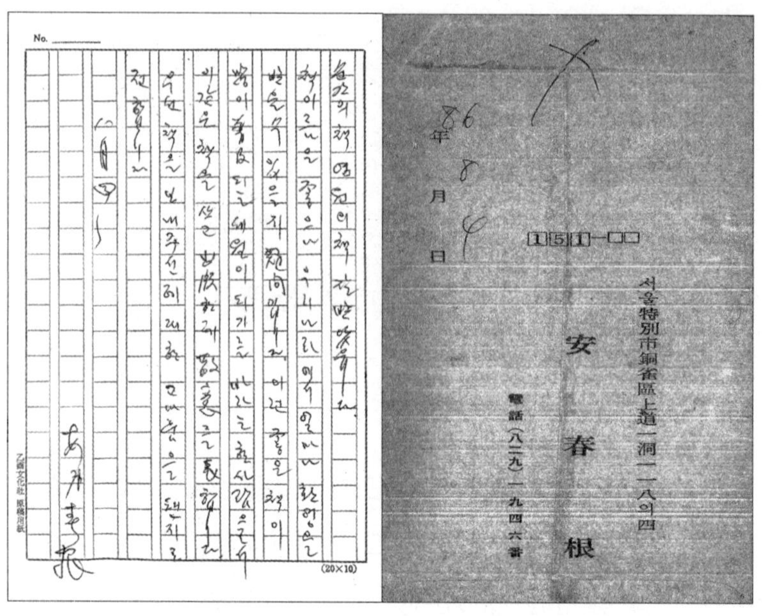

안춘근(安春根) 선생이 필자에게 보내 온 편지

인 대한출판문화협회의 사무국장을 17년간이나 역임한 출판문화계의 거두 탄암(灘巖) 이경훈(李璟薰) 선생은 각각 다음과 같은 충고(?)와 격려의 마음 담은 육필 펜글씨 체의 서신을 보내 주셨다.

"순간의 책 영원의 책 잘 받았습니다. 책 이름은 좋으나 우리나라에서 얼마나 환영을 받을 수 있을지 疑問입니다. 이런 좋은 책이 많이 普及되는 세월이 되기를 바라는 한 사람으로서 이 같은 책을 쓰고 出版한데 敬意를 表합니다. 우선 책을 보내주신 데 대한 고마움을 편지로 전합니다. 八月 四日 安春根"

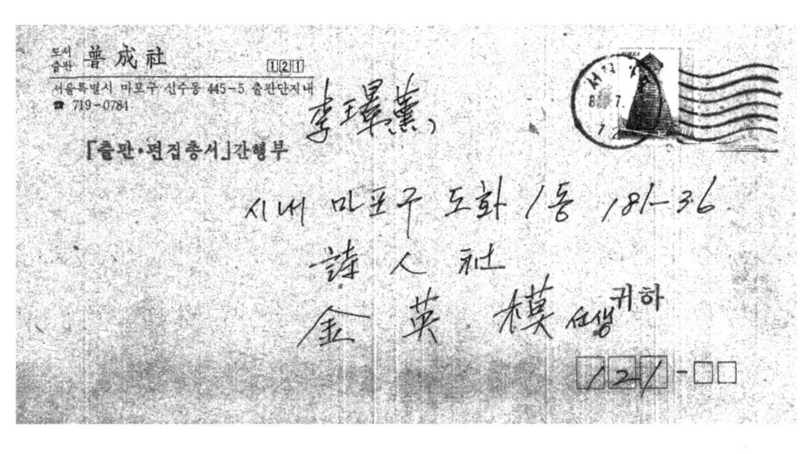

金英模 先生 앞

恒常 淸安하심을 앙축합니다.

前日 惠送하신 貴著 「순간의 책 영원의 책」 잘 받았읍니다.

저는 이 책의 目次를 보고 참으로 반가왔읍니다. 出版·讀書 등 문제로 苦悶하신 분이 계셨구나 하는 생각이 나의 마음까지 뭉클하게 하였읍니다.

나는 特히 貴著 이 책 제2부 「韓國人의 讀書像」의 各論文에 대하여 읽으면서 열여러 대목에 부러운 줄을 쳤읍니다.

이 책은 讀者에게 많은 영향을 미치리라 생각됩니다. 우리들의 課題는 「순간의 책 영원의 책」 속에 응축되었다고 생각합니다.

貴한 論集에 對하여 敬畏의 뜻을 표하면서 人事에 대신합니다.

1986. 7. 12

普成社

李璟薰 拜

이경훈(李璟薰) 보성사(普成社) 사장이 필자에게 보내온 친필 편지.(원고지 2매)

"金英模 先生 앞. 恒常 淸安하심을 앙축합니다. 前日 惠送하신 貴著 『순간의 책 영원의 책』 잘 받았읍니다. 저는 이 책의 目次를 보고 참으로 반가왔읍니다. 出版·讀書 등 문제로 苦憫하신 분이 계셨구나 하는 생각이 나의 마음까지 뭉쿨하게 하였읍니다. 나는 특히 이 책 제2부 「韓國人의 讀書像」의 各 論文에 대하여 읽으면서 여러 대목에 붉은 줄을 쳤읍니다. 이 책은 讀者에게 많은 영향을 미치리라 생각됩니다. 우리들의 課題는 『순간의 책 영원의 책』 속에 운축(온축; 필자 주) 되었다고 생각합니다. 貴한 論集에 對하여 敬畏의 뜻을 표하면서 人事에 대신합니다. 1986. 7. 12. 普成社 李生 璟熏 書"

당시의 우리 출판계에서 '책의 귀신이나 호랑이'로 통하던 두 분의 과찬의 비평에 낯뜨거운 심정을 가누지 못했던 기억이 되살아 난다. 일필휘지로 오자(誤字) 수정도 별로 없이 단숨에 써내린 필력에 대한 경탄심과 함께. 육필 원고나 편지를 직접 손으로 써 보내고 받고 하며 감격해 마지않던, '편지의 정서적 기능'이 아직 한 몫 하던 시절의 이야기이다.

필자가 새삼 이 두 분 선배님들의 육필 편지를 앞에 놓고 '회고적 취향'이라고만 할 수 없는 감개무량의 추억담을 들먹이는 것은 다른 이유에서가 아니다. 요즘 세태에 만연하고 있는 경조부박하기 짝이 없는, 소위 그 디지털 문명의 최첨단 기수라고 하는 인터넷이나 스마트폰인가

하는 통신 도구에만 의존하여 현대인들이 처리하려고 하는 음신(音信) 전달·소통 기능의 작동 과정에서의 대화자 상호간에 작동해야 할 '정서적 기능'의 현저한 배제 현상이 우려되어서이다.

관혼상제의 최소 의례 절차인 청첩장도 부고장도 아라비아 숫자 나열된 통장 입금 계좌 번호 곁들여 소위 그 빠르고 편리하다는 폰 문자 하나로 순식간에 처리해 내는 '폰(Phone)문자의 시대'!

이제 우리의 서간문화도 이대로 가다가는 쇠퇴의 지경을 훨씬 넘는 '서간문학 장르 폐쇄'의 단계에 다다를지도 모르겠다는 생각이 든다.

35년 만에 우연히 찾아낸 추억어린 육필 편지에 새삼 감격해 마지 않는 필자의 지나친 노파심 탓일지 모르지만.

신영길이 이희호 씨 측에 써준 「DJ 구명 탄원서」

1980년의 '서울의 봄' 전후의 소요사태의 모든 책임을 걸머지고 김대중 총재가 내란음모·국가보안법 위반·계엄법 위반·반공법 위반·외국환관리법 위반 등으로 대법원 상고심 공판에서 재판을 받고 있던 중인 1981년 1월 18일과 형이 확정되어 청주교도소에 복역 중이던 1982년 12월 13일에 각각 선처를 호소하는 자필 탄원서를 당국에 제출하였음은 정사(正史)에 기록되어 있는 공지의 사실이다.

1981년 1월 18일에 전두환 대통령에게 아량과 선처를 호소하는 제1차 탄원서를 받아들인 정부는 상고심 판결 후 곧 바로 국무회의를 열어 피고인의 형량을 경감, 무기징역으로 감형하였으며, 또 다시 2여년 후인 1982년 12월 13일에 제출한 제2차 탄원서가 수용되어 김대중 씨는 신병 치료를 위한 도미 허락을 받고 12월 23일 형집행정지로 가석방되어 가족과 함께 도미, 사실상의 망명 길에 오른다. 이 모두 공지의 사실이다.

이 1·2차 탄원서 제출 전후의 경과에 대해서는 필자가 앞장에서 소상히 밝힌 바 있는데,[51] 최근 어느 책을 읽다가 그 와중(상고심 공판 중)에 본인이 아닌 '제3자(들)' 명의의 선처 호소 취지의 탄원서 문안이 모 인사에 의해 작성되었던 적이 있음을 발견하였다.

그런데 놀랍게도 그 탄원서의 문안 작성(대필)자는 정치인도 대학교수도 언론인도 문인도 아닌 모 국책은행 현역 지점장이었던 것이다. 대필 작성인이 써서 부탁인인 이희호씨 측에 건네 주었다는 200자 원고지 8매 분량의 「사형수 DJ 구명 탄원서」 전문을 우선 여기 옮겨 적어 본다.

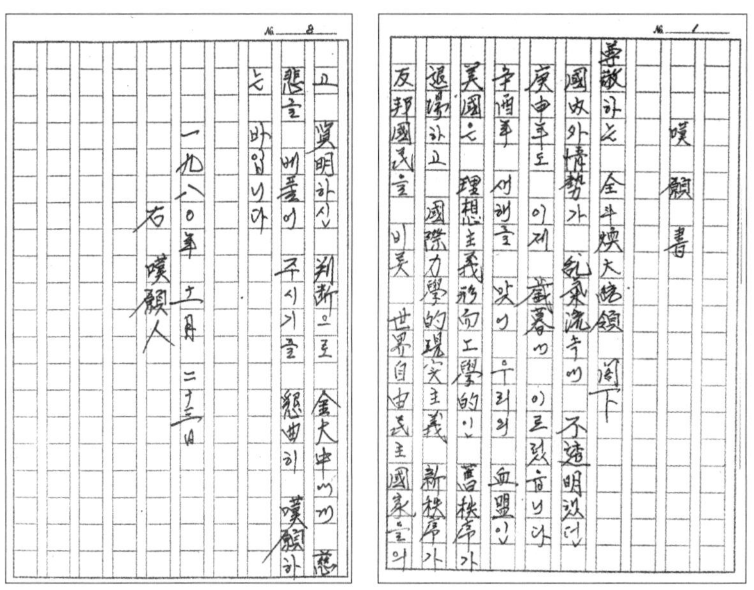
No. 1

嘆願書

尊敬하는 全斗煥大統領 閣下

國內外情勢가 亂氣流속에 不透明했던

庚申年도 이제 歲暮에 이르렀읍니다

辛酉年 새해를 맞이 우리의 血盟인

美國은 理想主義的 工學的인 舊秩序가

退場하고 國際力學的 現實主義 新秩序가

友邦國民을 비롯 世界自由民主國家들의

No. 8

고 賢明하신 判斷으로 金大中씨께 慈

悲를 베풀어 주시기를 懇曲히 嘆願하

는 바입니다

一九八〇年 十二月 二十三日

右 嘆願人

신영길이 작성한 「嘆願書」의 첫 페이지와 끝 페이지

51) 필자의 칼럼 「김대중 대표의 구명탄원서 2통」

"존경하는 전두환 대통령 각하. 국내외 정세가 난기류 속에 불투명했던 경신년(庚申年)도 이제 세모에 이르렀읍니다. 신유년(辛酉年) 새해를 맞아 우리의 혈맹인 미국은 이상주의 형이상학적인 구질서가 퇴장하고 국제역학적 현실주의 신질서가 우방국민을 비롯 세계 자유민주국가들의 주시 속에 당당히 등장 명실상부 자유국가군(群)의 지도자로서 새 세계질서가 펼쳐질 것으로 기대되는 차제에.

존경하는 전두환 대통령 각하. 기미년(己未年) 10월 26일 박정희 대통령 시해사건 이후 국내 정치질서는 우후죽순 군웅할거로 사회혼란이 극에 달했을 때 요원의 혜성처럼 각하께서는 무책임하고 방종한 일부 정치작태와 무분별하고 파렴치한 일부 사회악도들을 발본색원 삼제(芟除)함으로써 국가존망의 위기와 혼란의 와중을 탁월한 영도력으로 안정의 국기를 반석과 같이 공고히 세우신 각하의 노심초사를 동경해 마지않습니다.

존경하는 전두환 대통령 각하. 제5공화국의 헌법이 확정되고 새시대, 새질서, 새로운 복지민주국가 건설이라는 웅대한 플랜이 각하의 지도하에 펼쳐지고 있으며 온 겨레가 한 핏줄 한 식구가 되어 한결같이 일로매진 내일의 도약을 갈망하고 있습니다.

대통령 각하, 경신난춘(庚申亂春)을 돌이켜 볼 때 그 책임이 군재에서 사형선고를 받고 상고 중인 김대중에게 만이 있으리오. 오인(吾人) 등 정계인들도 공책(共責)을 금치 못하는 바입니다. 연이(然而)나

한두 사람의 오도가 국란을 저질렀다기보다는 국민의 무의식적인 호응과 일부 몰지각한 정상배와 공산 오열 등의 선동책략이 복합되어 급기야는 난동으로까지 확산되는 비극을 초래하였으나 그러나 다행하게도 영민하신 각하의 결단으로 사태를 무난히 수습 다시 평온을 찾았습니다.

대통령 각하. 이제는 전두환 대통령 각하의 영도하에 온 겨레가 일심동체가 되어 북에서 호시탐탐 남침야욕에 혈안이 된 김일성 도당을 구축하는 데 총원 전력투구해야 할 때라 생각합니다. 비록 김대중이 사회 혼란의 오도 책임이 전무하다고 강변치 않으나 정계인으로서 도의적 책임을 통감하고 있사오니 개과천선 새 시대 새 질서 새로운 민주복지국가 건설의 역군으로 그 대열에 참여할 수 있도록 인도적 견지에서 극형(極刑)만을 면하게 구조를 호소합니다.

존경하는 전두환 대통령 각하. 국내외 사정이 복잡다단한 때를 맞아 분별없이 오인(吾人) 등이 본 탄원을 진상하게 됨은 오직 온 국민의 위화감과 지정적 소외감(地政的 疎外感)을 씻고 민족중흥의 대단합으로 새 역사 창조의 기틀을 공고히 다지려고 애소하는 충정을 관용하옵시고 현명하신 판단으로 김대중에게 자비를 베풀어 주시기를 간곡히 탄원하는 바입니다. 1980년 11월 23일. 우(右) 탄원인 OOO"

이 탄원서는 당시 주택은행 서대문지점장이었던 신영길(辛永吉; 1926~) 씨가 자신의 회고문집 『신영길이 밝히는 역사 현장』(知訥堂,

『신영길이 밝히는 역사현장』, 지선당, 2004, 540p

2004)에서 공개한 것인데, 필자가 아는 한 지금까지 전혀 그 내력이 세상에 드러나지 않은 현대사 관련 소중한 역사 문건의 하나이다.

전남 광양 태생의 신영길 씨는 해방 후 자유당 정권 시절까지 민주당 소속 정치인으로 여수 지방에서 활동하면서 여순반란사건 등 무수한 정치적 사건을 겪으면서 수차례의 감옥생활을 체험한 사람이다. 한국 현대사에 관한 한 결코 관외자(關外者) 취급을 받을 수 없는 역사 현장의 제1급 체험자이다.

한국 현대 문필계에서 김성우(金聖佑) 씨 등과 함께 '한국의 문장가'로 불리는 신영길 씨가 그러한 소중한 자신의 전반기 인생의 체험과 경륜을 바탕으로 써주었을 것으로 보이는 이 대필 탄원서 작성의 경과는 대충 다음과 같다.

당시 국책은행인 주택은행 서대문지점장이었던 그는 '김대중 내란음모 사건 상고심 공판'이 진행 중이던 1980년 11월 21일 오전 10시 40분경 주택은행 근처의 다방에서 주택은행 동문으로 이전부터 잘 알고 있는, 이희호 씨의 동생 남편(제랑)이기도 한 김소환(金昭煥) 씨[52]와 만난 자리에서 「DJ 구명 탄원서」 작성을 부탁받는다.

이때 김소환 씨는 호주머니에서 명함쪽보다 조금 큰 쪽지를 꺼내 보이면서 DJ의 관선 변호인이 적어준 내용인데 이 내용을 골자로 하여 DJ의 구명탄원서 작성을 부탁했다는 것이다. 이때 신영길이 이런 탄원서는 변호사에게 써달라고 부탁하지 왜 나에게 왔느냐고 한즉 DJ는 민선변호사를 선임하지 않아 관선 변호사가 선임되었기로 관선 변호사는 피고의 청원서나 탄원서를 작성할 수 없다고 해서였다는 것이다. 그 쪽지 내용은 (1) 전두환 호칭을 대통령각하라고 존칭할 것 (2) 전두환 대통령의 영도력을 역설할 것 (3) 구 정치인들의 국민오도로 정란을 초래하였음을 시인할 것 (4) 전두환 대통령의 대북정책을 전폭적으로 지지하며 협조할 것 (5) 정계를 은퇴하고 전두환 대통령의 민족중흥의 대단합의 역사적 창조에 적극 참여하겠다는 내용(수준)으로 해달라는 것이었다는 것이다. 그래서 신영길 씨는 이틀 만인 11월 23일 날짜로 이 탄원서 문안을 작성하여 건네주었다는 것이다. 그러나 신영길씨는 자신은 이 탄원서를 작성만 해 주었지 제출자(의 일원으)로 나서지는 않았었다는 다짐의 회고를 잊지 않고 있다.

---

52) 김소환 씨는 신영길 씨가 주택은행 광주지점장으로 있을 때 대구지점장을 하던 주택은행 창업 멤버로, 한때 업무 관련 독직사건으로 구속되었다가 무죄가 되었을 때 신영길 씨가 그 복직청원서를 대필해 주어서 복직을 하였고, 이때부터 그는 신영길씨의 문장력을 높이 사고 있었다. 그래서 탄원서 작성의 적임자로 판단, 이희호 여사와 함께 찾아와 부탁을 한 것이다.

그러면 대법원에서 상고심 공판이 한창 진행 중이던 1980년 11월 23일에 작성·수교된 이 구명 탄원서는 어느 과정에서 가장 요긴(?)하게 쓰여졌을까 하는 호기심이 일 수밖에 없다. 이에 대해서는 "김대중 씨는 이 탄원서가 제출된 후 (1982년; 필자 주)12월 16일 형집행정지 처분을 받고 이어서 12월 23일 오후 7시 30분 노스웨스트 항공편으로 미국으로 떠났다. 전두환 대통령은 내외 여론과 국제적인 역학 관계[53)]도 있었겠지만 그 의중과 이면은 알 수 없는 일이고 형식요건상 이 탄원서는 김대중씨의 형집행정지 처분을 내리는 데 결정적 요건의 하나가 되었음은 부인할 여지가 없는 사실이다. 당시 모든 언론매체에서도 김대중씨의 탄원서 제출이 석방의 계기가 되었음을 기록하고 있다"는 그(신영길)의 회고에 의존, 청주교도소에서의 형집행정지 처분시에 제출된 것으로 밖에 유추할 수 없는 일이다.

---

53) 1980년 11월~1981년 1월까지, 전두환 대통령의 미국 방문을 앞두고 비밀리에 진행된 한미 양국간의 현안 조율 과정에서, 미국측 창구였던 리처드 앨런(레이건 대통령 당선자의 안보담당 보좌관)은 한국측의 손장래 주미공사에게 "한국이 김대중씨를 사형시킨다면 한미관계는 하늘에서 벼락이 떨어지는 것같은 악영향을 가져올 것…김대중씨를 처형한다면 미국 여론이 미 행정부에 압력을 가할 것이고 어떤 정치인도 감히 한국을 지지하지 못할 것이다. 이러한 분위기 하에서 정상회담은 생각할 수도 없을 것이다"라고 주장할 정도로 한미간의 역학관계는 김대중 씨의 구명 운동에 심각한 영향을 미칠 수 있는 변수의 하나이기도 했던 것이다.(安企部의 孫章來-리처드 앨런 비밀대화록, 『한국현대사자료 125건』, p.377.)

가지야마 도시유키(梶山季之)의 소설 「族譜」와 작가 한운사, 그리고 임권택 감독

단편 「族譜」가 수록되어 있는 가지야마의 소설집 『李朝残影』 표지.

필자가 가지야마 도시유키의 단편소설을 영화화 한 임권택 감독의 「族譜」를 처음 본 것은 1990년대 초반 경이었다. 이 영화의 제작년도인 1978년 이후 15년이 지난 후의 일. 지각 관람도 이만저만이 아닌 지각 관람이었다. 그런데 이 영화의 빼어난 영상미와 원작의 작품성에 감동, 원작을 찾아내어 원문 독파한 것이 그로부터 또 10여 년이 지난 2000년대 초반 무렵이었다. 그러니 조선 출생의 일본 현대

문학계의 인기작가 가지야마 도시유키가 1960년대 중반쯤에 쓴 것으로 보이는 이 명단편 「族譜」에 관한 한 영화·소설 모두에 필자는 대단한 지참자였던 셈이다.

태평양전쟁이 한창이던, 일제의 조선 식민통치의 종말기인 1941년경을 시대 배경으로, 학도출진·징병·징용·공출·국어상용·창씨개명·신사참배 등 총독부 당국자들이 시키는대로 따라하지 않을 수 없었던 풀뿌리 조선민중들 속의 일부 인사들의 창씨개명에 대한 저항과 당국자들과의 갈등상을 그리고 있는 「族譜」의 줄거리는 대충 이렇다.

#학도 출진이나 징병·징용을 피할 방도로 조선총독부 과장으로 있는 자형의 주선으로 경기도청 총력1과의 임시 고용직으로 취직한 반전주의자 화학도(畵學徒) 다니 로꾸로(谷六郎)[54]에게 맡겨진 업무는 창씨개명의 독려·추진이었다. 창씨개명이라는 것은 일본이 강행한 식민지 정책의 하나로, 조선인이나 대만인의 성명을 일본식으로 고치게 하여 완전한 일본인이 되게 하려는 정책으로서, 조선총독부가 으뜸으로 내세

---

54) 징병검사 제2을종 처분으로 소집면제를 받고 근로봉사 작업에 동원되고 있던 다니 로꾸로(谷六郎)는 징용면제 목적으로 총독부 과장으로 있는 자형의 주선으로 경기도청에 취직한다. 그는 누나가 꾸려주는 도시락 가방을 들고 매일 아침 배재중학 근처의 서소문 관사를 나와 태평로길을 걸어 총독부 건물 왼쪽의 경기도청에 출근한다. 직속 상관인 총력1과장은 과원들이 모두 국민복 차림으로 등청하는데도 (반전 자유주의 화가 로 소문난 그가) 아버지가 입던 낡은 신사복 차림으로 출근하는 그를 '비국민(非國民)'이라고 과원들에게 대놓고 욕을 한다.

우는 내선일체 정책의 하나이다. 그러나 법률에 의한 강제가 아닌, 자발적인 동의에 의한 창씨개명을 대의명분으로 내세우는 총독부의 창씨개명 정책에 깊은 흉계와 책략이 숨어 있음을 간파한 다니 로꾸로는 자신의 업무에 회의와 부끄러움을 느끼기 시작, 업무 추진 실적이 저조해져 상부로부터의 수차례에 걸친 질책을 받는다.

#근무 시작 1개월 후에 다니에게는 경기도 시흥군·수원군·진위군(振威郡)의 창씨개명 추진 업무가 배당된다. 경기 도내를 5개 지역으로 나누어 5명의 과원이 각각 그 지역 담당자로 임명되는 체제이다. 면적상으로 보면 신참자인 다니가 가장 좁으나, 인구는 가장 많은 셈이다. 총력제1과·제2과에는 다른 과와는 달리 '鮮人' 사무원은 한 사람도 없었고, 경기도청 총무부의 관할이면서도 이 업무에 관한 명령은 총독부로부터 도지사를 통하여 직접 하달·시행되는, 말하자면 총독부 내지는 도지사 직할 행정체제였던 셈이다. 전시 비상체제에 걸맞게 급조 신설된 이 2개과의 임무는 '일제의 조선인에 대한 정책을 조선인들로 하여금 感泣케 하도록 선전하고 실시하는' 데 있었던 것이다.

#이러한 강력한 당국자들의 업무추진 방침에도 불구하고 지방의, 특히 다니의 담당 구역의 창씨개명 실적은 저조하였기 때문에, 마침내 총독부의 방침은 '자발적이 아닌 강제적' 조치에 가까운 강행 노선으로 바뀌게 된다. 이에 따라 '연내에 8할, 내년 3월말에는 완전 실시'라는 과장으로부터의 강제적 할당량이 다니에게 하달되는데, 그 할당량의 과다함과 추진방식의 비합법성을 알면서도 다니는 징용를 피하기 위해서는

다른 직업을 구하지 않는 한 어쩔 수 없음을 알고, 주어진 업무를 충실히 수행할 것을 다짐한다.

#다니는 자신의 담당 구역인 수원군의 창씨개명 실적이 가장 저조한 이유가 설진영 때문임을 알게 된다. 설진영(薛鎭英)은 수원 곡창지대 제일의 대지주로 훌륭한 가계(家系)를 잇고 있는 지방의 종가(宗家)이다. 그런데 3개 사단 병력을 1년간 먹여 살릴 수 있는 군량미를 헌납할 정도의 '친일가'이기도 한 설진영이 700년 이어 내려오는 종갓집의 체면을 구실로 창씨개명을 하지 않고 버티는 통에 그에 딸린 수많은 소작인들이 덩달아 창씨개명을 망설이고 있는 현실에 부닥치게 된다. 그래서 다니는 설진영 설득차 수차례에 걸친 현지 방문을 하며 설득 아닌 '애원' 차원의 행정지도와 인간적인 간곡한 권고와 부탁에 나서나 설진영의 고집을 꺾지 못한다.

#마침내 설진영을 강제로 창씨 시키기로 작정한 총독부와 헌병대 당국의 흉계와 책략에 의한, 결혼 예정일을 열흘 앞둔 의학도 사위의 강제 구인·고문과 강제징집, 그리고 학교에서의 담임선생과 조선인 학우들로부터 따돌림받고 돌아와 울먹이는 5명의 나어린 손주들의 애처러워 하는 모습에 '草壁'이라는 성으로 창씨개명을 결심하고 만다. 그러나 정작 자신의 창씨개명은 하지 않고 '薛'을 일본식 발음인 '마사키(사철나무의 뜻)로 읽게 하는 편법 창씨를 가장하고 만다. 고육지책의 순응을 가장한 마지막 저항인 셈이다.

#다음날 새벽, 집안의 폐(廢)우물에 무거운 돌멩이를 껴안고 설진영

은 투신 자살을 하고 만다. 그는 이때 700년 전통의 족보 마지막 대목에 "소화 16년 9월 29일, 일본정부의 창씨개명 강요 조치로 여기서 족보는 단절되고 만다. 당주 설진영은 이를 부끄러이 여겨 후손들에게 사죄하며 족보와 함께 스스로의 목숨을 끊는다"는 언문체의 유서를 남긴다.

대충 이러한 줄거리인데, 필자인 가지야마 도시유키는 조상들의 계보인 족보를 지키기 위해 (성씨를 지키고 조국을 지키기 위해) 창씨개명에 저항하는 한 친일파(친일행위자?) 대지주의 고뇌와 비극적인 최후를, 총독부 당국의 도리에 맞지 않는 요구에 분노를 느끼고 그 지주를 동정하는 젊은 일본인 화학도 출신의 실무 담당자를 화자로 내세워 그려내고 있다. 따라서 이 이야기는 한때 이웃 사람으로 같이 살았던 식민지 치하의 피지배자인 조선인들에게 관심을 기울이는 가지야마 본인의 고뇌와 지배자 쪽에 서 있었던 사람으로서의 속죄의 마음을 표현한 것이라는 평을 내리는 평가들도 있다.

또 이 작품이 문고판 책자 65페이지 분량의 결코 짧지 않은 단편소설 한 편에 어렸을 적에 직접 보고 느꼈던 당시의 식민지 조선인들의 피압박과 피차별의 실상과 정서적 고통을 유려한 필체의 문체와 수사어로 과부족 없이 묘사해낸 필자의 젊었던 시절-1960년대 중반경?-당시의 문학적 재능의 성취도와 완성도를 보여주는 동시에 「李朝殘影」과 함께 생전에 그가 가장 애착심을 가졌다고 하는 2대 순문학 작품의 결정체라는 느낌을 배제할 수 없겠다는 생각이 필자에게는 든다.

그러면 30세 전후인 1960년대 중반에 4반세기 전인 1940년대 초반의 조선반도 시절의 회고적 냄새 물씬 풍기는 주제와 소재의 소설을 쓴 가지야마 도시유키(梶山季之: 1930~1975)는 어떤 사람인가. 그는 일본 군국주의 정신에 물들기 이전인, 약간 민족 관념의 순수성을 지니고 있었다 할 유·소년기 시절을 식민지 조선의 수도 경성에서 조선인 학우나 동네 친구들과 큰 다툼 없이 어울리며 큰 사람이다.

조선총독부 토목기사인 가지야마 유이치(梶山勇一)와 어머니 노부요의 차남으로 경성에서 태어난 그는 다수의 조선인 학생이 함께 다닌 공립 남대문심상소학교를 졸업하고 경성공립중학교에 입학한다(1942년). 1942년 12월(태평양전쟁 중) 인천육군조병창에서 9.9식 보병소총 제조작업에 동원되었던 그는 과로로 늑막염에 걸리는데, 자택 요양 중 동원에서 해제되지 않은 채 종전을 맞아 1945년 11월에 부모님의 고향인 히로시마(廣島)현 사에끼군(佐伯郡)으로 귀환, 히로시마고등사범학교 국문과를 졸업한다. 심상소학교 후배에는 일본의 인기작가 이츠끼 히로유끼(五木寛之: 1932~)가 있었다.

학창 시절의 동인지 활동에서 출발한 그의 문학 일생은 순조롭게 펼쳐져 얼마 후 젊은 나이에 대인기 작가의 반열에 올라서게 되는데, 한때는 월 평균 1,200~1,500매의 원고 집필 실력을 과시하며, 1969년에는 문단 소득 순위 제1위를 차지할 정도의 다필작가로 선정되기도 하였다.

1963년 9월에는 그가 아끼는 순문학 단편 「李朝殘影」이 제49회 나오끼상(直木賞)의 후보작으로 추천되었으나 낙선하고 마는데, 1965년 3월에는 그 「李朝殘影」의 합작영화 추진차 부인과 함께 방한하는 등 이후 여러차례 한국을 방문하며 한운사 등 '지일파' 작가들과 만나 광범위한 문학적 교유를 시도한다.

추리소설·시대소설·풍속소설·논픽션 작가이면서 생전에 일본 유수의 성호(性豪)작가로도 알려졌던 그는 이 「李朝殘影」 「族譜」 외에도, 일본 통치하의 '京城'에서 보낸 사춘기 시절의 생생한 성 체험-공교롭게도 패전의 날인 8월 15일에 유곽에서 소년기 최초의 성욕의 분출을 체험했다는 등의-을 형상화한 초기의 대표작 「性欲이 있는 풍경」을 비롯, 전전에서 전후에 걸친 일본과 조선의 민족간의 비극을 남녀의 애정의 갈등을 축으로 다양하게 그려낸 「무지개 가운데」 「闇船」 「경성·소화 11년」 「잘 있거라 경성이여」 「무궁화꽃 필 무렵」 등의 애수와 향수 깃들인 추억의 '경성 이야기'들을 써 남기고 있다.

한편 가지야마 도시유키는 1965년 3월 「李朝殘影」의 영화화 협의차 한국을 방문한 이후에도 여러 차례 한국 방문 길에 나서는데, 1966년 동아일보의 호현찬 기자를 통해 한운사와도 만나게 되고 이후 두 사람간에는 문학을 통한 과거사 정리(참회와 사죄)의 시도[55]와 상호 방문을

55) "동아일보 호현찬 기자의 연락으로 1966년 어느날 운당여관에서 광복 후 처음으로 한국에 온 일본 작가 가지야마 도시유키를 만났다. 나는 다짜고짜 '일본이 우리한테 심한 짓을 한 과거가 있는데, 일본 사람 전체를 대표해서 사과할 용기가 있는가?' 하고 물으니 그는 당장 무릎을 꿇고 공손히 절을 했다. '전 일본을 대표해서 지난날을

1941년 일본 쥬오대 유학시절, 고이소 총독한테 덤빌 당시의 한운사.

통한 문학강연·좌담회 등 한일간 문학·예술 교류의 민간인 외교 채널 개통에도 심혈을 기울인다.

일본군 학도병 시절의 병영 체험을 통해 일본 군대의 악랄한 인권 말살과 인명 천시 등 구조적 부패 구조를 폭로한 『현해탄은 알고 있다』 『현해탄은 말이 없다』 『승자와 패자』 등의 저자인, 한국 최고의 '지일파 작가'라고도 할 수 있는 한운사와의 만남은 어찌 보면 운명적이라 할만큼 두 사람의 관계를 끈근하게 맺어 주는 계기가 되고 있다. 더구나 한운사가 일정 말엽 학도출진 강요에 항거하여 당시의 총독 고이소 쿠니아키(小磯國昭; 1880~1950)에게 대들

진심으로 사과드립니다.' 고개를 못든다. 나는 그를 부축해 일으켰다. 그의 두 눈에 번쩍이는 것이 있는 듯했다. '잘 왔소. 잘 왔소.' 그리고 우리의 우정은 싹텄다. 그는 『李朝 殘影』이라는 자신의 소설책(文藝春秋社 刊)을 내게 주었다. 그 책에는 「族譜」라는 소설도 들어 있었다. 나는 집으로 돌아와 그 책을 단숨에 읽었다… 「族譜」는 나를 깜짝 놀라게 했다. 일제 말기에 우리가 창씨개명의 난국에 처했을 때의 이야기다. 설진영이라는 부농이 있었는데, 조선군사령부에 수백섬의 쌀을 헌납하면서도 700년을 이어 온 설 씨 집안의 족보는 바꿀 수 없다고 버티다 끝내 자살하고 만다는 이야기다. 우리 문학에 그 시대 상황을 그린 작품이 있었던가. 놀라운 고발이다." "『李朝殘影』을 읽고 나는 깜짝 놀랐고 「族譜」를 읽고는 이 사람에게 무엇을 해주어야 좋을지 모를 정도로 감탄했다."(『구름의 역사』, 한운사, 민음사, 2006.)

었던 강골한[56]이고 보면 더욱 의기투합할 수 있는 상대를 만난 셈이 된다. 아니 어찌 보면 가지야마 도시유키는 1966년 두 사람이 만나기 이전부터도 한운사가 『현해탄은 알고 있다』… 시리즈물로 일본 문단에 화제를 불러 일으킨 적이 있음을 알고 있었을 구면이었을 수도 있다.

『玄海灘은 알고 있다』, 한운사(韓雲史) 장편소설, 정음사, 1961, 317p.

그래서였을 것이다. 시나리오 작가이기도 한 한운사는 그래서 1978년에 임권택이 감독한 영화 「族譜」의 시나리오를 쓰게 된다. 이 영화는 예상 외의 대힛트작이 되고 원작 「族譜」의 성가를 더욱 높여 주게 된다.

필자에게는 「族譜」의 주인공인 다니 로꾸로(谷六郎) 또래의 한운사의

---

56) 1943년 12월 30일, 당시 일본 쥬오(中央)대학 재학중의 한운사(1923~2009)가 조선 학도 특별지원병 장행회(壯行會)에 격려 연설차 나와 있던 고이소 쿠니아키(小磯國昭) 총독에게 "고이소 총독에게 묻겠습니다. 총독은 우리가 나간 뒤에 조선 2,500만의 장래를 확실히 보장해 줄 수 있는가 없는가 분명히 대답해 주기 바랍니다"라고 항의하였다가 그대로 헌병대와 본정서(本町署)로 연행되어 상당한 고초를 당한 후 강제 입영당했던 일이 있다.

학병 거부 투쟁(운동) 장면과 영화 속의 설진영의 완강한 창씨개명 거부의 투쟁 장면이 오버랩 되어 이 영화가 한일 양국의 태평양전쟁 체험 세대인들에게 더한 감명을 안겨 주었을 것이라고 생각된다.

이처럼 「族譜」는 문단과 영화계에 많은 화제를 뿌렸다. 105분 상영시간의 컬러 시네마스코프 화면에 전개되는 주선태(설진영)·하명중(다니로꾸로)·한혜숙(설옥순) 등 일류 배우들의 연기 경쟁… 등, 평가들은 이 영화를 임권택의 '진정한 의미에서의 첫 번째 걸작'으로 꼽기도 한다. 하명중은 이 영화로 대종상 남우주연상과 한국연극영화예술상 신인상을 받았으며, 절제된 연기로 연기의 폭을 넓혔다는 평을 받기도 했다.

식민지 시대 종말기에 아슬아슬하게 막내둥이 군국소년 시절을 체험했을 1935년생의 어렸을 적의 임권택 감독이 직접 보고 듣고 체험했을 군국주의 세상의 지치고 지친 피압박 조선 민중들의 생활상을 박진감 있게 그려낸 아름다운 영상미 또한 가관이다.

그러니 이 「族譜」는 '족보 3총사' '족보 의형제'라 이름 붙일 만한 가지야마 도시유키·한운사·임권택 3자의 합작품이라 할 밖에 없는 하나의 거대한 종합예술이기도 한 것이다.

양성우(梁性佑) 시인이 들려 보낸 쪽지

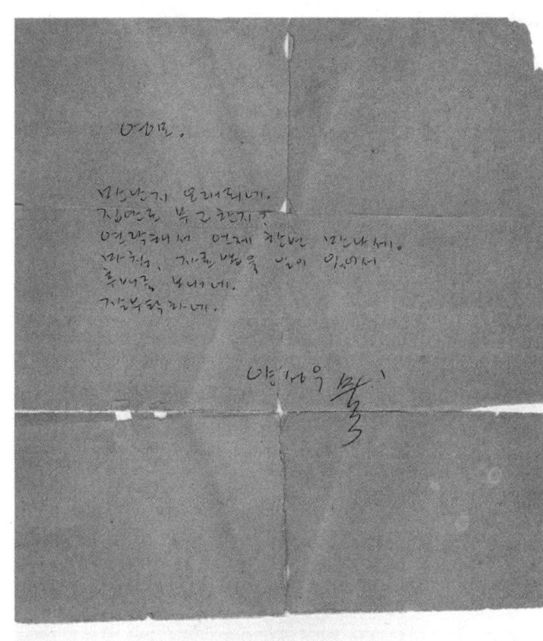

[illegible].

만난지 오래되네.
[illegible]
연락해서 언제 한번 만나세.
마침, [illegible] 있어서
후배를 보내네.
잘 부탁하네.

양성우

양성우 시인의 소개 편지. 시인의 진솔하고 따스한 마음이 묻어난다.

지난 시절의 손때 묻은 시집들을 뒤적이다가 책갈피 속에서 갈색으로 바랜, 낡고 낡아 부스러지기 시작한 마모 단계의 종이 쪽지를 한 장 발견하였다. 양성우 시인이 필자에게 적어 보낸 여섯 줄의 간단한 사연의 소개 편지였다. 상하로 두 번,

좌우로 두 번 접은 16절 크기의 갱지에 먼저 '(김)영모'라고 볼펜으로 수취인이 될 필자의 이름을 적은 이 쪽지는

"영모/ 만난 지 오래되네/ 집안도 무고한지?/ 연락해서 언제 한번 만나세/ 마침, 자료 뽑을 일이 있어서 후배를 보내네/ 잘 부탁하네. 양성우"

라는 간단한 내용의 편지였다. 소개·부탁 편지로서는 좀 격에 어울리지 않게 날짜도 적혀 있지 않고 또 소지자의 이름도 명시되어 있지 않은 간단한 사연의 편지인데, 한 마디로 용건은 필자 근무의 국회도서관 소장 자료의 열람·초록·복사 등에 편의를 좀 보아 달라는 부탁이었다.

그 당시 필자는 사회과학 도서관으로서는 국내 제1을 자랑하고, 그 계통의 자료를 탐내는 학계·언론계·정관계 인사들은 물론 연구자들에게는 최신의 1급 지식·정보의 멕카나 오아시스처럼 여겨지던 국회도서관 소속의 공무원 신분자였다. 그런데 당시의 규정상 국회도서관은 '헌법기관'이라는 명분으로 또 경호상 국회관계자 이외에는 출입이 통제되던 시절이었다.[57]

그런 관계로 공무원 신분자임에도 불구하고 민주화 운동권의 말석에

57) 정보의 바다·숲으로 통하던 국회도서관은 헌법기관으로서 엄격한 경비와 출입통제 그리고 일반인들의 이용 제한 조치가 시행되고 있었다. 그래서 각자 연줄을 찾아 출입, 대내외의 최신 정보와 자료들을 구득할 수 있었다.

끼어 그쪽 계통의 인사들과 깊숙이 연계되어 있었던 필자에게는 많은 선후배 운동권 인사와 대학생·노동운동가들이 수시로 찾아와-혹은 직접, 혹은 전화 부탁으로 혹은 소개 쪽지 들고 찾아와-원하는 자료들을 구득해 가고는 하는 처지였다.

그렇게 해서 그들은 각자 구미에 맞는 자료[58] 뽑아 각양각색의 팸플릿이나 구호 만들어 뿌리거나 외치기도 하고, 반국가적·반체제성 시국 주제의 시와 소설 평론 르포물을 쓰기도 하였다. 조영래·김병곤·김남주·이강·김현장 등, 이름만 들어도 금방 알 수 있는 일급 반체제 인사들도 다녀갔다. 만약 사고가 터지거나 들키면 (편의 제공 혐의 등으로, 혹은 동조 혐의로)골로 가야 할(구속·파면·징계) 처지의 필자도 그때는 겁대가리 없이 이들의 편의를 앞장서 보아주곤 했는데, 하늘이 도왔는지 무탈하게 넘어가고 곧 이은 '10·26'으로 1980년의 봄을 맞이하게 되었던 것이다.

이러한 때에 양성우 시인으로부터 위와 같은 소개 편지 쪽지를 받아 들고 20대 중반쯤의 대학을 갓 졸업한 듯한 한 젊은이가 찾아와서 자료 조사를 해갔던 것이다.[59] [60]

---

58) 이들 자료 가운데는, 긴급조치 위반 정도의 죄목에 근접할 만한 비밀급 비공개 자료도 있었을 터이다.

59) 이때의 양성우 시인은, 자신이 직접 거대·견고한 유신체제의 성벽과 맞서 싸우는 한편, 많은 동료·후배 운동권 인사와 문인·학생들을 그의 문학적 영향력의 자장권 안에 끌어들여 통솔하기도 지원하기도 했던 반유신·반독재 운동권의 일인장수이기도 하였다.

60) 어찌 보면 반체제 운동가로서의 양성우 시인은, 위급한 처지의 상황에서 돌파구를 뚫거나 고지를 선제 점령하겠다는 조급한 심정으로 아슬아슬한 위험선을 약간 넘나

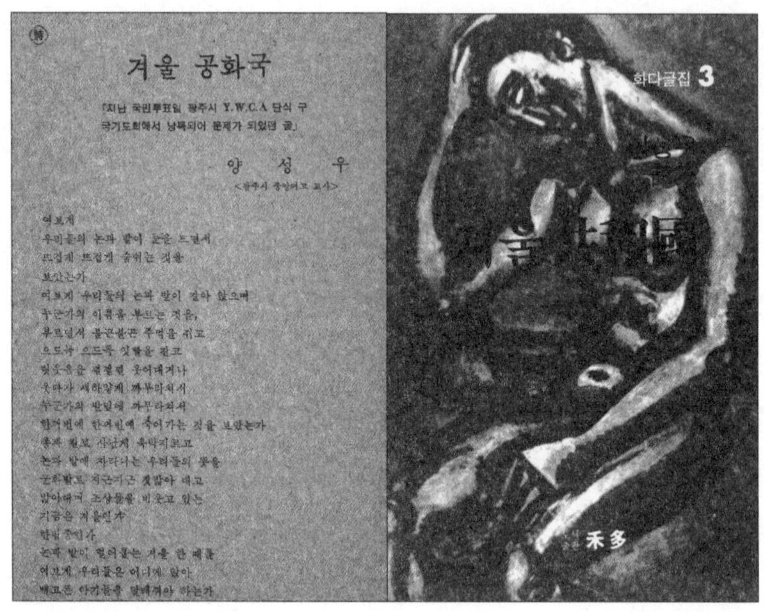

겨울 공화국

「지난 국민투표일 광주시 Y.W.C.A 단식 구국기도회에서 낭독되어 문제가 되었던 글」

양 성 우

<광주시 중앙여고 교사>

여보게
우리들의 논과 밭이 눈을 뜨면서
뜨겁게 뜨겁게 숨쉬는 것을
보았는가
여보게 우리들의 논과 밭이 잠자 않으며
누군가의 이름을 부르는 것을,
우르러서 불끈불끈 주먹을 쥐고
으드득 으드득 이빨을 갈고
헛웃음을 껄껄껄 웃어대거나
웃다가 새하얗게 까무러쳐서
누군가의 발밑에 까무러져서
한겨울에 한여름에 죽어가는 것을 보았는가
총과 칼로 사납게 윽박지르고
논과 밭에 자라나는 우리들의 꿈을
군화발로 지근지근 짓밟아 대고
밟아대며 조상들을 비웃고 있는
지금은 겨울인가
한밤중인가
논과 밭이 얼어붙는 겨울 한 때를
여보게 우리들은 어디에 앉아
배고픈 아기들을 달래줘야 하는가

양성우의 제3시집 『겨울共和國』, 대구 禾多出版社, 1977, 147p. ; 1977년 일본에서 발행되고 있는 월간 《世界》지에 신작시 「노예수첩」이 게재되어 '국가 모독' 및 '긴급조치 9호' 위반 등의 혐의로 구속·수감되어 있는 동안 고은,·조태일,·임정남 시인 등에 의해 간행되었다. 이 시집 발간 혐의로 고은,·조태일 시인이 체포 투옥된다.

좋이 50여 년이 지난 이 시점에서 꼬기꼬기 접은 편지 쪽지를 들고 찾아왔던 그 젊은이는 누구였으며, 무슨 자료를 찾아 가지고 갔던지, 또 날짜가 언제였던지 하는 궁금증에 당시의 정황을 이리저리 회상해 보아도, 그것이 필자 혼자만의 개인사 혹은 양시인과의 2인사(二人史)에 속하는 일이었을 뿐이어서인지 기억이 가물가물 할 뿐 도저히 종이 잡히지 않는다. 아무튼 양시인의 필적만 확인하고 그의 부탁대로 출입과

드는 좌충우돌의 행동파 기질인이기도 하였으나, 대세를 그르치는 우를 범하기까지에는 이르지 않는 자제심 강한 신중파 기질인이기도 하였다.

열람의 편의를 봐 주었던 기억만 희미하게 되살아 나온다..

그래서 필자가 당시(1976~7년 무렵으로 추정되는)의 양성우 시인의 개인사를 적은 어느 시집의 연보(年譜)와 쪽지의 인사말 구절을 연결지워 추정해 보니 그것은 대략 1976년~1977년 무렵의 일이었다.

"만난 지 오래되네"-1975년 2월의 「겨울공화국」 낭독 사건 이후 서울로 도피·망명해 와있던 양시인과 필자가 12월 24일 크리스마스 전날 당시의 중학동(中學洞) 창작과비평사 사무실에서 정OO 영업국장과 만나 술 한잔 하고 헤어진 이후 (필자의 건강 관계로 인한 휴직 등의 사정으로) 못 만나게 된 이후로….

"마침, 자료 뽑을 일이 있어서"-1976년, 이영희 교수의 주선으로 임시직으로 일하던 한양대학교 중국문제연구소의 논문집 편집 일과 문익환 목사와 함께 성서공회의 성경 번역 작업의 문장위원으로 일하던 당시의 업무 관련 자료 조사이거나… 혹은 양 시인 개인이 오랫동안 구상해 온 「겨울공화국」 후편의 대작 구상에 필요한 국내외 정치·경제·문학, 그리고 사회 일반에 관한 포괄적 정세 분석 보조 자료 뽑을 일이 있어서가 아니었겠는가(실제로 1977년 신작 「노예수첩」 사건으로 구속되지만)… 그러니 대충 1976년 후반에서 1977년 6월경 사이의 일이었지 않겠나 하는 추측이다.

만일 소개자나 방문자나 주선자(필자) 어느 한쪽의 실수로 예기치 않은 사고라도 터진다면, 반정부·반체제 혐의로 연루되어 '범인은닉·금품제공·편의제공·도피방조·기밀누설·정보유출' 죄는 물론, 무시무시한 긴급조치 위반 혐의까지 뒤집어쓰게 되는 줄을 뻔히 알면서도 이러한 모험(?)을 서슴지 않았던 70년대 적의 우리 지식인들의 무한 저항·투쟁의 면모가 엿보이는 자료이다.

체제수호·정권 보호 차원의 언론·출판·사상의 자유 말살·통제·제한 조치가 공공연히 무제한적으로 허용되던 1970년대 유신·긴급조치 시절의 시대풍 담뿍 담긴 풍물시를 읽는 듯한 감을 주는 쪽지이기도 하다.

《思想界》와 장준하
-한국 지성(知性)의 채집·창출·주재자 장준하의 이력

(1)

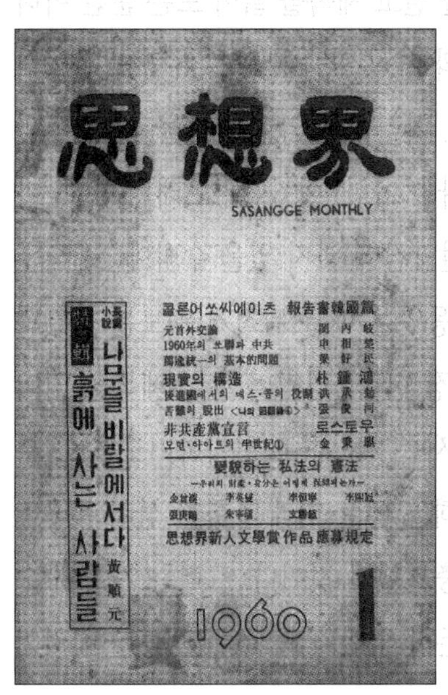

자유 지성과 저항 정신의 상징《思想界》

필자가《思想界》라는 월간 잡지를 처음 접하게 된 것은 1950년대 말에서 1960년대 초에 이르는 중고등학교 재학의 수험생 시절이었다. 자유당 독재정치 말기로부터 '4·19' '5·16'이 연달아 일어나던 급격한 사회 변혁의 시대였다. 개인적으로는 이제 막 소년기에서 벗어나 정서적으로 청소년기의 호기심에 가득 찬 지식 갈구욕이 막 솟구쳐 오르기 시작하던 시절이었다.

중학생 시절에 즐겨 읽던 소년소설이나 학원사 발행의 각종 위인전기, 그리고 김성환·김종래의 명랑만화·순정만화 읽기에 약간 싫증을 느끼며 뭔가 새로운 청소년기 독서물을 갈구하던 시절, 그러한 호기심에 대한 응답이기라도 하듯 필자 앞에 나타난 것이 《思想界》였다.

그때 군수급 직위의 고등학교 관리직 행정가였던 아버지가 매달 학교 출입의 단골 서적 외판원으로부터 사들고 와 읽으시던 《思想界》. 아버지가 다 읽으신 다음 누나와 형들이 돌려 읽고. 막내인 필자에게 돌아오는 것은 그 달도 다돼 가는 월말경이었다.

그렇게 만난 《思想界》. 이후 운명적이라 할 만큼 일생의 동반자 관계가 되어버린 《思想界》. 그러나 목차를 열고 제목을 읽어 보는 순간 어려운 학술적 용어 투성이인 논설 제목과 아직 익숙치 않은 유명 필자들의 이름, 그리고 난삽해 보이는 시·소설, 여러 주제의 번역물들, 당연히 필자는 아찔한 공포심에 질리고 말았다··· 아하! 아직 '내 또래의 책'이 아니구나 하는 실망감···나는 한동안 절망감에 빠져 있을 수밖에.

그러나 그걸로 족했다. 한참 얼마 동안은 매달 뒤적거려 보는 신간의 그 목차 열어 보기, 본문 페이지 한 장 한 장 넘기며 논설 제목들 읽어 보기, 유명 필자들의 성함 익히기··· 새롭기도 하고 신기하기도 하고 부럽기도 한 호기심, 그리고 슬슬 발동해 오르는 미래를 향한 성취 욕구··· 그걸로 나의 《思想界》 읽기 공부는 충분했던 것이다. 그러는 가운데 수필이나 위인 전기류의 논설쯤은 거뜬히 읽어내고, 소설도 충분히 읽어

《思想界》 사장 시절의 장준하(왼쪽)와 장준하 회고록 『돌베개』, 사상사, 1971, 517p.

낼 수 있게끔 된 것이 나의 고등학교 졸업 시절까지의 《思想界》 읽어내기의 점수표였던 것이다.

그후 《思想界》의 고정 독자의 한 사람이 되어버린 필자의 대학생 시절의 《思想界》의 위상. 그 위력과 권위는 모든 대학생들에게 전공 학술 서적과 똑같은 위력을 발휘하였으니, 그것은 단순 교양서로서의 기능을 훨씬 넘어서, 동서 고전의 학술적 고찰, 여러 장르에 걸친 세계 최신의 신사조 소개와 해설 등 가히 한국을 대표하는 '자유 지성지'로서의 기능을 톡톡히 발휘했던 것이다.

그러니 당시의 남녀 대학생들은 《思想界》를 마치 대학생·젊은이들의 필수 상징물인 것처럼 보란 듯이 행인들의 시선에 노출시켜 들고 다니는 자만을 과시하기도 하였던 것이다.

이때 《思想界》는 이미 '대한민국의 잡지' '지성인의 필독서' '자유지성 배양소'가 되어 있었고, 한국의 지성인들은 모두 교실 없는 '사상계대학'의 수강생이기도 했던 것이다.

(2)

내친 김에 이러한 위대한 '국민잡지' 《思想界》의 사사(社史)를 들여다본 필자는 편의상 사상계 15년의 역사(1953년~1968년)를 다음 네 단계로 나누어 회상해 보기로 했다.

(1) 사전사(史前史); 『등불』 『祭壇』 시기
(2) 《思想》 시대
(3) 《思想界》 창간·성장기 시대
(4) 번창기+정치적 대정부 투쟁기 시절

6·25전쟁 중인 1952년 4월, 부산에서 당시의 문교부장관 백낙준은 '전시에 혼란된 국민정신을 바로잡는' 임무를 지닌 '국민사상지도원'이라는 기구를 만드는데, 기획과장직을 맡은 장준하는 '국민사상연구원'

으로 기구 명칭을 고치고 "전통사상과 외래사상의 갈등을 해소하고 조화시켜 새로운 시대정신과 국민사상을 연구하여 보급하는 목적"으로 잡지 《思想》을 발간한다. 1952년 9월호를 창간호로(국판 144페이지) 낸 《思想》은 창간호 3,000부, 제2호는 5,000부를 찍는다. 그러나 문교부라는 튼실한 뒷배경을 가진 《思想》도 여러 막후 인사들 간의 정치적인 갈등으로 오래가지 못하고 1952년 12월에 제4호를 내고 폐간된다.

이에 장준하 주도하에 1953년 4월호로 《思想》지의 맥을 이은 《思想界》가 창간된다. 제호는 오기석(吳基錫)이 쓴 서체 '思想'에다 '界'자를 하나 더 붙인 것이다. 창간호 편집후기에 《思想》 속간을 위하여 편집하였던 내용을 《思想界》라는 이름으로 내어놓는다고 밝히고 있는데, 이는 두 잡지의 초창기 연계성을 증언하는 중요한 일화가 되기도 할 것이다.

피난지 부산에서 창간호를 낸 《思想界》는 1953년 11월까지 모두 7권을 내고, 1953년 12월호부터 서울에서 발간한다. 환도하여 편집실을 차린 곳은 무교동 공병우안과 병원 옆에 있는 '고려문화협회' 건물 안이다. 부산에서와 마찬가지로 이때까지는 거의 장준하 1인 체제의 편집이다. 조력자는 처와 처제, 동생 매부 운전기사 정도였다. 그 후 종로2가 100번지의 한청빌딩으로 이사하여 사상계는 본격적인 '한청빌딩 전성기 시대'를 열게 되는 것이다.

후일 사상계사의 편집기자가 된 소설가 박경수(朴敬洙)의 회고에 의하면, 부산에서의 창간 당시, 장준하는 사무실도 없어서 이 다방 저 다방으로 돌아다니면서 잡지 편집을 하고 교정은 언제나 인쇄소에서 직접 보는 등, 사장 혼자 편집장이요 기자요 교정원이요 판매원인 1인 5역의 운영 체제였다는 것이며, 인쇄소에서 나온 책을 실은 손수레는 사장이 앞에서 끌고 부인은 뒤에서 밀며 배달하였다고 한다. 이상의 일화들이 사상계 창간·성장기 시절의 내막들이다.

또 《思想界》의 태생적 연원과 관련하여 중국 독립군 시절의 막역한 동지이며, 후일 사상계의 주간이 되어 사상계 발전에 큰 공을 세운 김준엽(金俊燁) 전 고려대 교수가 "1955년 3월에 대만 유학 생활에서 돌아오니까 형은 《思想界》를 창간하여 청년들의 지성을 깨우면서 자유민주주의의 사상적 터전을 이 땅에 심어 놓으려고 고심하고 있었습니다. 그때도 형은 '安徽省 臨泉에서 시작하여 중경 시절까지 계속한 《등불》, 그리고 서안에 가서 제호를 바꾸어 간행한 《祭壇》 잡지의 후신으로 《思想界》를 만든 것이다'라고 하시면서 이 부족한 아우를 불러다가 일에 참여시켜 주었습니다"라고 회고하고 있는데, 이는 《思想界》의 정신적 모태와 연원이 저 중국 광복군 '돌베개 시절'의 《등불》과 《祭壇》에까지 거슬러 올라감을 의미하는 것이다. 이상이 장준하가 '돌베개 정신'으로 창간하고 가꾸고 이룩한 민족의 보배 《思想界》의 창간~성장기 시대의 이야기들이다.

한편 중창기에 들어선 1955년 1월에 소설가 김성한(金聲翰)을 초대 편집주간에 앉히고 편집위원회를 만들어 편집 기획과 편집 방향을 정하도록 하는 제도적 장치를 마련한 사상계는 이후 여러 참신한 기획물들-종래의 딱딱한 학술지 일변도의 논설이나 기사 채택 방식을 지양하고 특히 대학생 상대의 여러 학술·교양 위주의 특집물과 신예 작가 시인들의 문예물들-을 게재하는 등 교양지의 성격을 대폭 가미함으로써 사상계의 판매 부수를 크게 끌어 올려 창간 이래의 최대 전성기를 맞이하게 된다. 그야말로 학술지·문예지·교양지의 성격을 망라한 고급 종합 지성지로서의 기능을 유감없이 발휘하는 독보적 존재로 군림하게 된 것이다.

구체적인 통계 수치를 분석해 보면, 1955년 6월호는 모두 8,000부를 찍는데, 이는 1950년대 중반에 《思想界》와 발간 부수를 놓고 경쟁 상태에 있던 조병옥(趙炳玉) 발행의 《自由世界》를 앞지른 것으로 당시의 통계들은 분석하고 있다. 또 그 시절(4·19 무렵) 우리나라 양대 일간지의 하나인 조선일보의 발행 부수 8만 부를 능가하는 9만 7천 부를 찍기도 하였다고 사사(社史)는 기록하고 있을 정도의 전성기 시대를 맞이했다.

'5·16' 무렵까지 대략 5~6년간 지속된 이 《思想界》 전성시대 진입에는 물론 100여 권을 돌파한 『사상문고』와 단행본 출판의 공도 한몫을 했음은 물론이지만, 또한 부대사업으로 기획한 전국 순회 문화강연회를 통한 애독자층 발굴·확장 사업도 한몫을 했음은 물론이다.

그러나 '5·16' 이후부터 사상계는 정부 당국으로부터의 격심한 탄압을 받는 고난 시대를 맞이한다. 이는 《思想界》의 지면을 통한 직설적인 반정부 논설과 장준하 개인의 극렬한 정부 비판 언설—박정희에 대한 도덕성 시비와 정권의 정통성 시비까지 곁들인—탓이었음은 물론이다. 이때 겪은 《思想界》의 고통은 말로 표현할 수 없을 정도로 가혹하고 무자비한 것이었다. 어찌보면 장준하 개인 취향의 '친일·부패 세력 청산을 앞세운 반정부 투쟁' 강행의 반대급부로 보는 견해들도 있지만.

그 대표적인《思想界》고사 작전의 하나인 당국에 의한 조직적이고 교활한 방식의 반품작전은 사상계를 잦은 축소 발행, 합병호 발행, 임시 정간의 궁지에 몰아 넣고 근거없는 가혹한 세무사찰·광고 탄압 등은 경제적으로 제작 불능 상태에 까지 몰아 넣기에 이른다. 그 결과 독자수도 현격하게 줄어 들고, 기고가들도 원고 집필을 거절하는 등 , 사상계는 처절한 고사작전의 험한 벼랑으로 내몰리기만 할 뿐.

그럼에도 불변하는 발행 책임자 장준하의 외고집에 가까운 신념—굴욕적 한일회담 강행의 정부 방침 저지를 필두로 한 친일세력 청산과 군사정권 종식 투쟁, 각종 정치적•경제적•사회적 비리와 적폐 청산 운동의 전개—과 '1인 장수격' 투쟁 의지의 강도는 갈수록 높아져 그는 정계에의 직접 투신으로 방향키를 돌리고 만다. 그리고 정계 입문으로 인한 겸직금지 조치의 일환으로서 발행권을 위임한 2년여간의 소위 '夫玩爀思想界' 시절의《思想界》의 정체성 시비, 그리고 1970년의「五賊」사건으로 인한 사상계의 폐간 조치 등등…….

여기서 우리는 장준하 개인의 개인적 신념과 투쟁 의지에 입각한 정계 진출 행각을 왈가왈부할 수는 없는 일이지만, 사상계 발행인이라는 '한 公人'으로서의 처신은 안타까운 심정으로나마 애석히 여기지 않을 수 없다. 그것은 그 이후에 진행된 한국 사회의 엄청난 불행의 지각변동과 이에 맞물린《思想界》의 운명, 그리고 장준하 개인이 겪어야 했던 처절한 고난의 '돌베개 길'이 잘 말해 주고 있다.

(위) 조국수호협의회에 참가하여 굴욕적 한일조약 반대 투쟁을 전개하는 장준하 선생.
(아래) 전 고려대학교 총장 유진오 선생과 나란히 앉은 장준하 선생. 왼쪽 끝은 박기출 의원.

우리는 장준하의 정계 입문 전후의 초강경 일변도의 부패 청산·친일세력 청산 운동 과정에서의 거침없는 직설적 언설과 논설, 그리고 정계 입문 후의 제도권 정치인으로서의 의정활동, 유신 이후의 통일당 최고위원으로서의 선명성 경쟁 투쟁, 개헌 청원 100만인 서명 운동의 추진과 그로 인한 긴급조치 위반죄로 받은 15년 징역형… 등등 이미 언론에 보도된 고인의 여러 행적들을 구태여 되짚어 왈가왈부할 필요는 없을 것이다.

다만 정계 진출 이후의 정치인 장준하에게 절실히 필요했던 덕목, 그것은 '자신의 신변도 보살피며, 때로는 (금쪽 같은) 시간을 기다리며 좀 멀리 돌아갈 줄도 아는 양보와 인내의 智略'이 아니었을까 하는 생각이, 미워할 수도 나무랄 수도 없는 우리의 영원한 '독립운동가' '민족의 스승' '한국판 岩波文庫'인 장준하에게서 드는 것이다.

20세기의 『東方見聞錄』-G. L. 훼브르의 『亞世亞大陸橫斷記』

-閔丙台 譯, 東京, 大和書店, 1941.

G. L. 훼브르 저 『亞世亞大陸橫斷記』, 閔丙台 譯, 大和書店, 1941, 430p.

베니스 출신의 마르코 폴로(Marco Polo:1254~1324)는 1271년 상인이며 여행가인 아버지와 숙부를 따라 동방 여행 길에 나선 후 4년만에 중국에 도착, 원(元)의 세조 쿠빌라이(Kuhbilai ; 1215~1294)의 빈객으로 영접을 받고 17년 동안 쿠빌라이 황제에게 봉사한다. 그는 이 동안 티베트·버마 그리고 중국의 변방 지역들을 답사하였으며 인도 남부지방까지도 답사여행을 한다. 그후 1298년에 고향 베니스로 돌아오다가 제노아와 베니스 간의 군사적 충돌의 와중에 포로가 되는데, 이 포로생활 중 동료 죄수인 피사의 루스티첼로(Rustichello)에게 그의 여행 견문록을 구술하여 받아쓰게 한다. 후일 이것이 책으로 발간된 마르코 폴로의 인류사에 유명한 세기의 명저 『東方見聞錄(Travels of Marco Polo)』이다. 이 책은 폴로가 죽은 뒤 100년이 지나자 항해사·무역상·지도제작자와 학생들에게는 불가결한 세계 안내서가 되었고, 18세기에 유럽인들이 본격적으로 중앙아시아·서역·몽고·티베트·인도 등지를 탐험하기까지는 유럽인에게 유일무이한 동양 안내서였다.[61] 이 책은 지금도 중앙아시아사(史)와 서역사(西域史) 내지는 중세 후반기의 동서문화 교섭사 연구자들에게 필독서가 되고 있다.

그 후 6세기가 훨씬 지난 20세기 중반경, 이번에는 프랑스인 탐험대의 중앙아시아 횡단 탐험 여행기 『亞細亞大陸橫斷記(Eastern Odyssey)』가 발간되어 세인을 깜짝 놀라게 한다. '제2의 동방견문록'으로도 불리우는 이 여행기는 일군의 프랑스인 탐험대원들의 자동차를 이용한 중앙아시아 대륙 횡단기이다. 프랑스의 유명한 탐험가 죠르쥬 마리 아르트는 자동차왕 시트로엥[62]의 후원하에, 이전의 2회에 걸친 아프리카 사막

---

61) 『東方見聞錄』의 번역자 정운용(鄭雲龍) 교수의 서문 중.

62) 프랑스의 자동차 산업가 앙드레 귀스타브 시트로엥(Andre Gustave Citroen)은 사하라사막을 비롯해 아프리카의 오지들을 여행할 수 있는 특수기능형 자동차들을 생산하는 데 성공, 서유럽의 탐험가들의 아프리카와 아시아 횡단여행을 후원함으로써 세계적 명성을 얻게 된다.

베이루트에서 北京까지 아시아대륙 탐험대를 이끌었던 탐험대장 G. M. 아르트.

횡단 여행 후의 3회째에 해당할 이 아시아대륙 횡단 탐험여행을 강행하는데, 1931년~1932년의 1년여에 걸친 이 탐사여행은 특수 고안된 험지 여행용 트럭으로 필설로는 표현할 수 없는, 도처에서 만나는 고난과 궁핍과 재난, 그리고 영하 30도를 오르내리는 고비 사막·아라샨(阿拉善) 사막 등의 자연환경과 싸워야 하는 피눈물 나는 사투의 여행길이었다.

1931년 3월 25일에 마르세이유항을 떠난 탐험대는 당시 프랑스의 위임통치령이었던 베이루트를 출발, 중앙아시아를 횡단하고 히말라야산맥과 파미르고원을 통과한 뒤 몽고의 고비사막을 거쳐 말로 표현할 수 없는 신산고초의 고통과 죽음을 무릅쓴, 총연장 7,219마일(哩), 총일수 315일간의 대여행을 마치고 1932년 2월 12일에 북경(北京)에 안착한다. 이때도 이 여행에 참가하여 1년 남짓 전문 탐험가들과 고투를 함께한 탐험사가 죠르쥬 르 훼브르(Georges Le Fevre)에 의해 대륙 횡단 여행기가 쓰여진다.

이 책은 정해진 탐험의 코스를 따라 시리아·이락·이란·아프카니스탄·인도·히말라야, 지나의 신강성을 비롯한 서북 수개 성(數個省)을 탐사하고 있는데, 그 안에는 중앙아시아 세계의 다양한 인종들과 민족들, 그리고 탐사 지방들의 자연·생활·교통·정치·풍속 및 고고학적 방면에 관한 중요한 견문 내용들을 담고 있다.

이 탐험대는 저 중세의 탐험가나 대상들의 주 교통수단이었을 낙타·우마 행렬이 아닌 자동차 행렬로 사막지대나 험준한 암벽 투성이의 히말라야 산맥을 완주할 수 있었다는 기적(?) 같은 실증을 당시대인들에게 보여주고 있어, 서구 열강국들에게(에 의한) 미개척 험지(오지) 교통로 개발의 장래성 예측 가능성을 암시해 주는 대목으로도 읽혀질 수 있겠다는 느낌이다.

『東方見聞錄』은 마치 연구자나 전공 학생들의 번역 경쟁 도서이기라도 할 듯이 수많은 국내 번역서들이 나와 있다. 그러나 필자가 십수년 전 고서점에서 운좋게 구입한 이 희귀 일본 도서 『亞世亞大陸橫斷記』의 한국어 번역본은 필자의 과문 탓인지 아직 발견하지 못했다.

그래서 독후 소감 비슷한 명목으로나마 이 일본어 번역서의 내력을 간단히 소개하고 넘어갈 수밖에 없겠다는 생각에서 번역서의 서문 등을 근거로 번역자와 그 번역 작업의 경위를 간단히 적어 보기로 한다.

이 『亞世亞大陸橫斷記』의 일본어 번역자는 작고한 원로 정치학자 공삼(公三) 민병태(閔丙台) 박사(1913~1977)[63]이다. 한국 정치학의 태두

63) 한국 정치학의 태두로 '서울대학교 정치학과 창설의 아버지'로 불리우는 그는 영국의 정치학자 조지프 라스키(Harold Joseph Laski)의 다원주의적 정치학을 국내학계에 소개하였다. 그는 게이오대학 아세아연구소 연구원으로 있으면서 아세아에 관한

로 추앙받는 그는 일본 게이오(慶應)대학 정치학연구소 연구원 시절인 1941년 이 책을 일본어로 번역하여 도쿄의 야마토서점(大和書店)에서 출간하였다.

저본은 파리에서 발행되는 스포츠신문 기자 출신의 탐험사가(探險史家) 죠르쥬 훼브르의 『黃色의 巡航 ; 중앙아시아 탐험(La Croisiere Jaune; Expedition Centre Asie)』을 영국의 육군 소장 스윈튼(E. D. Swinton)경이 영어로 번역한 『동방으로의 모험여행(An Eastern Odyssey)』인데, 《런던타임스》의 서평을 보고 이 책의 출판 소식에 접한 민병태 연구원의 사숙하는 지인으로 아사히신문(朝日新聞) 출판국장까지 역임한 평론가이며 저널리스트인 유력 언론인 까지 류이치(嘉治隆一; 1896~1978)가 평소 애호(愛護)해 온 신진 정치학 연구가인 민병태 연구원에게 번역을 권장하여 그 방대하고 난삽한 고유·보통 명사 등의 어학상의 장애를 무릅쓰고 완역해 냈다는 후일담이다.

그러니 민병태 연구원에게 이 책의 번역 작업은 그의 전공인 정치학, 특히 중앙아시아라는 '지역학' 연구의 한 분과 연구 작업의 성과물로도 여겨질 수 있을 것이다. 불행하게도 이 번역서의 출간 시점이 일본의 중앙아시아 진출 의도까지 곁들인 태평양전쟁 확전 전후의 어수선한 전

서양인들의 책들을 일본어로 번역하기도 하고 아세아에 관한 논문을 발표하기도 했다. 그는 영어본 『韃靼一千年史』를 일본어로 역간하였고, 구스타브 크라이스트(Gustav Krist)의 독일어 저서의 영역서 『蘇領 터키스탄 잠입기』를 사이토 오스케(齋藤大助)와 공동으로 번역하기도 하였다. 그러므로 이 『亞世亞大陸橫斷記』는 그의 특수 지역학 연구·기행서의 세 번째 번역서가 되는 셈이다.(김학준, 『공삼 민병태 교수의 정치학』)

쟁 수행기였다는 점에서 한편으로는 전쟁 수행과 관련 있는 국책도서의 번역서쯤으로 오인되어 지식인들의 관심도—독서시장의 점령도—가 그리 클 수는 없었지 않았겠느냐 하는 미련도 남는다.

또 그러한 시대 분위기의 연속 시점인 해방 전후의 한국 독서계나 학계에서도 자연히 소원시되어 이 책의 원저나 번역서의 존재도 거의 잊혀지다 시피 되어 온 것을 최근 김학준 교수가 『공삼 민병태 교수의 정치학』이라는 책에서 밝혀내고 있다. 그래서 오래 전에 고서점에서 구입해 그저 소중히 간직하기만 해 온 필자도 그 일본어 번역본의 역자 서문 등을 읽어 보고 이 책의 내력을 알게 되었음을 밝혀두는 것이다.

한일 양국 소년 소녀들의 심금을 함께 울려준 11세 한국인 소녀의 일기 『니안짱(둘째오빠)』

-『にぁんちゃん』, 安本末子, 光文社, 1958. 11(初版)~1959. 11(92版), 243p.

저자 안말자(安末子)의 초상.

쓰는 사람이 자신의 활동 행적과 사고의 결과물을 규칙적 반복적으로 기록해 두려는 자서전적 글의 한 형태인 일기는 주로 자신만의 기억(추억)의 징표로 남기기 위해 쓰는 것이므로 다른 기록물들과는 달리 솔직 담백성을 특징으로 한다.

필자가 지금 회고해 보려는 물경 60년 전의, 한 재일교포 소녀의 일기 『니안짱(작은오빠)』도 다양한 형태의 여러 일기문 중, 문학성이 짙은 '개인 일기'에 속한다 할 수 있다.

제2차세계대전 막바지에 태어나 직접 전쟁을 겪은 사람들이나 전쟁 직후에 태어나 1950년대에 성장기를 보냈던 '전후파' 소년소녀들에게 가장 많이 읽혔던 소년 소녀용 문학서 중의 한 권으로 손꼽혔던 『안네의 일기』와 함께, 1950년대 말 한일 양국 청소년 일기문학의 대명사가 되었던 재일교포 소녀의 일기 『니안짱』.

『안네의 일기』가, 나치의 박해를 피해 가족들과 함께 암스테르담에 숨어 지냈던 나치 치하의 유태인 소녀 안네 프랑크(1929. 6. 12.~1945. 3)의 숨막히는 2년간의 도피생활 속의 전시 생활기록인데 비해, 『니안짱』은 1950년대 말~1960년대까지의, 아직 기아[64]와 남루와 질병의 바닥 생활에 노출되어 있던 '슬프고 슬픈' 소년 소녀들의 '가열찬 가족사적 생잔 투쟁기'이다.

이 수기의 무대인 일본 규슈(九州)의 작은 탄광촌-사가현(佐賀縣) 이리노촌(入野村) 오즈루(大鶴)광업소-인 오즈루는 사가현에서도 가장 북서쪽에 위치하는 벽촌으로서, 광업소는 이 촌락의 동녘, 바다 쪽으로 붙은 인구 4,000명의 탄광도시에 있다. 이 탄광촌에서 어머니를 일찍 잃고

64) "슬픈 나날이 꿈처럼 지나갑니다. 쌀이 떨어져서 밤에는 납작보리를 4홉 삶았습니다. 모두들 여러 가지 생각을 하면서 그것을 먹었습니다. 젓갈로 뜨면 젓가락 사이로 보리가 떨어졌습니다. 그렇지만 우리는 지금까지 쌀 1홉 보리 4홉으로 밥을 지어 매일매일 지내고 있기 때문에 그다지 먹기 힘들지는 않습니다. 깡보리밥도 고마운 일입니다. 7월에는 아침부터 밤까지 하루 종일 아무 것도 입에 넣지 않고 앉지도 서지도 못하고 머리를 흩뜨리고 새파랗게 되어서 누워 있었던 일도 있습니다. 배가 등에 붙을 만큼 배고픈 때도 있었습니다. 그것을 생각하면 깡보리밥이라도 고마운 것입니다. 이런 깡보리밥이라도 '밥'이란 말만 들으면 모두들 기꺼이 밥상 앞에 앉습니다"(1953년 9월 28일의 일기)

광업소 임시직 광부인 아버지와 함께 살아가는 네 오누이-동석(도세끼; 큰오빠; 20세)+언니(요시꼬; 16세)+둘째오빠(니안짱; 고이찌, 14세)+스에꼬(末子; 저자, 11세)-의 막내 동생이 이 수기의 필자이다. 그런데 스에꼬가 국민학교 3학년 때 탄광의 임시직 노역부였던 아버지마져 돌아가시게 되고 , 아버지의 49주기 기일인 1월 22일부터 이 일기는 시작된다.[65)]

본적이 대한민국 전라남도 보성군(寶城郡)인 스에꼬의 아버지는 집안의 파산으로 1926년, 일본으로 건너와 오즈루광업소의 임시직 탄광부로 취직, 가난한 생활을 꾸려 나갔으나 스에꼬가 국민학교 3학년 때 심장마비로 사망하고 만다. 졸지에 고아가 되어버린 4남매 일가의 장남 동석은 임시직 탄광부가 되어 어렵사리 가계를 꾸려 나가지만, 그나마 탄광의 불경기로 실직하여 사택(社宅)에서 쫓겨나게 된다. 13세의 둘째 오빠와 9세의 스에꼬, 두 아이는 이웃집에 맡겨지고 큰오빠는 나가사키(長崎)로, 16세의 언니는 사가의 어느 가정집에 애보아 주는 식모살이로 들어가는 등, 수차례에 걸친 이주와 이산과 방황의 고난 생활을

65) "오늘이 아버지가 돌아가신 날로부터 49일 째입니다. 사람은 죽어도 49일 동안은 집안에 혼이 있다고 아주머니가 장례식 때 말씀하셨습니다. 그래서 지금까지 매일 밥을 올리고 있었는데 오늘 아침에는 특별히 여러 가지 음식을 올렸습니다. 그리고 오랫동안 절을 하고 있었기 때문에 학교에 가는 것이 조금 늦었지만, 급히 서둘렀더니 늦지는 않았습니다. 학교에서 돌아오자 오빠가 '아버지는 내일부터 이젠 이 집에는 계시지 않기 때문에 지금부터 식사를 올리는 것은 음력 초하루와 보름에만 한다'고 말씀하셨습니다. 나는 그 말을 듣자 몹시 슬퍼졌습니다. 나는 아버지의 위패 앞에 앉으면 어쩐지 아버지가 나를 보고 있는 것만 같은 기분이 들어서 기쁜 것입니다. 그렇지만 초하루와 보름에만 식사를 올린다고 하면 가끔씩밖에는 만날 수가 없습니다. 그것이 슬픈 것입니다. 저녁에 절했을 때, 나는 아버지에게 '안녕, 아버지 안녕' 하고 말했습니다. 눈물이 뺨으로 흘러 내렸습니다."(1953년 1월 22일의 일기)

『にぁんちゃん』, 安本末子の 日記(光文社, 1957, 243p.)와 한국어 번역본.

견디어 나간다는 사연들을 이 일기는 적고 있다.

이 일기는(증보 신판 『작은오빠』의 경우) 총 208편(총 208일 분)의 생활 기록으로, 가족 생활(가족 관계)+학교 생활(교우 관계)+선린 관계(이웃사람들과의 관계)의 일일 생활기록과 스에꼬의 입원 일기,[66] 그리고 작은오빠 고이찌(高一)의 일기로 구성되어 있다. 스에꼬의 일기는 1953. 1. 22.~1954. 9. 3까지의 생활 기록이고 니안짱(작은오빠 고이찌)의 일기는 1954. 7. 31.~8. 14까지의 생활 기록, 그리고 입원 일기

66) 스에꼬는 친구들과 함께 산으로 밤을 주으러 갔다가 떨어지는 밤송이에 맞은 눈의 상처가 악화되어 급성결막염이 되어 안과병원에 입원하게 된다.

는 1975. 10. 17.~11. 20까지의 생활 기록이다.

이 일기에는 4남매가 탄광에서 저임으로 일하는 큰오빠를 기둥으로 서로 이해하고 위로하며 밝게 살아가는 이야기가 진솔하고 꾸밈없이 기록되어 있어, 읽는 사람에게 더없는 감동과 희열을 안겨준다는 느낌이다. 이웃 사람들과 오누이(가족들)가 함께 살아 가며 부딪치는 갈등 고민 희망 절망 분노 한탄의 감정을 소녀다운 감수성과 표현력으로 아름답게 그려낸 가식없는 인생일기라는 생각과 함께….

그런데 이 일기가 스에꼬 일가의 서랍 속에 숨겨져 빛을 보지 못하고 있다가 한일 양국의 독서계에 커다란 파문을 일으키게 된 것은 우연한 계기로 책으로 출판되는 기회를 얻었기 때문이다.

책으로 출판되게 된 사연은 이렇다.

1957년 6월 28일, 늑막염으로 입원중이던 큰오빠 동석이 우울한 심사를 달랠 목적으로 2개월간 되풀이해 읽은 스에꼬의 일기에서 문학성을 발견,[67] "이것은 내 혼자서 읽고 있을 일기가 아니라 될 수 있는 대로 많은 사람들에게 읽혀야만 하는 것이다"라는 결심이 서게 되어 출판을

---

67) "이것은 단순한 일기가 아니다. 그렇지 않고서는 사람의 마음을 이렇게까지 끌 수는 없는 것이다. 이 일기를 읽고 있을 때의 이 감정은 오빠로서의 동정 따위가 아니다. 공감(共感)인 것이다. 이것은 누가 읽어도 이렇게 느낄 것이 틀림 없는 공감인 것이다. 이 솔직한 관찰, 유순한 감수성, 순진한 사고방식, 게다가 문장 역시 이 나이 또래의 소녀가 아니고는 쓸 수 없는 독특한 맛이 여기에 빛나고 있지 않은가….(末子의 큰오빠 安東石)"(1979년 발행의 증보 신판 「서문」에서)

시도하게 되었다는 것이다.

그래서 스에꼬의 강력한 반대도 무릅쓰고 일기장 17권을 하나로 묶어서 자세한 사정과 의뢰의 편지를 곁들여서 1957년 12월, 명문 출판사인 고분샤(光文社) 출판국에 보낸 것이 이 책의 출판의 계기가 된 것이다.

처음 출판을 주저하던 고분샤 출판국장의 서랍 속에 처박혀 있던 원고가 1년쯤 후에 출판국장에 의해 기획출판물로 선정되어 출판되었으나, 처음에는 별 반응을 보이지 않다가, 회사 측의 여러 가지 선전활동 등에 힘입어 1년 후부터는 베스트셀러[68]가 되고, 독자들의 커다란 반응-6,000명 이상의 독자들로부터의 격려편지 쇄도 등-을 불러 일으켜 책은 날개 돋힌 듯 팔리고, NHK라디오에 의한 연속 드라마화(化), 소학교 조례에서의 교장선생님의 훈화를 통한 책과 주인공의 칭찬, 중학교 영어선생의 수업중의 니안짱 남매 이야기(미담) 등으로 폭발적인 인기 상승 추세를 누리는 가운데 이마무라 쇼헤이(今村昌平; 1926~2006)감독에 의해 영화로도 제작되어 『니안짱』은 인기 절정의 영예를 계속 누리게 된다.

한편 저자의 모국인 한국에서도 이 책의 번역본이 여러 종 나와 베스트

68) 처음에는 '고양이' 이야긴가 하고 잘 안팔렸으나, NHK라디오방송이 연속극화 하는 등 화제를 불러 일으키자, 독자들의 주문이 쇄도, 금방 30만부→40만부→50만부를 돌파하는 가운데 소학생 중학생 팬도 날로 증가하고, 일본의 초등학교 교과서에도 실리게 되었으며 월간 베스트셀러 목록에서 그 이름이 사라진 뒤에도 해마다 5,000~10,000부의 판매부수를 유지, 증보판(92판)이 나온 1978년도 현재 63만부를 돌파했다는 것이다.

유현목 감독에 의해 영화화된 〈구름은 흘러도〉(1959).

셀러[69]가 되었는데, 1959년에는 유현목 감독에 의해 〈구름은 흘러도〉라는 제목으로 영화화되어 '우수 국산영화' 후보에 오르는 한편, 베를린영화제에까지 출품하는 등, 한국을 온통 '작은오빠 소동'으로 몰고 가게 된다.

스에꼬 일가는 책의 인세와 영화 원작료 등으로 부자가 되어, 집도 사고 큰오빠도 건강을 회복하고 큰언니도 결혼-둘째오빠도 고교에 복학, 후일 대학에까지 진학하고 스에꼬는 와세다대학 문학부를 졸업, 동경에서 직장생활을 하다가 지금은 결혼을 하여 평범한 주부생활을 하고 있다는 후일담이다.

69) 저자의 모국인 한국에서도 『구름은 흘러도』, 『작은오빠』, 『재일 한국 소녀의 수기』 등등의 제목으로 여러 번역본이 출판되어 10만부 이상의 판매 기록을 세웠다고 한다.